유아교육현장에 적용할 수 있는

놀이중심 가베교수법

유아교육현장에
적용할 수 있는

놀이중심 가베교수법

최지현 · 정은주 공저

dm 동문사

머/리/말

포스트 코로나 시대를 맞아 건강한 공감과 소통능력과 같은 미래사회에 필요한 핵심역량을 기르는 교육이 중요시되고, 그 가운데 인간의 성장과 발달과정에서 기반이 되는 영유아교육의 중요성이 부각되고 있다. 이러한 교육적 명제와 관련하여 과학에 기초한 현대교육과 지식 패러다임이 정립되기 이전인 1800년대 초반에 프뢰벨은 이미 인간교육의 필요성과 영유아의 잠재적 역량을 발현하는 교육방법에 눈을 뜨고, 자연과 사회의 모든 측면을 교육의 장으로 활용하는 교육 철학을 정립하여 새로운 교육의 기틀을 마련하였다. 그의 교육적 업적은 200년 가까운 시간이 지난 지금도 영유아교육, 인성교육, 창의성교육, 인간교육, 경험중심교육 등 다양한 교육 철학과 방법론에 활용되고 깊은 영향을 주고 있다.

프뢰벨의 교육 철학과 교육방법론은 그 자체의 심오한 깊이와 성찰 이외에도 그의 대표적 교육 교구인 가베로 활용되는 실제적 적용법을 통해 전 세계의 영유아교육기관에서 실천되고 있다. 전체 교육학의 역사에서 프뢰벨만큼 다양한 분야에 영향을 끼친 선구자를 발견하기 힘들 정도로 위대한 교육적 업적을 남겼다고 볼 수 있다.

이 책은 프뢰벨의 교육 철학에 대한 이해와 유아교육현장에서의 실질적 가베활용 교수법을 살펴보기 위해 총 2부로 구성되어 있다. 1부는 프뢰벨의 생애 및 교육 철학과 가베의 이론적인 기초를 소개하고 있다. 1장에서는 프뢰벨의 생애 주요 특징과 사상을 살펴보고, 그의 교육이론의 기저가 되는 인간관과 신앙관, 교육적 개념 중에서 현대교육학에서 기초로 삼고 있는 여러 가지 핵심개념을 연결해 보고자 하였다. 2장은 시대를 초월한 선진적인 교육방법을 구안, 실천하고자 노력한 프뢰벨의 업적에 대한 교육학적 의의를 살펴보면서, 그의 교육방법과 원리가 현대 유아교육에 미친 영향에 대해 알아보고자 하였다.

3장에서는 프뢰벨의 교육 철학을 기반으로 설계된 가베 교구의 개념과 특징을 살펴봄으로써, 영유아교육기관에서의 가베교구 이해와 활용에 도움을 주고자 내용을 구성하였다.

2부에서는 1가베부터 10가베까지 현장중심의 가베놀이 교수법에 대한 실제적 이해를 돕기 위한 목적으로 전체 내용을 구조화하였다. 4장에서 14장에 이르는 내용들은 각 가베의 구성 및 특징과 목적, 활동 단계별 소개와 함께 기본 놀이방법을 알아보고, 현장에서 직접 유아들과 활동할 수 있는 활동내용과 관련 사진을 수록하였다. 또한 보다 색다른 활동으로 유아들의 호기심을 자극하고, 창의력을 키우기 위해 창의활동영역을 구성하여 유아들이 가베를 활용한 놀이를 통해 긍정적 자아와 성취의식을 높이도록 하였다. 이를 현장에서 유아들의 이해도와 흥미도를 높이고 가베놀이를 하면서 확장된 교육활동이 이루어질 수 있도록 활동지, 교육계획안, 배경지를 활용한 창의적 구성놀이를 함께 수록하였다.

실제 다양한 방법의 교육이 이루어지는 영유아교육기관에서 프뢰벨의 인간관과 교육 철학이 녹아 있는 가베를 활용한 수업은 단기간에 깊이 있는 적용과 효과를 거두기에는 어려움이 있다. 이 책을 통해 가베를 활용한 창의적인 교육방법을 확대하고 교사들의 교구 지도역량을 키우고 영유아의 교구 활용과 교육의 질을 높이는 데 도움이 되길 바란다. 교재가 출판되기까지 편집 등 지원과 수고를 아끼지 않은 동문사 관계자에게 감사드리며, 지금도 영유아교육현장에서 아이들의 성장과 발달을 위해 헌신하고 계시는 분들의 노고에 감사와 함께 작은 도움이 되기를 기원하는 바이다.

2022년 5월

저자 일동

차/례

머리말 / 4

Part I 프뢰벨 가베의 이론

CHAPTER 1 프뢰벨의 생애와 교육 철학 13
01 프뢰벨의 업적 13
02 프뢰벨의 생애 주요 특징 15
03 프뢰벨의 유아교육 철학 19

CHAPTER 2 프뢰벨의 교육학적 의의 23
01 교육내용 23
02 교육방법과 원리 27
03 현대 유아교육에 미친 영향 34

CHAPTER 3 프뢰벨 교구–가베(Gabe) 35
01 가베의 구성과 관련 개념 35

Part Ⅱ 프뢰벨 가베의 실제

CHAPTER 4 1가베 43

01 가베 소개 및 기본놀이 45
02 창의활동 54
03 활동지 56
04 교육계획안 63
1가베 부록: 배경지를 활용한 창의적 구성놀이 65

CHAPTER 5 2가베 69

01 가베 소개 및 기본놀이 71
02 창의활동 79
03 활동지 81
04 교육계획안 89
2가베 부록: 배경지를 활용한 창의적 구성놀이 92

CHAPTER 6 3가베 95

01 가베 소개 및 기본놀이 97
02 창의활동 107
03 활동지 109
04 교육계획안 115
3가베 부록: 배경지를 활용한 창의적 구성놀이 118

차/례

CHAPTER 7 4가베 121

01 가베 소개 및 기본놀이 123
02 창의활동 132
03 활동지 134
04 교육계획안 140
4가베 부록: 배경지를 활용한 창의적 구성놀이 142

CHAPTER 8 5가베 145

01 가베 소개 및 기본놀이 147
02 창의활동 157
03 활동지 159
04 교육계획안 165
5가베 부록: 배경지를 활용한 창의적 구성놀이 167

CHAPTER 9 5B가베 171

01 가베 소개 및 기본놀이 173
02 창의활동 177
03 활동지 179
04 교육계획안 185
5B가베 부록: 배경지를 활용한 창의적 구성놀이 187

CHAPTER 10 6가베 191

01 가베 소개 및 기본놀이 193
02 창의활동 199
03 활동지 201
04 교육계획안 207

6가베 부록: 배경지를 활용한 창의적 구성놀이 209

CHAPTER 11 7가베 213
01 가베 소개 및 기본놀이 215
02 창의활동 226
03 활동지 228
04 교육계획안 234
7가베 부록: 배경지를 활용한 창의적 구성놀이 235

CHAPTER 12 8가베 239
01 가베 소개 및 기본놀이 241
02 창의활동 248
03 활동지 251
04 교육계획안 257
8가베 부록: 배경지를 활용한 창의적 구성놀이 259

CHAPTER 13 9가베 263
01 가베 소개 및 기본놀이 265
02 창의활동 275
03 활동지 277
04 교육계획안 283
9가베 부록: 배경지를 활용한 창의적 구성놀이 285

차/례

CHAPTER 14 10가베 289

01 가베 소개 및 기본놀이 291
02 창의활동 297
03 활동지 300
04 교육계획안 306
10가베 부록: 배경지를 활용한 창의적 구성놀이 307

부 록 가베교구 단계별 형태와 특징 요약 311

참고문헌 / 317

PART

I

프뢰벨 가베의 이론

CHAPTER 1. 프뢰벨의 생애와 교육 철학

CHAPTER 2. 프뢰벨의 교육학적 의의

CHAPTER 3. 프뢰벨 교구 - 가베(Gabe)

CHAPTER 1

프뢰벨의 생애와 교육 철학

01 프뢰벨의 업적

오늘날 인간의 성장과 발달에 있어서 교육은 가장 중요한 기제로 작용하고 있다. 교육의 일반적인 개념으로 공적인 학교교육을 생각할 수 있으나, 넓은 의미에서 보면 인간 삶의 전 과정을 통해 경험하는 모든 요소가 교육과 관련되어 있으므로 인간과 교육은 분리될 수 없는 일체라고 말할 수 있다.

특히 현대 문명이 발달하면서 영유아교육에 대한 중요성이 더욱 강조되고 있고, 보다 확장된 영유아교육을 통해 인간은 더욱 풍요로운 생활을 누리고 일생에 걸쳐 확장된 발전가능성을 가지게 되었다. 영유아교육의 이러한 발전에는 근대 교육학자인 프뢰벨의 이론과 열정이 큰 영향을 미쳤다. 인간 본질에 대한 지극한 관심과 사랑, 다시 말해 어린이에 대한 심도 깊은 관심과 사랑이 기반이 된 프뢰벨의 교육 철학이 있었기에 현대화된 영유아교육제도가 존재할 수 있었다 해도 지나치지 않을 것이다. 그러므로 인간의 풍요로운 삶과 발전적인 자아형성을 이룰 수 있게 하는 교육적 틀을 정립한 프뢰벨의 생애와 교육 철학에 대해 알아보는 것은 의미 있는 일이라고 할 수 있다.

이에 따라 프뢰벨이 영유아교육에 대한 관심을 가지게 된 동기를 그의 생애를 통해 고찰해 보고, 프뢰벨의 교육이론이 현대 교육 철학과 제도에 영향을 끼친 부분에 대해 살펴보고자 한다.

프뢰벨 연표(1782~1852)

- 1782년 4월 21일 독일의 튜링겐 지방에 있는 루돌슈타트 후국의 오버바이스바흐 마을에서 목사의 막내아들로 태어남
- 1783년 생후 9개월에 어머니 사망

- 1786년(4세) 부친 재혼
- 1792년(10세) 외삼촌인 호프만이 프뢰벨의 양육과 교육을 맡게 됨. 4년간의 평화로운 생활(아버지: 엄격함 / 외삼촌: 자상하고 친절함)
- 1797년(15세) 외삼촌 집을 떠나 아버지의 권유로 임업실습생이 됨(히르쉬베르그) → 2년간의 생활 → 자연의 신비와 우주의 법칙을 예감하기 시작, 자연과학 연구의 열망을 가짐
- 1799년(17세) 예나대학에 입학(수학, 식물학, 응용수학, 기하학, 광물학, 물리학 등). 과학회와 광물학학회에 가입
- 1801년(19세) 학비로 빌려 쓴 돈을 갚지 못해 감금생활 시작 → 라틴어 독학, 조로아스터교의 경전을 번역(Zendavesta) → 아버지의 유산포기각서를 써주고 감금생활에서 풀려남
- 1802년(20세) 부친 사망. 고향에 돌아와 삼림국 서기로 종사함
- 1805년(23세) 외삼촌 호프만 사망. 건축기사가 되려고 프랑크푸르트 암 마인으로 감. 여기서 친구이자 모범학교 교장인 그루너(페스탈로치 제자)를 만나 그의 추천으로 학교교사가 됨. 8월에 스위스의 이페르텐으로 가서 페스탈로치를 만남
- 1806년 모범학교를 사직한 후에 홀츠하우젠가의 가정교사가 됨
- 1808년 홀츠하우젠가의 아이들과 함께 이페르텐을 방문하여 페스탈로치와의 만남을 가짐 → 페스탈로치의 제자가 되어 직관적이고 자연주의적인 학습방법을 접함
- 1811년 괴팅겐대학에 입학하여 언어연구(히브리어, 아랍어 등)에 전념함
- 1812년(30세) 베를린대학으로 옮겨 바이스 교수 밑에서 결정체학 연구에 착수함
- 1813년 나폴레옹 전쟁 때 라이프치히에서 프로이센 의용군으로 참가 → 랑게탈과 밋덴도르프와의 우정을 나눈 후 죽을 때까지 같이 일을 하게 됨. 형인 크리스토프가 전사
- 1816년 형의 죽음으로 고아가 된 조카들을 돌보기 위해 그리스하임으로 가서 '일반독일학원'을 창설하여 교육자의 길에 매진함
- 1817년(35세) 학원을 카일하우로 옮기면서 놀이 이론과 어린이 심리학을 연구하였고 인간교육의 이론과 실제를 주제로 한 『인간교육』을 출판함
- 1833년 스위스 베른 정부의 원조로 뷔르자우에 학원을 열고, 정부로부터 젊은 교사의 연수와 업무 도움을 받게 됨
- 1835년(53세) 스위스 부르크도르프 고아원 원장직에 취임
- 1839년(57세) 바드-블랑켄부르크에 유아교육 지도자 연수과를 개설하여 6개월 과정으로 연수하였으며, 그 연수생들을 위하여 5세 이하의 어린이들을 모아 실습하며 놀이와 작업교육을 병행하는 세계 최초의 유치원을 설립하고 이듬해인 1840년에는 '킨더가르텐'이라는 명칭을 붙임

- 1844년 『어머니의 노래와 사랑의 노래』를 간행, 어머니교육의 중요성 강조
- 1850년 프뢰벨 자신의 교육 철학, 교육 원리, 교육방법, 목적, 목표를 기록
- 1851년 프로이센 정부로부터 킨더가르텐이 무신론적이고 사회주의적이라는 오해를 받아 유치원 활동이 전면 금지됨
- 1852년(70세) 6월 21일 타계
- 1860년 킨더가르텐의 금지령 해제, 오늘날 세상을 바꾼 위대한 발명품인 유치원이 전 세계로 확산됨

02 프뢰벨의 생애 주요 특징

프뢰벨은 1782년 독일의 튜링겐이란 작은 마을에서 목사의 막내아들로 태어났으나 9개월 만에 어머니가 병사하였다. 엄격하고 바쁜 아버지와 계모 밑에서 외롭고 고독한 유년 시절을 보냈다.

1792년, 프뢰벨의 가정 분위기가 양육에 적합하지 않다는 것을 알게 된 자상하고 인자한 외삼촌인 호프만(슈타틸름 목사, 지방감독)이 프뢰벨의 양육과 교육을 책임지게 되면서 프뢰벨은 사립학교에서 친구들과 마음껏 뛰놀며 자연을 탐색하고 평화스러운 가정생활 속에서 애정과 따뜻함이 충만한 날들을 보냈다.

1797년, 열여섯 살이 된 프뢰벨은 아버지의 희망에 따라 산림관이 되기 위해 임업실습생이 되어 임업, 사정, 기하학, 측량술 등을 배웠다. 그는 산과 들, 숲속을 돌아다니며 식물을 채집하고 서재에서 풍부한 서적을 접하며 수학, 어학, 식물학 등에 몰두했다. 이 시기에 프뢰벨은 자연과 밀착된 생활을 최대한 이용하여 자신의 사고영역을 넓히고, 가능한 모든 것을 정확하게 파악하려고 했고, 사물의 근본탐구와 넓은 관점에서 자연의 종합적 성격을 알기 위해 노력했다. 프뢰벨은 학교를 졸업한 후 측량사가 되었으나 배움에 대한 열망으로 1799년 당시 독일 낭만주의의 중심지였던 예나 대학 철학과에 입학하면서 자연과학과 수학을 공부하게 되었다. "간단한 기초에서부터 일어나는 현상 내적인 관계성을 찾았고, 알기를 원했으며,

해명하려고 노력했다"는 프뢰벨의 독백에서 나타난 바와 같이 그는 방법론적인 문제에만 흥미를 가진 것은 아니었다. 대학생활을 통해 낭만주의 교수들을 만나 자연에 대한 신비적이고 이상주의적인 사고방식의 영향을 받았지만 학비를 낼 수 없어 공부를 중단하고 고향으로 돌아왔다.

1802년 그의 아버지가 사망한 후, 프뢰벨은 삼림관리보조, 측량공무원, 재산관리 비서업무를 배우는 실습생이 되면서 프랑크푸르트로 이주하여 건축가가 되겠다는 결심을 하게 되었다. 이후 1805년에 프뢰벨은 페스탈로치의 제자인 그루너 박사(Anton Gruner, 1778~1844)를 만나게 되면서 생애의 대전환점을 맞게 되었다. 이때부터 프뢰벨은 프랑크푸르트 시범학교 교사로 일하게 되면서 교사를 천직으로 삼게 되었고, 교육에 대한 제반 문제에 깊은 관심을 가지고 관련 서적을 탐독하며 연구하기 시작하였다. 이후 프뢰벨은 1808년부터 2년간 웨베르덴에 소재한 페스탈로치의 학교에서 교수법을 연구하면서 그의 업적과 이론을 깊이 신뢰하게 되었고, 교육자로서의 정체성을 더욱 견고하게 형성하게 되었다. 여기에서 프뢰벨은 페스탈로치의 국민교육사상에 몰입하게 되고, 직관적이고 자연주의적인 학습방법에 관심을 가지면서 인간의 형성과 인간교육의 과정 및 법칙에 관한 자신의 철학의 기초를 쌓게 되었다. 특히 프뢰벨은 페스탈로치보다 더 날카롭게 유아기와 취학 전 단계의 의미를 깊이 깨닫게 되면서 자신의 교육 철학과 관련하여 미래의 교육계획에 대한 관심과 함께 자신의 심화된 교육적 요구를 철학적으로 정립하고자 하는 열망을 가지게 되었다.

1809년에 프뢰벨은 루돌슈타트 후작부인에게 페스탈로치 교육사업에 대한 보고서를 보내면서 그 교육법의 채택을 건의하였고, 29살의 나이로 1810년부터 1812년까지 괴팅겐대학과 베를린대학에서 철학, 인간학, 윤리학, 교육학, 언어학, 역사, 지리학, 방법론 등을 배웠다. 프뢰벨은 특히 결정학에 흥미를 지녔으며, 이 결정체의 성장에서 구조법칙이 있음을 확신하면서 이 법칙이 자연의 생존과 인간의 정신적·육체적 삶 속에서도 작용하는 유효한 법칙임을 인식하게 되었다. 이에 따라 결정체의 요소와 형태의 근본적인 규명을 통해 발견한 발달 관련 법칙을 인간교육에도 응용해 보려고 시도하게 된다. 이 시기에 프뢰벨은 둥근 형태인 구상(球狀)의 자연 철학적 법칙을 착안하게 되는데, 이 법칙은 자연 형체의 기본 형태가 공의 모양으로, 이는 삶의 단위의 상징이며 내·외적인 자연의 법칙성을 함의한다고 확신하였다. 이러한 구상적 법칙(球狀的 法則)은 이후 인간교육에 대한 프뢰벨의 기본적 원리와 기준으로 자리하게 된다.

1813년에 프뢰벨은 프로이센 의용군에 입대하여 나폴레옹 전쟁에 참여하였으며, 랑게탈, 밋덴도르프와 친분을 쌓게 되었다. 1816년에는 그리스하임에 '일반독일학원'을 설립하고 1817년에 학원 소재지를 카일하우로 옮겼으며, 랑게탈과 밋덴도르프가 학원경영에 참여하도록 하였다. 1826년에 프뢰벨은 대표적인 저서인 「인간교육」을 출간하게 되었다.

1800년대 전반기의 독일은 정치적으로 협동과 공동체 의식을 위한 국민교육이 성행되고 강조된 시기였으므로, 학교교육도 이러한 운동에 참여하여 자유롭고 자발적인 인간을 교육할 임무를 수행하는 것이 장려되었다. 따라서 페스탈로치, 피히테, 훔볼트의 사상과도 일치되는 흐름으로 교육적인 제반 노력이 더욱 강화되었으며, 프뢰벨이 설립한 학교 역시 이러한 시류에 동참하여 큰 영향력을 끼치게 되었다. 그러나 1820년대에 들어서서 민주주의적인 흐름이 국가에 해롭다는 인식이 형성되어 새로운 교육적인 노력들이 국가발전에 부정적인 영향을 미친다는 관점이 확산되었다. 프뢰벨의 카일하우의 학교도 이에 영향을 받아 민중을 선동한다는 오인을 받고 정치적인 탄압으로 학교가 폐쇄되었다. 프뢰벨은 결국 스위스로 가서 바르텐제, 빌리자우 그리고 브억도르프에 학교를 세웠다. 브억도르프 학교에서는 스위스 교사들의 현직 교육의 임무를 수행하게 되었다. 1833년에 프뢰벨은 부르크도르프의 보육원 원장으로 부임하면서 유아교육의 중요성에 대해 깊은 생각을 가지게 되었다. 그는 초등학교 이전에 교육이 담보되지 않으면 학교교육을 기대할 수 없다고 생각했다. 특히 유아교육을 위해서는 능력 있고 천부적인 자질이 있는 여자들, 엄마들을 가르쳐야 한다는 확신을 갖게 되었다. 그래서 1835년 4~5세를 위한 예비학습과정을 설치하면서 유아교육에 실제적인 관심을 보이기 시작한 계기가 되었다.

프뢰벨은 "중요한 것은 인간성의 순수한 표현의 과정은 가정의 순수한 가치에서 시작한다는 점이다. 가정 안에서 남자와 여자가 하나가 되는 것 자체는 상대적인 동일성의 일체가 되는 변증법적 율법이 실현되는 것과 같다. 여기에서 제3의 제도가 성립된다"고 강조하면서 모든 교육의 근본은 가정 안에 있다는 점을 핵심적으로 인식했다. 프뢰벨은 어린이들이 개별화되고 자연적인 발달단계에 따라 성장하는 고유의 특성이 각자의 내면에 활동적으로 형성되는 측면을 입증하고자 노력했다. 그는 어린이들의 창조적 힘을 생각하여 창조되고 표현되는 삶이 있음을 강조하였고, 특히 어린이들의 놀이에 큰 의미를 부여하고자 하였다.

프뢰벨은 1837년에 고향인 바트 브랑켄부르크로 돌아와 자기의 교수와 자기학습으로 이끄는 직관교육시설을 설립하여 놀이활동을 통한 유아의 본성에 따르는 교육을 주장하였고, 이에 슈필가베(Spielgabe)를 창안했다. 슈필가베는 유아의 발달과 요구에 맞추어 모양이 단순한 것에서부터 복잡한 것에 이르기까지 연속적인 발달을 할 수 있도록 1가베~10가베의 단계로 구성하였고, 이는 현대 가베교구의 모태가 되었다. 또한 1839년 유아교육 지도자 강습소를 개설하여 놀이 작업소를 따로 만들었는데, 이 작업소가 후일 프뢰벨 유치원의 전신이라고 할 수 있다. 프뢰벨은 작업이라는 것을 통하여 신체와 감각기관을 발달하게 하고, 사회·정서발달을 포함하여 잠재되어 있는 능력을 눈뜨게 한다고 믿었다. 1840년 세계 최초의 유치원이라고 할 수 있는 킨더가르텐(kindergarten)을 설립하였으며, 1844년에는 부모교육서 『어머니의 노래와 사랑의 노래』를 발간하고 어머니교육의 중요성을 강조했다.

1851년 8월, 프로이센 정부는 유치원 금지령을 내리게 된다. 유치원이 어린이에게 무신론과 사회주의적 성격을 내포하고 있는 교육을 한다고 오인했기 때문이다. 프뢰벨은 이 오인을 바로 잡으려고 노력하던 중 1852년 70세의 나이로 어린이를 사랑하던 교육자로서의 열정적 인생을 마감했다. 그리고 그의 유해는 마리엔타르에 가까운 슈봐이나에 장사되었다. 묘비에는 그가 즐겨 사용한 표어가 새겨져 있다. "자! 우리의 어린이들을 위하여 어린이들과 함께 살자"는 명구였다.

프뢰벨의 이론과 학교는 실제로 종교적인 바탕 위에 성립되었다. 프뢰벨은 자신의 사상의 정당함을 많은 동료와 주변인으로부터 지지받았으나, 실제로 살아 있을 때 프뢰벨은 사회적인 큰 인정을 받지 못한 경향이 있다. 그러나 그의 인격과 사상을 기반으로 이후 영유아교육제도에는 막대한 영향을 주었고, 그의 이름과 학교는 교육사에서 킨더가르텐의 명칭과 함께 국민교육을 집대성한 위대한 사상가로서 페스탈로치와 나란히 기억되고 있다.

03 프뢰벨의 유아교육 철학

1) 유아에 대한 인식

프뢰벨은 유아를 신의 성질을 소유한 존재로 인식하고 있으며, 그에게 있어서 신은 창조주로서 신성의 본질은 활동과 창조의 근본이라고 할 수 있다. 이러한 신성을 본성으로 하고 있는 인간은 태어나면서부터 창조적인 활동을 지향하게 된다. 유아에게 내재되어 있는 신성은 유아로 하여금 끊임없이 활동하게 하고, 내면적인 것을 창조적으로 표현하게 하는 생명활동의 근본 동기로 작용하는 기제라고 할 수 있다. 유아의 창조적 활동과 노작에 대한 충동은 유아를 자발적인 행동으로 이끌며, 외부로부터의 힘에 의한 간섭보다는, 내적인 동기를 기초로 자기의 흥미와 힘에 의해 자발적으로 놀이하고 작업하고 행동하는 것이 유아의 특징이라고 인식했다. 그는 이러한 유아의 자발성이 온전한 인간으로 성장, 발전하는 에너지로서의 역할을 담당한다고 믿었다.

프뢰벨에게 있어 교육은 유아 안에 내재되어 있는 신성을 의식하도록 유아를 자극하고 이끌어 주는 역할을 수행하며, 신성을 자유롭게 표현하도록 지도하는 활동의 개념으로 자리 잡고 있다. 따라서 유아의 창조적 자기 활동에 기반하여 교육하는 것이 중요하므로 모든 명령적, 간섭적, 강제적 교육을 금지해야 한다고 주장하였다. 이러한 교육 철학을 기반으로 프뢰벨은 유아의 창조적인 활동적 충동을 자극하고 건전하게 육성하기 위해 유아를 위한 이상적인 놀이도구인 슈필가베나 작업활동 재료를 고안하고 제작하여 보급하는 부분에 많은 노력을 하였다. 그는 교구나 작업활동 재료를 사용함으로써 유아의 내부에 잠재되어 있는 창조 의욕이 왕성해지도록 해야 함을 강조하였다.

프뢰벨은 인간은 태어날 때 무능력하다는 점에서 특별한 존재이며, 동시에 교육에 의존하는, 즉 성장과 발달이 가능한 존재라고 인식했다. 동물과 달리 유아는 오랫동안 어른들에 의해 돌보아져야 하는 무기력한 존재일 수 있지만, 이 연약함과 불완전성이 인간의 본질이며, 바로 여기에 높은 자각에 도달해야 할 사명을 가진 존재로서의 인간의 본성이 존재한다고 인식했다. 다른 동물들은 환경적인 장애물을 모두 본능으로 극복하기 때문에 자기의 힘이나 인식력으로 주위 환경에 대한 자각이나 반성에 도달할 수가 없지만, 유아는 자신의 본성적 의지를 외부의 양육과 교육을 통해 전개시킬 수 있고, 여기에 교육이 필요하다고 확신하였다.

프뢰벨은 유아의 아직 확정되지 않은 상태 또는 무능력한 상태야말로 교육을 필요로 하고, 또 가능하게 하는 요인으로 보면서 바로 여기서 인간 교육의 가능성이 있다고 생각했다. 인간본성에 대한 이러한 교육 철학은 17세기 유럽의 대표적인 교육사상가였던 코메니우스(Johann Amos Comenius, 1592~1670)의 생각과도 유사한 점을 보인다. 코메니우스는 갓 태어난 유아를 생물학적 무의 상태 또는 미결정의 상태로 규정하고 있으며, 동시에 유아는 모든 것을 배우고 받아들일 수 있는 능력을 갖고 있다는 점을 강조하면서 유아는 교육이 가능할 뿐만 아니라 교육이 절대적으로 필요한 존재라고 생각하였다.

프뢰벨과 코메니우스에게서 발견되는 인간 본질에 대한 통찰은 15세기 위대한 인문주의자 에라스무스(Desiderius Erasmus von Rotterdam, 1469~1536)가 "인간은 인간으로 태어나는 것이 아니고 인간으로 교육되는 것이다"라고 말했던 것은 인간에게는 교육과 훈련이 필연적으로 요청된다고 했던 것과 사상적으로 같은 흐름에 있다고 할 수 있다.

2) 유아교육의 목적

프뢰벨의 교육관은 깊은 신앙에 근거하고 있다. 인간은 만물 가운데 최고의 존재이며, 이성적으로 만물을 인식하고, 독특한 사명을 가진 존재라고 인식하였다. 그러므로 교육의 목적은 신성한 삶을 충실히 표현하는 데 있다. 즉, 자발적으로 자신의 능력을 충분히 개발하고 원만하게 사회적인 관계를 맺을 수 있는 인간을 만드는 데 있다. 또한 미래를 예측하고 의무와 특권을 인식하며 인류의 개선에 기여할 수 있는 인간의 세상을 만드는 데 있다. 이런 목적에 도달하려면 인간은 자연이나 신과 조화를 이루어야 하며, 원시적인 자아에서 벗어나 자신을 의식하며 내면의 신성을 자유롭게 통합하고 표현할 수 있어야 한다고 주장하였다.

프뢰벨이 지향하는 유아교육의 목적은 유아들이 신의 고유한 법칙 혹은 자연의 법칙을 감지하고, 자기 내부에 마치 씨앗처럼 내재되어 있는 신성을 표현하도록 하는 것이다. 이것을 가능하게 하는 매개체를 자연교육과 인간교육으로 인식하였다. 여기서 자연교육이란 자연과의 접촉과 관찰을 통해 자연의 법칙을 체득하고, 노작 활동을 통해 유아의 내면에 깃들어 있는 창조성과 자발성을 표현하는 것이라고 주장했다. 인간교육이란 신이 부여한 유아의 천성, 소질, 잠재성을 계발하는 것이며, 내면의 세계를 밖으로 표출하게 하는 것이다.

프뢰벨의 자연교육, 인간교육은 자연의 원리 혹은 법칙에 따른 교육이라는 의미를 내포하고 있는 '자연주의 교육'이라는 명칭으로 정의할 수 있다. 자연주의 교육의 사상적 흐름은 15~16세기의 인문주의자들, 특히 에라스무스(Erasmus)로부터 시작되어 코메니우스, 루소, 페스탈로치에게 이어져 19세기의 프뢰벨에게 계승·발전되었다고 볼 수 있다. 교육이 인간 안에 내재한 신성을 자연스럽게 발전하는데 가능한 한 방해받지 않도록 하는 것을 목표로 해야 한다는 루소로부터 시작된 소극적인 교육사상은 프뢰벨에게서 더욱 발전되었다. 프뢰벨은 루소의 소극적 교육이라는 개념을 '발달 순응적 교육'이라는 개념으로 확장하여 전개시켰다. 프뢰벨은 교육, 교수, 가르침은 근본적 · 필연적으로 발달 순응적이어야 하며, 명령적, 규정적, 간섭적인 부분을 배제해야 하고 강제적 교육은 부정적이고 방해적이며 파괴적인 작용을 한다고 보았다. 프뢰벨의 교육 철학에 의하면 인간은 각각의 발달 단계에서 오로지 그 단계가 요구하는 것만을 추구해야 하는 바, 이는 모든 앞선 단계에서의 충분한 발달만이 뒤따르는 모든 단계의 완전하고도 만족스러운 발달을 이끌어 낼 수 있다는 신념에 근거하고 있다.

프뢰벨은 성장하는 인간은 내부로부터의 고유한 내적 필연성을 따라 발달해야 한다고 보았다. 따라서 무리하게 아동의 본성을 거스르는 교육은 부자연스러운 성품을 지닌 인간을 만들 수 있으므로, 아동이 아름답게 개화하여 전인적인 조화를 이루며 발달할 수 있도록 이끌어 주어야 한다고 강조하였다.

프뢰벨에게 자연주의 교육사상의 형성 과정에서 직접적이면서 가장 결정적인 영향을 미친 사람은 위대한 교육 실천가로 후세 사람들에게 존경을 받고 있는 페스탈로치(Johann Heinrich Pestalozzi, 1746~1827)라고 할 수 있다. 그 또한 본질적인 교육의 목적은 자연의 원리에 따라 교육하는 것을 통하여 달성 가능하다고 보았다.

CHAPTER 2

프뢰벨의 교육학적 의의

01 교육내용

프뢰벨은 인간발달의 단계를 유아, 유년, 소년, 청년, 노년으로 구분하고 각 단계는 서로 완전히 구분되는 것이 아니고 상호작용을 통해 연속적으로 발전하는 것으로 보았다. 유아기는 "주로 살아가기 위한 것뿐인 생명의 단계 내지 생명 그 자체의 단계, 내적인 것을 바깥에 나타낸다는 것을 주로 하는 단계"로, 소년기는 "주로 외적인 것을 내면화하는 단계, 즉 학습의 단계"라고 인식하고 있다. 이러한 발달 단계의 특징에 따라서 추종적 혹은 규정적인 교육이 실시되어야 하며, 이와 결합된 교육내용이 구성되어야 하는 것으로 보고 있다. 프뢰벨이 주장하고 있는 인간의 본질에 따르는 추종적인 교육은 신적인 본질을 지닌 인간본성에 기초한 것으로, 교육의 출발점을 인간의 내적인 필요와 요구에 두어야 한다는 측면에서 중요한 의의가 있다고 볼 수 있다.

프뢰벨은 교육내용을 종교, 자연과학, 수학, 언어 그리고 예술의 다섯 가지 교과형식으로 분류하였다. 그는 각각의 교과가 갖고 있는 특성을 제시하면서 그들 간의 내적인 상호관련성을 찾는 데 관심을 기울이고 있다. 단편적인 지식은 쓸모가 없으며 모든 지식은 상호 밀접하게 연결될 때만 지식 그 자체의 성장을 가져와 발달에 도움이 된다는 그의 통일사상이 지식 및 교과관에도 그대로 적용되고 있음을 알 수 있다.

1) 종교교육

프뢰벨은 교육을 정의함에 있어서 먼저 인간이란 어떤 존재인가를 고민하고 규정하고자 하였다. 교육의 대상인 인간을 어떠한 교육목적으로, 어떤 수단과 방법으로 교육해야 하는가에 대한 문제에 있어서 프뢰벨은 인간이 이미 태어날 때부터 어떤 독자적인 능력을 가진 존재이며, 그가 정의하는 신(만물을 주재하는 법칙으로써 신적 본질을 지닌 존재)의 성질을 가진 것으로 규정하고 있다. 이에 따라 모든 것은 신으로부터 나오고 신적인 것 혹은 신에 의해서만 제약되며, 신 안에서만 모든 것의 유일한 근원을 발견할 수 있다. 이에 따라 인간은 먼저 자신의 신적인 본질, 신적인 것을 인식하려는 노력이 필요하고, 신성을 실현하는 것이 사명이라고 주장하였다. 왜 인간은 신적인 것을 인식해야 하고, 신적인 것을 실현할 것을 사명으로 하는지에 대해 프뢰벨은 인간은 신에 의해 창조되었으며, 모든 것의 존재 근원 또한 '신'이기 때문이라는 논리로 자신의 종교와 교육관을 진술하고 있다.

인간에 대한 이러한 이해에 기반하여 프뢰벨의 교육 철학에서는 지식 및 노작교육, 종교교육이 합치되어 있는 모습을 발견할 수 있다. 즉, 종교교육을 통해 일차적으로 내적인 것의 인식과 실현, 즉 신적인 것의 실현을 위한 교육이 이루어져야 한다는 것이다. 프뢰벨의 사상에 있어 종교교육은 인간이 신과 합일하려고 노력하는 것을 도와주는 활동이며, 이는 어느 순간 완성되는 것이 아니라 영원히 추구해 나가야 하는 영속적인 과정이며 교육의 본질적 성격이라고 볼 수 있다.

2) 자연과학과 수학

(1) 자연과학

자연은 신의 표상이며 그 내부에 신성의 본질이 내재해 있다는 생각은 프뢰벨의 자연에 대한 사고와 지식 및 이해의 기초가 된다. 프뢰벨은 자연에 관한 지식의 필요성에 대해 "인간은 사물의 세계에 살고 있다. 사물은 인간에게 영향을 주고 인간은 또 그것들에 영향을 준다. 그러므로 사물의 본성 조건 그리고 그것과 인간과의 관계 등에 대해 알아야 한다"고 주장을 펼치고 있다.

① 구의 법칙

모든 물질은 한 점에서 시작하여 모든 방향에 일률적으로 작용한다. 인간교육에서 물질은 질료(실체와 바탕을 이루는 재료)에 내재하고 있는 힘의 근원으로 구의 형태가 되려고 하는 경향이 있다.

한 점에서 나와서 한 가지로 모든 방향으로 향하여 자기를 표현하려는 힘이 근원적 경향이다. 힘이 어떤 방향도 받지 않고 사방을 향하여 자기를 표현한다면 그 공간적 표현이나 물체적인 산물은 구(공)이다. 구의 형태는 자연의 전체 모습을 포함하고 있다. 즉, 태양, 달과 같은 큰 전체, 물과 같은 액체, 공기와 같은 기체 등의 모두 개별적인 모습은 구의 형태를 이루고 있다.

구는 다른 자연 형태의 어떤 것과도 닮지 않았지만, 그 본질의 조건과 법칙으로 볼 때 모든 자연 형태를 자기 속에 포함하고 있는 것이다.

구는 형태가 없으면서도 가장 완전한 형태를 갖고 있는 것이다. 즉, 어떤 점도, 어떤 선도, 어떤 평면도, 어떠한 입체도 구에는 나타나지 않지만 모든 자연 사물의 형태는 구형에 기초를 둔다. 구형의 법칙 속에 그 최초의 근거를 갖고 있는 것이다.

② 결정체의 원리

프뢰벨은 결정체의 발달과정을 통해서 인간의 정신과 심성의 발달 사이에서 일치를 발견했다. 결정체와 마찬가지로 인간은 내면적으로는 조화를 이루고 있지만, 외면적으로는 일면성, 개별성, 불완전성으로 나타난다. 이런 개별적인 불완전성은 자기교육과 타자교육을 통해서 비로소 조화를 이루어 완전한 것으로 고양될 수 있다. 결정체의 세계는 분명한 형태로 생명의 법칙을 일깨워 준다. 자기를 형태화하고 표면화하는 힘은 모두 하나의 중심에서 나와 앞뒤로 향하면서 자기를 통하여 힘의 한계를 설정하며 모든 방향으로, 또 구의 형태로 작용한다.

③ 조화의 원리

프뢰벨이 교육의 본질로 설정하고 있는 조화사상은 신성에 근거를 두고 있다. 그의 교육사상은 신과 인간 그리고 자연을 하나로 통합하려고 노력하지만, 그의 사상의 중심에는 신성이 자리 잡고 있음을 부인할 수 없다. 그의 『인간교육』에서 우주를 지배하는 영원한 법칙은 신이라고 말하고 있다. 이 영원한 법칙은 '만물에는 영원한 법칙이 깃들어 있고, 작용하고, 지배하고 있다'는 구의 법칙에 근거하고 있는 것이다. 여기서 영원한 법칙이란 모든 것을 꿰뚫어 통하는 조화로운 생명력과의 관련성을 의미한다. 조화사상도 그의 '구의 법칙'에서 잘 나타나 있듯이 근원적인 각 점은 새로운 구의 출발점이 되어 부분이면서도 전체가 된다.

(2) 수학

프뢰벨은 인간이 자연의 다양한 내면적 관계, 즉 통일성을 연구할 때 통일의 출발이 되면서 그 연구결과를 신뢰할 수 있으려면 어떤 기준점이 필요한데, 이것이 곧 수학이라고 하였다. 수학은 원래 '학습의 과학'이라는 의미를 갖고 있으며, 인간은 수학을 통해서 만물에 작용하는 법칙의 정확성을 표현하려고 하였다.

3) 언어와 예술

언어는 자기의 내적인 것을 자발적으로 표시하거나 표현하여 외적으로 나타내는 것이고, 인간의 내적인 세계와 외적인 세계 전체를 묘사하는 것이다. 유아기는 주로 인간의 언어능력이 발달하는 단계라 할 수 있다. 프뢰벨은 글과 쓰기와 읽기가 자기 의식성의 가능성을 일깨우고 읽기와 쓰기는 인간의 충동에서 나오는 것이라고 보았으며, 이 세 가지를 완성시켜야 할 필요성은 분명하고 결정적인 것이라고 하였다. 예술은 정서의 표현인 인간 내면 자체의 표현이고, 예술적 표현의 욕구는 유아기에 이미 나타난다고 프뢰벨은 지적하며 조기교육을 강조하였다.

02 교육방법과 원리

프뢰벨은 당시 독일의 이상주의 철학, 낭만주의 철학, 루소, 페스탈로치 등에게서 많은 영향을 받았으며, 그것을 바탕으로 자신의 독자적인 교육체계를 정립하였다. 프뢰벨의 대표적인 교육방법의 유형은 발달순응적 교육방법과 명령간섭적 교육방법으로 구분할 수 있다. 이 두 가지 유형의 교육방법은 상황에 따라 개별적으로 나타나는 것이 아니라, 모든 순간에 두 유형의 교육방법이 하나가 되어 나타난다고 보았다. 프뢰벨의 발달순응적 교육은 교육의 성과가 외면적인 결과를 빨리 가져오게 하는 것이 아니라, 내면적인 열매를 가져오도록 하는 점을 강조하는 것이다. 발달순응적 교육방법이 자연의 법칙에 따르는 교육의 기본 원리이지만, 프뢰벨은 이것을 극단적으로 주장하지는 않았다고 볼 수 있다. 그는 교육은 발달순응적이어야 하지만, 단지 주의와 보호를 첨가할 필요가 있다는 조건을 제시함으로써 명령적 교육의 필요성을 어느 정도 인정하고 있다. 발달순응적 교육은 단순히 수동적인 태도를 취하는 것만을 의미하는 것이 아니라, 끊임없이 아동의 발달상황을 지켜보면서 필요할 때 곧바로 적극적이고 능동적인 작용을 할 수 있는 태세를 갖추고 있어야만 교육적 방법으로 작용할 수 있다는 것이다. 프뢰벨은 아동은 외면상으로는 선량해 보이지만, 내면의 마음은 선량하지 않은 경우가 있고, 반대로 외면적으로 포악해 보여도 내면의 마음은 선한 면이 있기 때문에 명령적 간섭교육이 필요한 측면이 있다고 보고 있다.

그의 교육방법의 기본원리는 그의 대표 저서 『인간교육』에서 다음과 같이 강조되고 있다.

1) 통일의 원리

신과 인간과 자연과의 불가분의 관계는 루소, 페스탈로치, 프뢰벨의 3자에 걸치는 공통된 교육사상이다. 그러나 루소는 자연성에, 페스탈로치는 인간성에 그 중심점을 둔 것에 반하여 프뢰벨은 신성에 그 중심점을 두고 있었다. 유아들이 가베를 가지고 놀이함으로써 인간과 자연과 신의 신성한 통일성을 깨우치게 된다고 본 것이다.

개인은 사회와의 관계에서, 사회는 보다 넓은 사회와의 관계에서 궁극적으로는 신과의 관계에서 이루어지고 운영되는 것이다. 또 지적 · 도덕적 · 미적 교육이 조화된 진선미의 합일이 이루어져야 한다.

2) 자기활동의 원리

페스탈로치의 직관의 원리는 프뢰벨에 이르러 자기활동의 원리로 바뀌었다. 자기활동이란 자기 자신의 흥미로부터 생기는 것이며 자기 자신의 힘에 의해서 기대되는 활동이다. 프뢰벨은 자기활동에 의해서 개인이 객관적 세계와 자신의 본성을 인식하고, 자연과 인간의 생명의 일부가 되는 과정을 내재화한다고 보았다. 그러므로 프뢰벨은 교육을 창조적 자기발달의 과정이라고 생각하였다. 그는 이러한 발달은 소위 '내적 발달'에서 생기는 것이며, 어린이들의 자발적 자기활동으로 달성된다고 하였다.

3) 노작의 원리

프뢰벨은 인간의 생산적 활동을 정신적인 것으로 보고, 인간의 본질에 관한 근본적인 개념으로 보았다. 그는 페스탈로치의 노작교육 사상을 계승

하고 이를 발전시켰다. 페스탈로치는 교육활동의 직접적인 목적을 노작을 통해 이루려고 하였으므로 노작의 의미와 가치를 중요시하였다. 노작이 프뢰벨에 의해 그 의미가 높게 평가된 이유 중의 하나는 그가 어린이 의식 발전의 원리로써 노작의 필요성을 인정하였기 때문이다.

프뢰벨은 어린이의 모든 단순한 생산활동을 노작으로 보았다. 또한 생명 그 자체를 활동, 노작, 창조라고 보았다. 인간의 사명은 행동을 통하여 신성을 표현한 것이며, 이 신성이 숨겨져 있는 인간은 노동을 함으로써 그리고 행위를 통하여 자신의 내적 본질을 구체적으로 표현하게 된다는 것이다. 즉, 인간의 사명을 신성의 표현이라고 보았기 때문에 그의 노작의 원리는 인간생명의 원리이며, 생명의 발전을 위한 교육원리라는 것이다.

그는 노작을 인간 생명의 창조적이고 자발적인 활동으로 보았다. 이와 같이 노작의 중요성을 강조하며, 근로정신이나 생산활동은 어릴 때부터 교육되어야 한다고 하였다. 또한 그는 어린이의 놀이를 최초의 생산활동으로 간주하였다.

4) 놀이의 원리

프뢰벨의 교육원리 중 놀이에 관련된 원리가 근현대 영유아교육에 미친 영향은 지대하다고 할 수 있다. 프뢰벨은 아동이 자신의 신성을 표현하는 대표적인 통로가 놀이라고 보고 그 중요성을 강조하였다. 놀이란 아동이 자기의 내적 세계를 스스로 표현하는 것이며, 자기의 내적 본질의 필요와 요구에 의해서 내면세계를 외부로 표현하는 종합적 활동이다. 놀이는 어린 시절의 가장 순수한 정신적 산물이며, 생활 전체의 모범으로 작용한다. 따라서 놀이는 기쁨과 자유와 만족, 평안을 주고 세계와의 조화를 만들어 내며 인간의 모든 선의 원천은 놀이 속에 있고, 놀이로부터 나온다고 주장하였다.

즉, 놀이란 아동이 자기의 내면세계를 밖으로 표현하는 것이며, 아동의 내적인 충동인 활동 충동, 작업 충동, 창조 충동 등의 표출이라고 할 수 있다. 동시에 놀이는 아동의 생애에서 그 자체로 기쁨과 자유와 만족이며, 모든 선의 원천으로 작용한다. 따라서 아동의 삶은 곧 놀이라고 할 수 있으며, 이 시기의 아동은 놀이를 통해서 만들어지고 표현되는 존재이다. 아동은 놀이하면서 자기 눈에 비치는 모든 것 속에서 생명을 예감하고 지각할 뿐만 아니라, 모든 것에 자기 규정적 의미를 부여한다. 그래서 건강한 아동은 항상 활동적이며 끊임없이 무엇인가를 하는 존재라고 볼 수 있다. 아동들이 하는 놀이가 아무리 작고 사소하게 보이더라도 거기에는 항상 깊은 삶의 진지함이 내재되어 있다. 따라서 아동들이 자라서 사회에서 유능한 일원이 되는 것 못지않게 놀이에서도 유능한 일원이 되게 하는 것은 매우 중요하다. 프뢰벨은 힘차게 자발적으로, 신체가 피곤할 때까지 끈기있게 노는 아동은 대부분 활발하고 인내심이 강하다고 보았다. 자신과 다른 사람의 행복을 위해 헌신적으로 노력할 수 있는 인간이 된다는 것을 상기시키며, 부모들로 하여금 아이들이 놀이를 통해 성장하는 것을 막지 말 것을 지속적으로 권고하였고, 다양한 놀이 활동을 장려하였다.

프뢰벨에게 있어 아동의 놀이는 단순히 신체나 손발의 감각을 키우고 강하게 하는 것만이 아니라 몸과 마음에 정신을 발달시키고 단련시키는 매우 중요한 교육적 의미를 가진다. 그에게 있어서 교육은 언제나 놀이능력을 신장시키는 체계적인 도구로 인식되었다. 왜냐하면 놀이하는 가운데 아동은 외부세계를 향해 자아를 열고, 동시에 세계 역시 아동에게 열리며 상호소통, 교감할 수 있기 때문이다.

프뢰벨은 놀이가 아동에게 매우 중요한 가치를 함의하고 있다고 보고 아동은 놀이를 통해 자기 자신에 대해 아는 것을 배우게 되고, 자신의 힘, 소질, 경향, 희망과 관련된 모든 성향과 관계들 속에 존재하는 자신의 내적 세계를 알게 된다고 확신하였다. 놀이를 통해 아동은 그가 마주하고 서 있는 외부 세계에 접근하여 그것에 대한 지식을 얻게 되며, 그의 내부 세계를 표현하는 수단을 알게 되고, 놀이하면서 자신의 고유한 성향을 발전시키고 강화시킬 수 있다고 주장하였다.

인간 내면의 창조적 자기활동을 중요하게 여긴 프뢰벨은 놀이의 교육적 의의를 높이 평가하였다. 왜냐하면 아동의 주체적 자기활동을 중시하는 교육은 아동의 흥미에 주의를 기울이고, 아동의 주된 흥미의 대상은 바로 놀이가 되기 때문이다. 이에 따라 교사와 부모들은 놀이를 통해 아동을 현실적 사회관계로 이끌고, 아동의 잠재성을 자극하고 동기를 부여할 수 있어야 함을 강조하였다.

놀이는 어린이의 가장 순수한 정신적인 활동의 표현임과 동시에 인간생활 전체의 모범이라고 할 수 있다. 놀이는 어린이의 자연스러운 발달의 가장 중요한 모습이다. 따라서 프뢰벨은 놀이 그 자체가 교육이라고 인식하고, 창조적인 자기활동을 중시하였다. 그는 놀이의 교육적 가치를 실현하고자 어린이의 창조력을 길러주고, 완전한 발달을 위하여 이상적인 놀이기구를 고안해 냈으며, 이것을 가베라고 하였다.

5) 프뢰벨의 작업활동(Beschaeftigung)

프뢰벨은 가베 이외에 10종의 작업활동을 고안해 냈는데, 이것은 교과서나 인쇄물을 주입식으로 가르쳤던 프뢰벨 이전의 아동지도를 생각해 보았을 때 획기적인 일이라고 할 수 있다. 현재 우리나라 유치원 교육과정 중 작업활동시간 혹은 노작시간이 있는데, 그 시작도 프뢰벨의 작업활동에서 기인한 것으로 볼 수 있다.

프뢰벨이 고안한 작업활동의 체계는 가베의 단계와 마찬가지로 형체, 면, 선, 점의 원리에 따라 다양하게 구성되어 있다. 가베와의 차이점은 가베가 형체 → 면 → 선 → 점의 순으로 구성되어 있다면, 작업활동은 역순으로 전개되고 있다는 것이다. 즉, 작업활동은 가베와는 반대로 단순한 것에서 시작하여 복잡한 것으로 발전하는 형태를 띠고 있다.

작업활동의 체계를 작업활동 순서에 따라 설명하면, 프뢰벨은 11작업활동의 구멍 뚫기를 통해서 점을 알게 하고, 12작업활동의 바느질, 13작업활동의 그리기를 통해서 선을 이해시킨다. 14작업활동의 종이 짜기(접은 종이로 매트를 짜듯이 하는 작업활동), 15작업활동의 종이접기, 16작업활동의 종이 자르기를 통해서는 면을 이해시킨다. 그리고 17작업활동의 콩 세공, 18작업활동의 판지 공작, 19작업활동의 모래놀이, 20작업활동의 점토로 만들기를 통해서는 3차원의 세계인 입체를 인식시킨다.

종이를 접고 자르는 것은 프뢰벨이 종이를 이용하여 작업하는 기본 형태이다. 그의 접고 자르는 기술은 가정에서 어머니가 아이와 함께 작업함으로써 환경을 아름답게 꾸미는 일과 자연스럽게 연결된다. 프뢰벨은 종이 한 장으로 무한한 변화를 가져올 수 있다는 것을 아동이 깨닫게 되면, 무한한 가능성을 꿈꿀 수 있다고 확신하였다.

프뢰벨은 아동들에게 흥미를 유발하여 그들 스스로 작품을 만들어 보고 기쁨을 표현할 수 있게 하였다. 이는 아동이 자신의 내면을 밖으로 드러내는 것을 배움으로써 건강한 인격을 형성해 나간다고 보았기 때문이다.

프뢰벨의 작업활동 개요

순 서		작업명	기본원리와 구성
점	11작업	구멍 뚫기	11작업에서는 10가베에서 제시된 점을 근본으로 하는 구멍 뚫기 놀이를 한다. 송곳이나 바늘, 이쑤시개, 펀치 등으로 구멍을 뚫으며, 이 놀이를 통해 위치, 방향, 거리 등을 보다 확실하게 인식하고 동시에 손가락의 소근육훈련도 행해진다.
선	12작업	바느질하기	12작업에서는 11작업에서 뚫은 구멍과 구멍을 연결하면서 선을 나타내는 놀이다. 구멍을 연결하는 방법에 따라 달라지는 모양의 변화도 경험하고, 표면에 나타난 선을 느끼는 작업이다.
면	13작업	그리기	13작업의 주제는 그리기이다. 그리기를 통해 여러 가지 모양과 그것을 구성하는 직선, 곡선, 면을 경험한다. 모눈종이에도 그려 보는 등 개성을 살려 자유롭게 작업할 수 있다.
	14작업	종이 엮기/뜨기/짜기	종이를 이용해서 세로 선, 가로 선을 짜는 작업이다. 이 작업을 통해 균형 잡힌 모양을 구성하는 방법을 배워 나간다. 12작업의 바느질 경험을 되살려 종이를 이용한 엮기/짜기/뜨기를 한다.
	15작업	종이접기	한 장의 종이로 만들어지는 여러 가지 모양을 통해서 종이 한 장도 창의와 연구의 대상으로 무한한 가능성을 내포하고 있다는 것을 알게 된다. 종이를 접으면서 면을 경험하고, 완성된 모양을 보고 아름다움을 느끼며 집중력 및 주의력을 발달시킬 수 있다.
	16작업	종이 자르기/붙이기	선을 따라 자르면서 잘린 부분의 쓰임새를 생각하는 등 목적을 가지고 작업을 하면 기계적인 행위가 되지 않으므로 사고 발달과 동시에 정신도 발달하게 된다.
입체	17작업	콩 세공	점에서 출발한 작업은 다시 입체로 만들어질 수 있다. 17작업에서는 콩을 점으로 해서 입체적인 공작을 함으로써 2차원, 3차원의 모양을 인식할 수 있다. 주변 사물을 응용한 콩 세공 작업을 통해 사물의 특징을 자세히 알고 완성도를 높일 수 있다.
	18작업	판지 공작	2차원과 3차원의 모양(면과 입체)을 동시에 경험한다. 공간에 대한 인식력을 증진시킨다.
	19작업	모래놀이	모래놀이에는 두 가지 방식이 있다. 첫 번째는 마분지에 그림을 그리고 그 위에 풀을 바른 후 모래를 뿌리는 작업 방식이고, 두 번째는 모래를 주무르고 두들기고 빚으며 여러 형태를 만들어 보는 놀이이다.
	20작업	점토놀이	여러 가지 공작에서 얻은 지식과 경험은 20작업의 점토 주무르기를 통해 최고조에 도달한다. 점토가 갖고 있는 양감과 변화시킬 수 있는 형태, 안정성 등을 살린다면 유아의 표현 욕구를 발견하게 되고, 입체적인 성질을 갖고 있는 점토를 사용하면서 창의력도 발달하게 된다.

03 현대 유아교육에 미친 영향

프뢰벨의 교육사상이 교육계에 미친 영향은 유아교육의 기본적 원리와 교육방법을 창안하였다는 점이다. 프뢰벨은 근대 유아교육의 기반이 되는 유치원을 창설하고 체계적인 유아교육과정을 설계하였다. 세상의 모든 만물이 신의 조화이며, 교육의 궁극적 목적이 신과 인간, 자연의 통합에 있다는 신념에 기반하여 유아에게 지나치게 인위적으로 무엇을 부과하고 수정하기보다 자연 그대로 성장하도록 유아가 자신의 능력을 자연스럽게 전개하기 위한 상징적 활동을 교육과정에 반영하였다. 이러한 프뢰벨의 교육사상과 내용, 방법은 유아교육의 독립적이고 고유한 영역을 구축하고, 성인 중심의 교육관에서 벗어나 놀이를 통한 신체적 움직임과 통합적 성장발달을 목적으로 하는 노작교육의 기초를 제공하였다는 점에서 큰 의미를 가진다. 이는 현대적 의미에서 유아들이 어떤 지식을 기계적으로 암기하거나 단순하게 따라 하는 것에서 벗어나 동급의 집단 간 통합적인 상호작용을 통한 사회화의 요구를 제공해 주는 기제가 마련되었다는 것이며, 이를 통해 통합의 개념을 상징화할 수 있는 활동과 교구를 통해 자신의 철학적 이상을 실현하려고 노력했다는 것을 알 수 있다.

유아는 창조적 · 활동적 생명이며, 유아의 창조활동, 표현활동, 구성행동을 충분히 발휘, 신장하는 제 조건을 정비하여 주는 것이 유아교육의 주요한 과제라고 할 수 있다. 유아도 본래 사회적 존재이며, 유아 집단에 있어서의 상호협조와 협력적 생활, 작업을 통하여 바람직한 사회성을 발달시켜 나가야 한다. 유아는 감수성이 강한 존재이며, 미적 · 도덕적 · 종교적인 환경조건을 제공하여 정서 함양에 힘써야 한다. 모든 교육은 어린이의 흥미에서 출발하여 어린이가 즐기면서 생생하게 활동하면서 필요한 것을 스스로 습득하여 나갈 수 있도록 유도해야 한다. 프뢰벨의 이러한 교육사상과 원리는 오늘날 세계 각국의 교육현장에서 유치원교육과 노작교육, 수공교육의 형태로 널리 전파되고 있다.

CHAPTER 3

프뢰벨 교구 - 가베(Gabe)

01 가베의 구성과 관련 개념

1) 가베의 의미

프뢰벨은 상징적인 학습을 구현하기 위하여 “가베”라는 교구를 만들었는데, 가베(gabe)라는 단어는 두 가지의 사전적 의미가 있다. 첫 번째 의미는 게벤(geben)으로 선물이라는 뜻이고, 두 번째 의미는 베가붕(begabung)으로 천분 · 재능 · 천성이라는 뜻이다. 독일어 가베(gabe)는 그리스어인 오르메(horme)에서 파생된 단어로, 오르메는 원동력 · 본능 · 천부적인 능력 · 소질 · 의지라는 의미가 있다. 이는 내면적인 강력한 정신과 생명의 충동이라는 힘을 의미한다고 할 수 있다.

이렇듯 강력한 생명력을 지닌 가베(gabe)라는 낱말은 이미 사용되고 있는 은물, 즉 은혜로운 선물이라는 뜻보다는 아동의 잠재된 능력과 재능을 놀이를 통해 힘차게 끌어내는 과정이므로, ‘놀이재능’이라고 부르는 것이 바람직하다. 프뢰벨은 아동이 놀이와 작업에 열중하고, 이 놀이와 작업을 통해 행복을 느끼고 기뻐하는 모습으로 생명의 힘이 나타난다고 하였다. 그러므로 프뢰벨은 가베는 아동에게 강력한 생명의 힘을 끌어낼 수 있는 계기를 부여하는 교육도구라고 주장하였다.

2) 슈필가베

놀이교구를 지칭하는 독일어 슈필가베(spielgabe)란 말은 신이 아동을 사랑하시어 주신 은혜로운 놀이선물이란 뜻이다. 아동이 내적으로 지니고 있는 창조적인 충동을 건전하게 육성할 수 있도록 하였다. 즉, 아동의 마음을 눈에 보여지는 형태로 만들기 위해 프뢰벨이 고안하고 제작, 보급한 것이 가베(gabe)이다. 아동은 가베를 통해서 이미 아동이 경험했던 일이나 그의 생각들을 눈에 보이는 형태로 구성할 수 있다.

프뢰벨은 가베를 통해 아동 안에 내재되어 있는 본능, 재능, 소질, 능력, 의지, 정신력 등이 밖으로 표출될 수 있도록 이끌어 줘야 한다고 보았다. 아동에게는 내적인 힘을 밖으로 끌어내려는 자연스러운 생명의 충동이 있기 때문이다. 즉, 프뢰벨에게 있어 정상적인 아동은 놀이와 작업활동에 열중하고, 이 놀이와 작업활동을 통해 행복을 느끼고 기뻐하는 모습으로 생명의 힘을 나타낸다. 그러므로 가베는 아동에게 강력한 생명의 힘을 끌어낼 수 있는 계기를 부여하는 것이다.

슈필가베는 기하학적인 형태의 것으로, 형체, 면, 선, 점의 체계를 갖추고 있다. 슈필가베의 체계 중 제1가베에서 제6가베는 형체로, 제7가베는 면으로, 제8가베와 제9가베는 선(직선, 곡선)으로, 제10가베는 점으로 구성되어 있다.

3) 가베의 특징

가베는 탄생한 지 170여 년이 지난 지금도 여전히 세계 각국의 유아교육현장에서 가장 우수한 교육 놀잇감으로 각광받고 있다. 오늘날 보편화된 블록이나 적목, 몬테소리 교재 등은 가베를 원형으로 만들어진 놀잇감이다. 가베가 이렇게 시대와 국가를 뛰어넘어 높은 평가를 받는 가장 큰 이유는 가베가 가지는 보편적인 과학성과 다양한 적용성에 있다. 프뢰벨은 가베와 작업활동의 순서를 상세히 기록했는데, 그것은 아동들의 놀이발전에는 일정한 순서가 있으며, 이러한 순서는 곧 아동의 세계상의 발전 단계를 반영하기 때문에 교육활동에 있어서 이러한 순서가 준수되기를 기대했기 때문이다.

1가베에서부터 10가베까지의 가베는 유기적인 연속 체계를 가지고 있으며, 그 각각은 일정한 법칙에 따라 형태와 크기가 변화할 수 있도록 하는 내적구조를 지니고 있다.

첫 번째 특징은 모든 사물의 기본적인 조건이 면이나 점, 선만으로 구성되어 있다는 것이다. 이미 완성되어 있는 놀잇감이나 교구가 아니라 모두 기본형인 소재이다. 어린이들은 이것을 가지고 자기가 만들려고 생각한 것을 부수면 다시 원래의 기본형이나 소재로 돌아가기 때문에 어린이들은 새로운 것을 더욱 새롭게 만들어 낸다. 프뢰벨의 가베는 어린이들의 창조성에 보답하여 새로운 창조력을 단련시키게 해 준다.

두 번째 특징은 어린이들에게 놀이를 통해 수나 언어의 학습기회를 준다는 점이다. 어린이들은 늘어놓거나 쌓거나 하면서 높고 낮음, 넓고 좁음, 크고 작음, 많고 적음 등 수량이나 물건의 성질에 관한 인식을 터득하게 된다. 5가베나 6가베를 통해 얻은 수량에 관한 기본적인 개념은 초등학교의 산수나 중·고등학교 수학 학습의 기초가 된다.

세 번째 특징은 이 교육 놀이기구에서 어린이가 일상생활과 관계있는 모양인 자동차, 의자, 책상, 아파트, 빌딩 등 날마다 보고 체험한 것을 만들어 낼 수 있다는 것이다.

네 번째 특징은 이 기본 형태를 가지고 아름다운 모양인 별, 꽃, 물고기 등을 표현할 수 있다는 점이다.

4) 가베의 교육효과

가베놀이의 목표 은물에는 가장 단순한 모양부터 시작하여 어린이들이 자신의 발달에 맞추어 점점 놀이를 발전시키고 표현이나 활동 의욕을 만족시키며, 생각하는 힘과 사물을 창조해 내는 힘을 익힐 수 있도록 프로그

램이 철저히 구성되어 있다. 가베는 오엘가베, 프뢰벨가베, 슈필가베, 몬테소리가베, 신은물 등 여러 가베가 있으며, 은물 제조업체에서 제작하면서 일본어로는 은물(Eunmul), 독일어로는 가베(GABE), 영어로는 기프트(gift)로 제작 및 공급되고 있다.

(1) 수학, 과학성의 기초를 다진다.

1가베에서 준가베 2까지의 다양한 도형의 크기, 모양, 수 등의 물리적인 놀이를 접하면서 어린이는 서열, 공간, 부피 개념 등의 수개념과 관찰, 예측, 해석, 탐구 등의 과학개념이 발달하게 됨으로써 구체적 사고에서 추상적 사고로의 전이가 수월하게 된다.

(2) 창의력을 발달시킨다.

어린이는 가베를 수직, 수평으로 쌓으면서 앞, 뒤, 옆, 위의 관찰 시점에 따라 달라지는 3차원의 입체 형태를 경험하게 된다. 이와 같이 여러 시점을 통한 형태의 탐색은 다각적인 사고 체계 형성에 도움을 준다. 또한 수많은 시행착오의 과정을 통해 상황에 대처할 수 있는 대응력과 문제 해결력이 효과적으로 발달하게 되어, 다른 사람들이 쉽게 생각하지 못하는 생각을 하는 창의력을 길러 준다.

(3) 사회성을 길러 준다.

분할과 통합의 구성 원리로 이루어진 가베는 놀이를 통해 어린이에게 부분 하나하나가 모여 전체 모양으로, 전체가 나뉘어 각각의 부분으로 되는 사회구성 원리를 내포하고 있는 철학적인 교육 놀잇감이다. 놀이를 통해서 어린이는 긍정적인 자아 개념, 자율성, 인내심, 성취감 등을 형성하고, 다른 사람과의 상호작용을 통해 사회적 경험을 하게 된다.

(4) 정서를 발달시킨다.

가베를 쌓고 무너뜨리는 과정에서 자신의 감정이나 생각을 적절하게 표현하고, 부정적인 정서까지도 표출하게 된다. 또한 대칭과 균형의 아름다움을 지각하게 되면서 조형능력이 발달하게 된다.

(5) 언어능력을 발달시킨다.

언어는 놀이에 있어서 중요한 매개체의 역할을 한다. 어린이는 가베놀이를 하면서 다양한 어휘를 배우고, 그 상황과 모양에 알맞은 적절한 언어를 사용할 수 있게 된다. 또한 자신이 직접 조형물을 만드는 과정을 통해 형태인지와 형태변별력을 키워 문자변별력을 통한 읽기 학습을 촉진시킬 수 있게 된다.

(6) 지능의 발달 및 신체의 모든 기관과 그 기능의 발달을 촉진시킨다.

가베놀이는 다양한 재질의 교구 경험을 통한 감각 발달뿐 아니라 어린이에게 물체의 조작, 눈과 손의 협응력, 잡기, 쥐기 등의 소근육 발달을 도와준다. 그리고 집중력을 길러 주며 자발성도 키워 준다.

PART

II

프뢰벨 가베의 실제

CHAPTER 4. 1가베

CHAPTER 5. 2가베

CHAPTER 6. 3가베

CHAPTER 7. 4가베

CHAPTER 8. 5가베

CHAPTER 9. 5B가베

CHAPTER 10. 6가베

CHAPTER 11. 7가베

CHAPTER 12. 8가베

CHAPTER 13. 9가베

CHAPTER 14. 10가베

CHAPTER 04

1가베

01. 가베 소개 및 기본놀이

- **구성 및 특징, 목적, 유의사항**

1) 소개하기
2) 활동놀이
3) 모방놀이
4) 수놀이
5) 방향놀이
6) 색깔놀이
7) 도형놀이
8) 끈 있는 것과 없는 것을 둘 다 이용한 놀이

02. 창의활동

1) 활동명: 나는야 멋쟁이
2) 활동명: 알록달록 요술나무

03. 활동지

04. 교육계획안

1가베 부록: 배경지를 활용한 창의적 구성놀이

01 가베 소개 및 기본놀이

구성 및 특징

1가베는 부드러운 실로 감싼 5cm의 공 12개로 이루어졌다. 공들은 20cm가량의 공과 같은 색의 끈이 달려 있는 공 6개와 끈이 없는 공 6개로 구성되어 있는데, 삼원색인 빨강, 노랑, 파랑, 삼보색인 주황, 초록, 보라, 6개 색으로 구성되어 있다.

프뢰벨은 생후 얼마 안 되는 젖먹이나 유아의 놀잇감으로 이 공이 가장 적당하다고 생각하여 이것을 1가베로 설정하였다. 형태상으로 공은 자연의 모습을, 또 한편으로는 정신적 이상을 상징한 것으로 볼 수 있다. 둥근 공은 우주의 모든 형태 중 가장 완전한 하나의 전체로서 우주의 모든 형태 중 가장 단순하며, 어느 방향에서 보아도 언제나 같은 모양이다. 이에 따라 1가베 공은 그 자체가 완전, 통일, 균형의 원리를 상징하고 있다고 볼 수 있다. 프뢰벨은 공의 교육적 가치 중 나열한 모든 요소에 매력을 느끼지만 특별히 공의 움직임에 더 중점을 두고 있는데, 그것은 우주 만물의 근원은 움직이는 가운데 모든 생명의 싹틈이 있다는 사상적 배경에 기반하고 있다.

유아는 1가베를 통하여 여러 가지 놀이를 시도하고, 그러한 놀이를 통하여 신체 및 정신적 발달을 촉진시킴과 동시에 그들 안에 깃들어 있는 천부적인 능력을 밖으로 이끌어 내어 발달시킬 수 있다.

목적

- 정신적으로 아름답고 원만한 인격을 양성한다.
- 유아 스스로 자발적인 활동을 하도록 촉진시키고, 그 활동성에 만족하게 한다.
- 동기부여 → 호기심 → 만족 → 새로운 의욕의 과정을 통해 유아의 재능을 이끌어 낸다.

- 다양한 신체활동을 통해 몸의 여러 기관을 고르게 발달시킨다.
- 풍부한 모방놀이를 통해 유아의 생활형식, 미형식, 인식형식 등을 경험한다.
- 물체의 모양을 정확히 인식하고 수, 방향, 색깔 등을 안다.
- 결합과 나눔, 있다/없다 등의 관념을 기른다.
- 대상, 공간, 시간에 대한 지각을 발달시킨다.

유의사항

- 교사는 수업 전에 충분한 연습과 준비를 한다.
- 놀이를 하기 전과 후에 손을 깨끗이 씻게 한다.
- 놀이를 잘할 수 있는 위치에 앉도록 한다.
- 교구는 친절하고 소중하게 다루도록 하며, 장난치지 않도록 지도한다.
- 변화가 있는 놀이를 통해 흥미를 자극한다.
- 교구를 사용한 후 정리·정돈하는 습관을 기르도록 한다.

1) 소개하기

<table>
<tr>
<td></td>
<td></td>
<td></td>
</tr>
<tr>
<td>① 손가락으로 1가베 상자를 두드리면서 '딩동딩동'이라고 한다.
② 손으로 1가베 상자를 노크하듯이 두드리면서 '똑똑똑'이라고 한다.
③ 1가베 상자를 흔들어서 무엇이 들어 있을지 상상하게 한다.</td>
<td>④ 1가베 상자 뚜껑을 조금 열어서 유아들에게 보여 주고, 다시 뚜껑을 닫아서 무엇을 보았는지 등을 유아들에게 발문한다.</td>
<td>⑤ 1가베 상자를 완전히 열어서 유아들에게 보여 주면서 어떤 것이 들어 있는지 확인하게 하고 어떤 색이 있는지, 무게는 어떨지, 촉감은 어떨지 등의 발문을 한다.</td>
</tr>
<tr>
<td>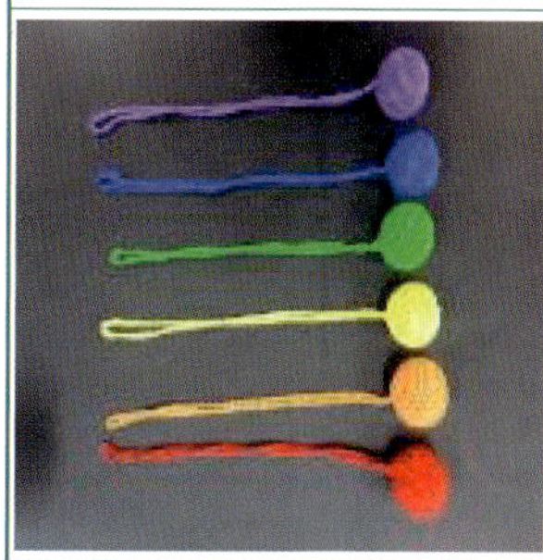</td>
<td></td>
<td></td>
</tr>
<tr>
<td>⑥ 끈이 달린 공을 보여 주면서 유아들에게 이렇게 생긴 것과 같은 것을 본 적이 있는지, 어떤 것처럼 보이는지 등을 발문한다.</td>
<td>⑦ 끈이 달리지 않은 공을 보여 주면서 유아들에게 이렇게 생긴 것과 같은 것을 본 적이 있는지, 어떤 것처럼 보이는지 등을 발문한다.</td>
<td></td>
</tr>
</table>

2) 활동놀이

(1) 끈 있는 것

			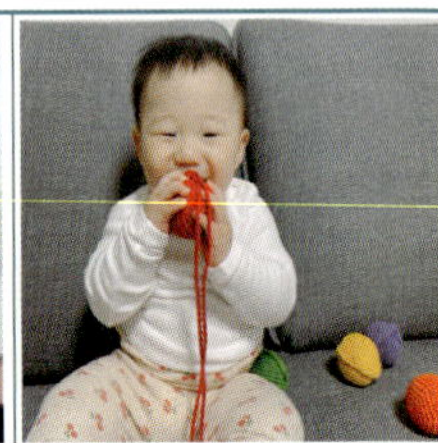
[크리스마스트리]	[목걸이]	[팔찌]	[열매]
끈이 있는 공과 별 스티커를 붙이고 그림을 그리며 놀이한다.	끈이 있는 공 6개를 엮어서 목에 걸고 목걸이놀이를 한다.	끈이 있는 공 줄을 짧게 하여 팔에 걸어서 팔찌놀이를 한다.	끈이 있는 공을 가지에 달린 열매처럼 먹어보기 놀이를 한다.

(2) 끈 없는 것

[개미]	[볼링놀이]
	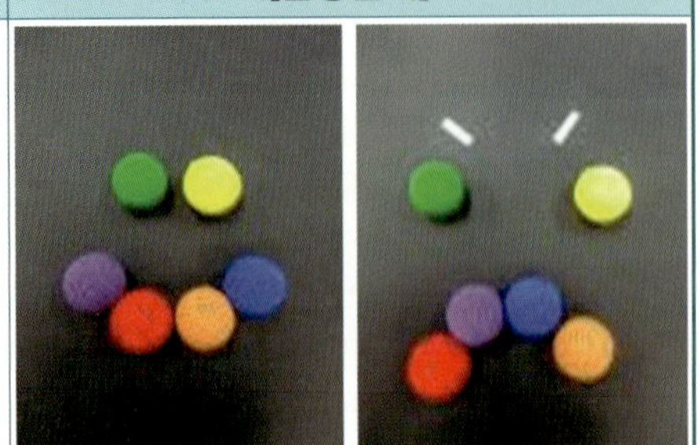
[아이스크림]	[표정 이야기]

3) 모방놀이

(1) 끈 있는 것

① 생물

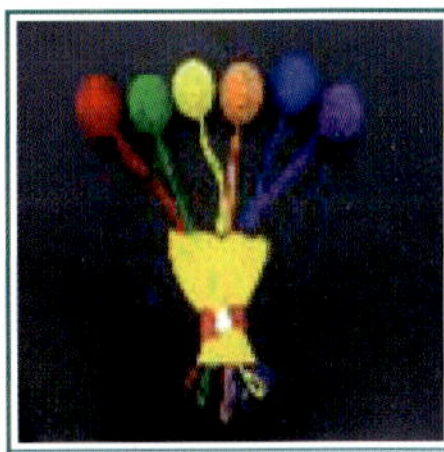		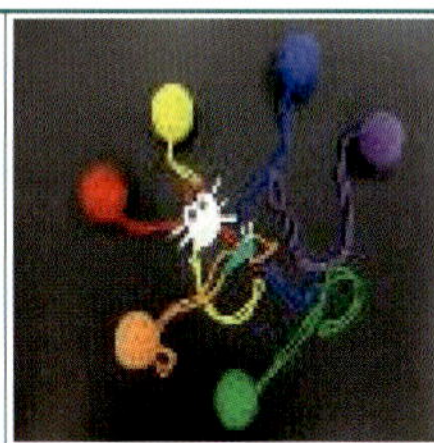	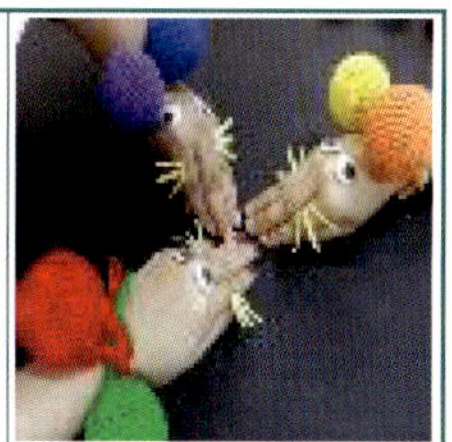
[부케]	**[열기구]**	**[거미줄]**	**[생쥐]**
끈이 있는 공과 종이를 이용하여 부케 놀이를 한다.	끈이 있는 공으로 열기구를 만들어 보고 그림을 그리며 놀이한다.	끈이 있는 공과 색종이와 눈알을 이용하여 거미와 거미줄을 만들어 놀이한다.	끈이 있는 공을 손목에 엮고 눈알을 손등에 붙이고 종이로 수염을 붙여서 생쥐를 만들어 놀이한다.

② 무생물

		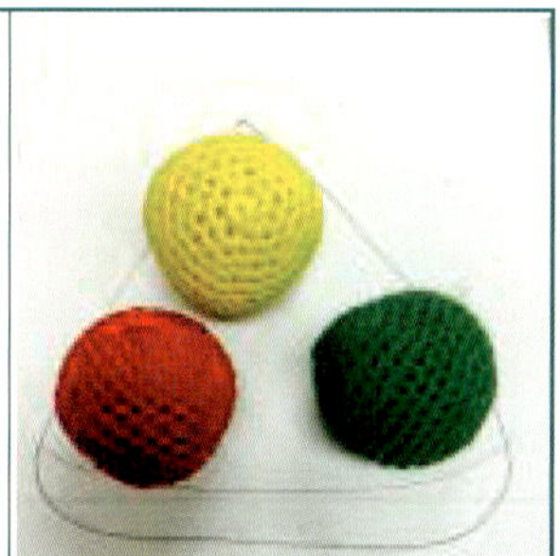
[우정반지]	**[신호등]**	**[피자]**

(2) 끈 없는 것

① 생물

		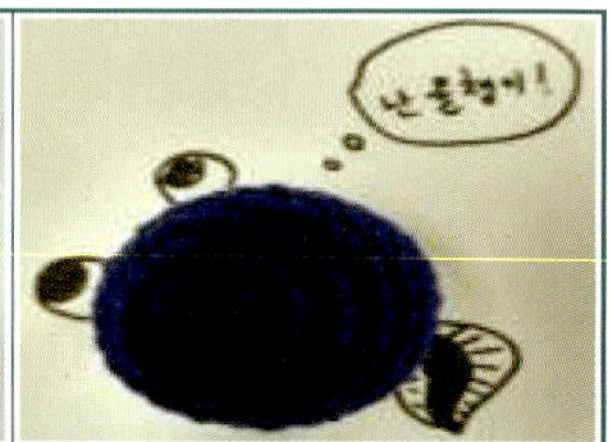
[텔레토비]	[애벌레]	[올챙이]
끈이 없는 공과 눈알, 색종이로 텔레토비를 만들어 놀이한다.	끈이 없는 공으로 애벌레를 만들어 놀이한다.	끈이 없는 공으로 올챙이를 표현하고 개구리 한살이를 만들어 놀이한다.

② 무생물

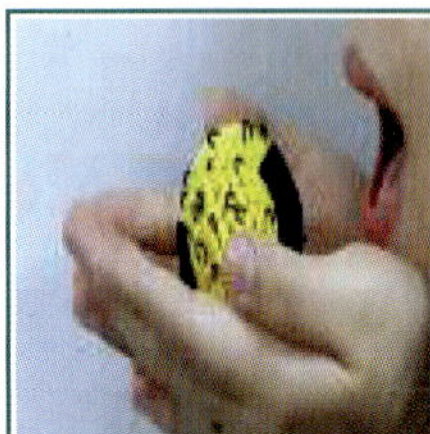	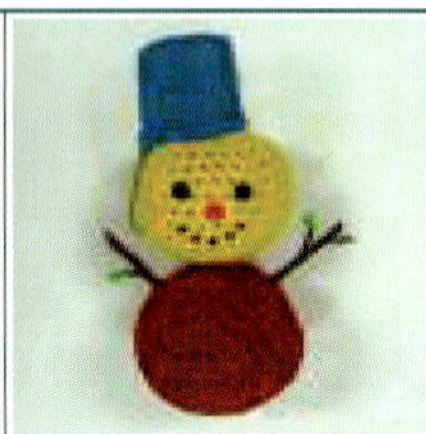	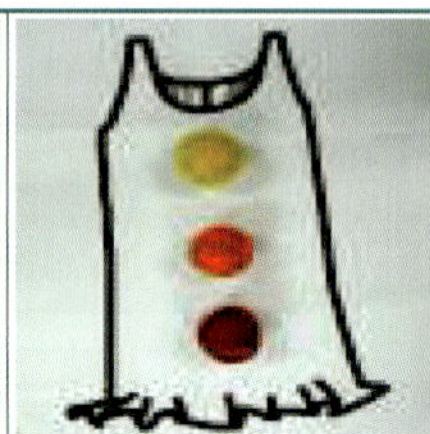	
[주먹밥]	[눈사람]	[단추]	[태극기]

4) 수놀이

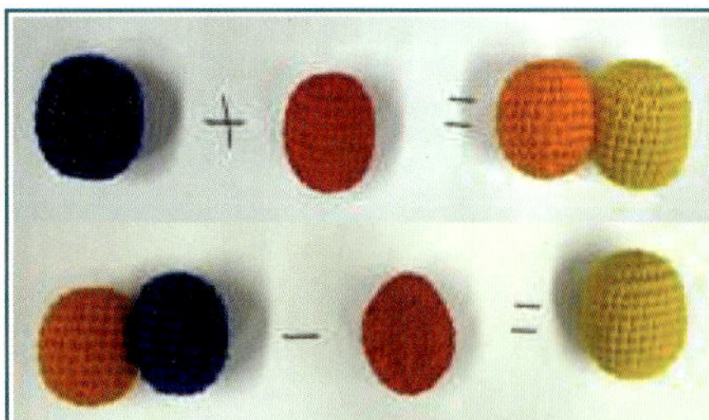	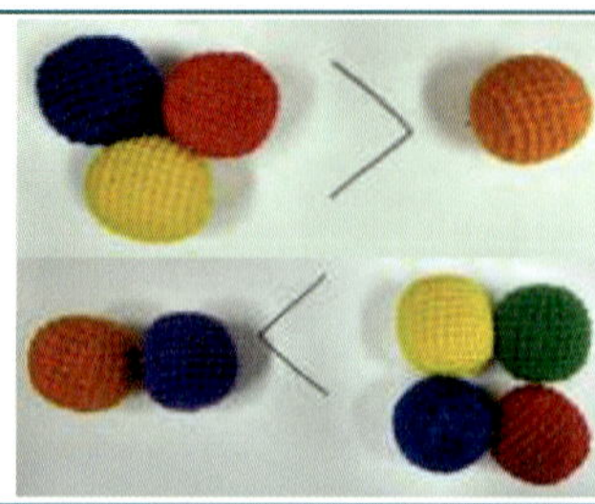
[덧셈과 뺄셈]	[부등호놀이]

5) 방향놀이

한 가지 색으로 하되, 기준을 정하는 게 좋다.
: 위, 아래 / 앞, 뒤 / 왼쪽, 오른쪽

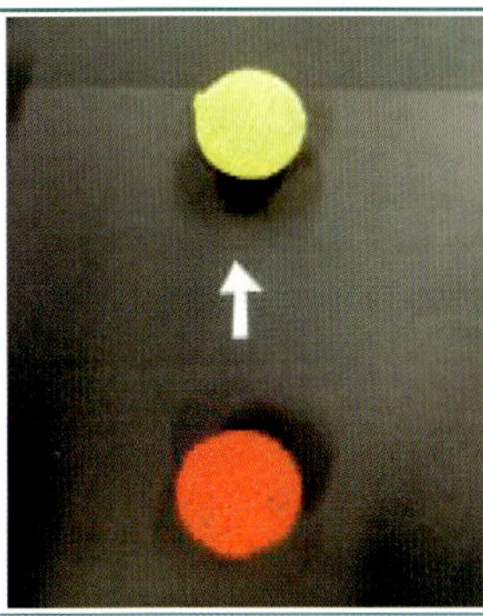	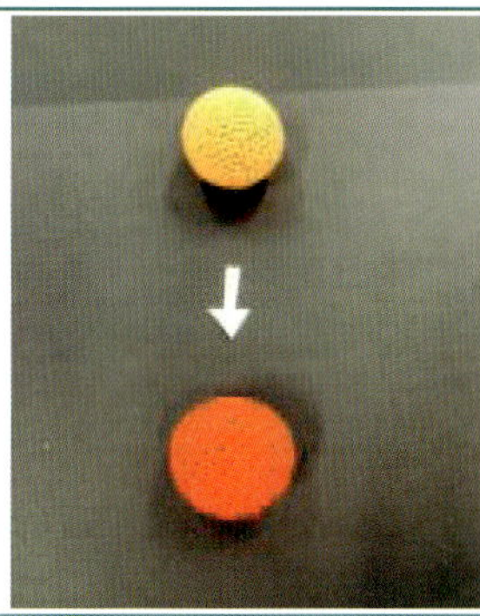
위	아래
"OO아, OO이 앞, 뒤, 왼쪽, 오른쪽에 놓고 와"라는 식으로 설명하고 놀이를 할 수 있다.	
끈이 없는 공과 종이를 이용하여 위와 아래에 대한 것을 놀이하면서 알게 한다.	

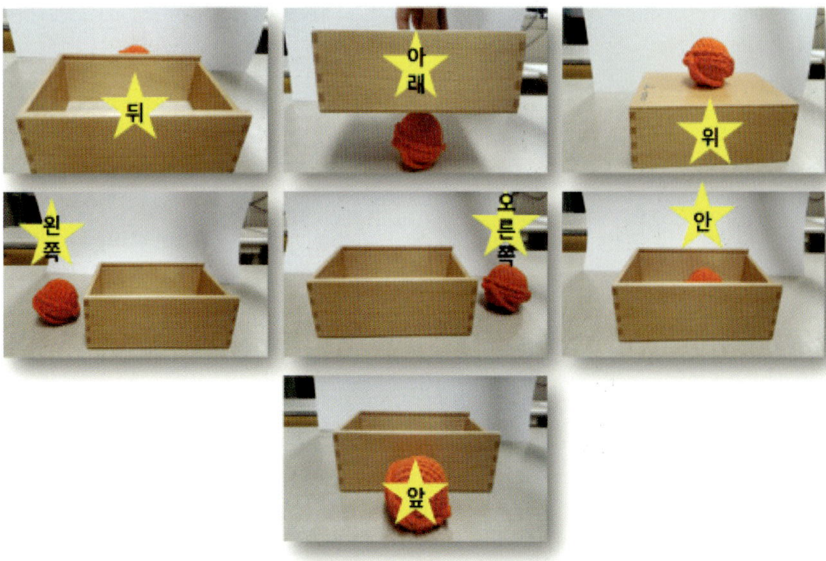

6) 색깔놀이

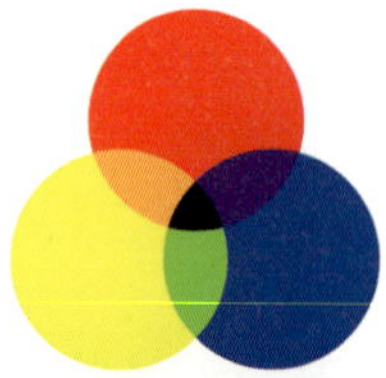

끈이 없는 공을 이용하여 색깔을 조합하면 어떤 색이 나올지에 대한 것을 놀이하며 알게 한다.
투명컵에 물감을 넣어서 섞으면서 직접 보여주며 색깔놀이를 하여도 된다.

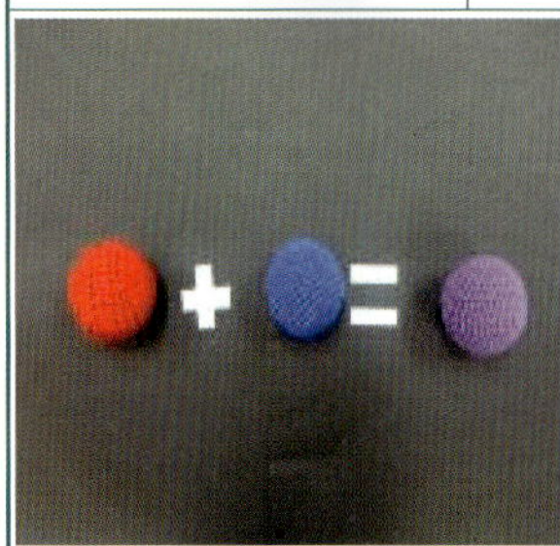	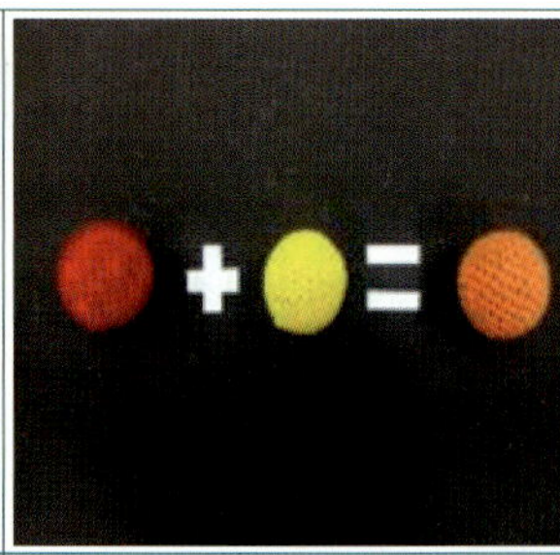	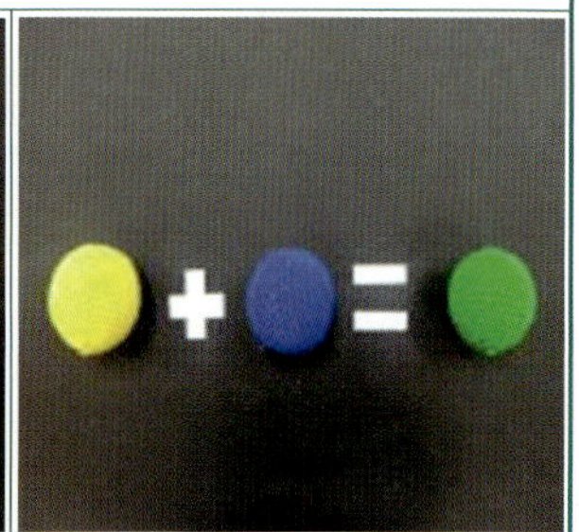
빨간색 더하기 파란색은 보라색	**빨간색 더하기 노란색은 주황색**	**노란색 더하기 파란색은 초록색**

7) 도형놀이

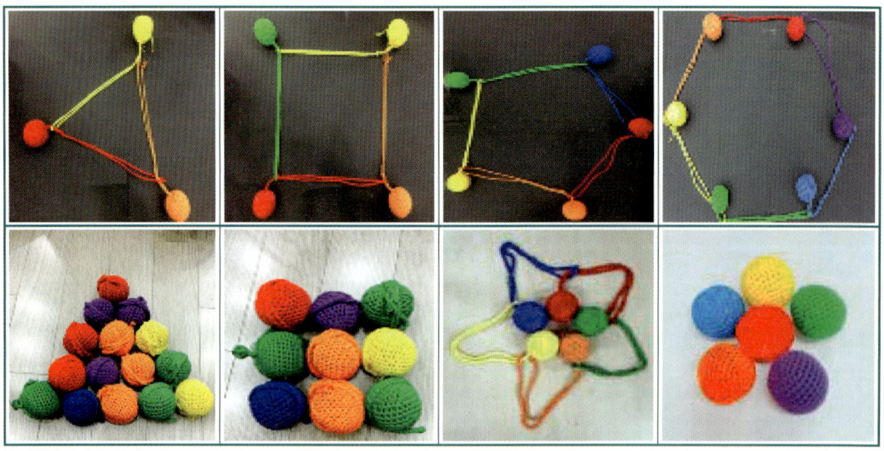

8) 끈 있는 것과 없는 것을 둘 다 이용한 놀이

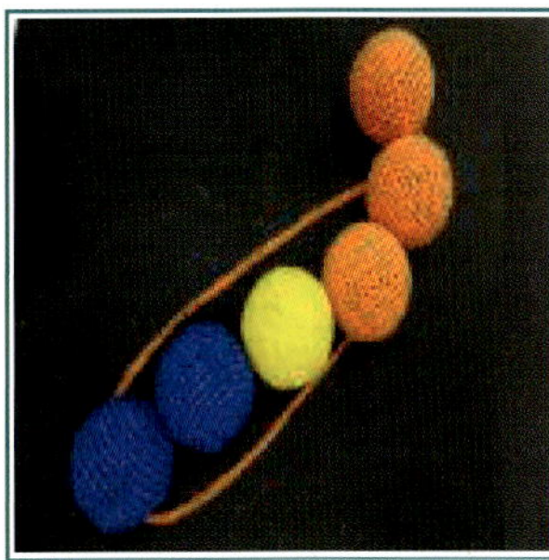	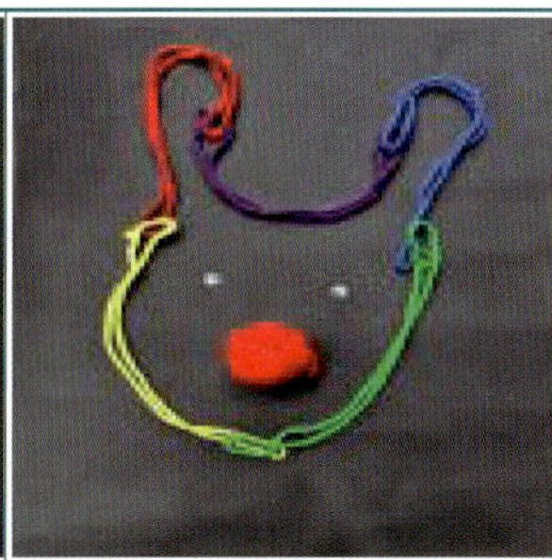	
[완두콩]	[루돌프]	[5가지 맛의 포도]

1가베 TIP

- 1가베는 밝은 색과 어두운 색, 따뜻한 색과 차가운 색으로도 분류하는 놀이를 할 수 있다.
- 신호등색과 신호등색이 아닌 것, 3원색과 3원색이 아닌 것으로도 분류할 수 있다.
- 1가베에서 가장 중요한 것은 대상의 촉감 등과 같은 느낌을 알게 하는 것이다.
- 1가베의 구는 어느 면에서 봐도 똑같은 가장 완벽한 도형이다.
- 1가베에서 구는 우주를 품을 수 있는 마음이나 원만한 인간관계 형성과 같이 프뢰벨이 강조했던 중심 철학을 상징하는 도형이다.
- 1가베에서 끈 있는 공을 정리할 때는 끈을 감아서 끼워 넣어 정리한다.
- 1가베는 가장 기초 단계의 가베이므로 연합놀이로 연결되지 않는다.
- 프뢰벨은 끈이 없는 구 6개를 만들었는데 12개인 것은 이후 사람들의 흥미를 높이기 위해 확장되었기 때문이다.
- 끈 있는 공은 꼭짓점과 선을 설명할 수 있고 선의 개념을 활용해 삼각형을 만들 수 있다.
- 끈 있는 공의 끈과 같은 길이의 물체를 주변에서 찾게 할 수도 있다.
- 1가베 나무 상자를 이용하여 놀이를 할 수도 있다.

02 창의활동

1) 활동명: 나는야 멋쟁이

학습활동

1) 1가베 공을 소개하고 공의 느낌을 이야기한다.
2) 1가베 공으로 멋진 장신구를 만들어 멋쟁이가 되어 본다.

준 비 물

1가베 공

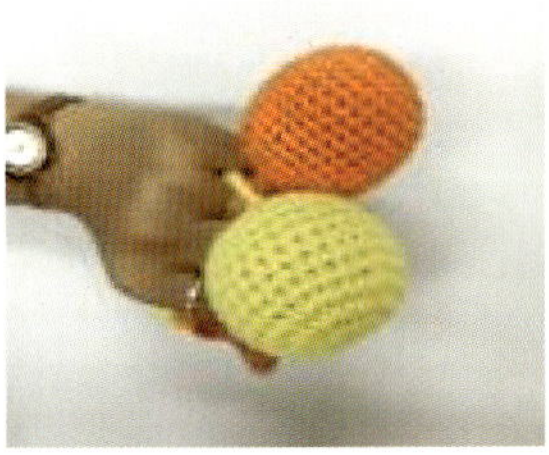

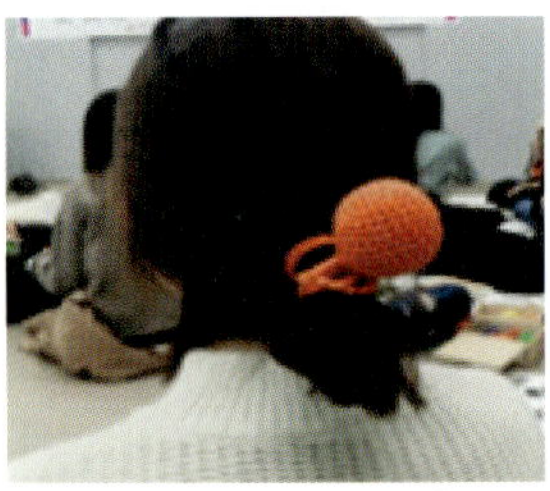

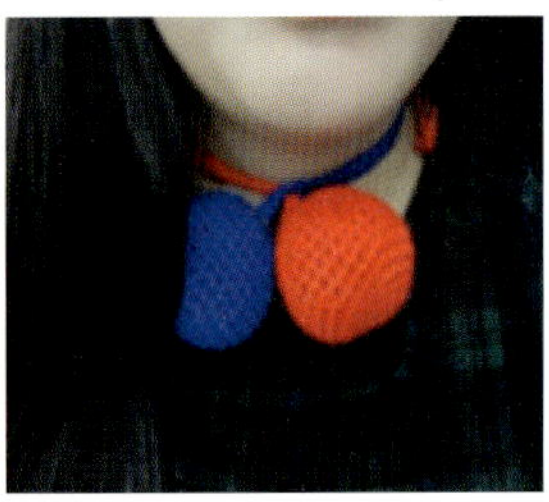

학습내용

1) 1가베 공의 구성 및 특징

- 1가베 공은 빨강, 노랑, 파랑, 주황, 초록, 보라 등 삼원색과 삼보색으로 구성되어 있다.
- 아이들에게 공을 만져 보게 하고 촉감에 대해 이야기해 본다. 공을 손으로 꽉 쥐면서 말랑말랑하다는 것을 설명해 주고, 손등에 문지르면서 표면은 울퉁불퉁하다는 것을 설명해 준다. 공을 이리저리 굴리면서 잘 굴러가는 공의 특성에 대해 설명한다.

2) 1가베 공의 활용

- 아이들에게 끈이 달린 1가베 공으로 무엇을 할 것인지 물어본다.
- 끈이 달린 공을 활용해 목걸이, 귀걸이, 시계, 반지, 가방을 만들어 본다.
- 아이들이 직접 활용할 수 있도록 한다.

2) 활동명: 알록달록 요술나무

학습활동

1) 가베 공의 색깔을 가지고 연상되는 과일을 아이들과 함께 이야기해 본다.
2) 요술나무를 만들어서 각각의 공의 색깔을 가지고 연상되는 과일들을 요술나무에 붙여 준다.

준 비 물

1가베, 색종이, 가위, 테이프

학습내용

1) 색깔별로 연상되는 과일 알아보기

- 빨간색 가베 공은 사과, 노란색은 바나나, 파란색은 블루베리, 주황색은 오렌지, 초록색은 수박, 보라색은 포도, 이렇게 가베 공의 색깔을 가지고 연상되는 과일을 아이들과 이야기해 본다.
- 아이들의 연령층이 높다면 과일을 직접 그리고 오려 표현해도 된다.

2) 요술나무 만들기

- 색종이나 마분지로 나뭇가지가 6개인 요술나무를 만든다.
- 가지에 끈이 없는 가베 공을 올려놓는다.
- 공을 하나씩 짚어가며 어떤 과일로 바뀌는지 아이들과 이야기를 나누면서 연상되는 과일로 바꿔 준다.
- 마지막으로 과일 위에 같은 색깔의 공을 올려 본다

(*아이들에게 색깔변별력과 연상력을 키울 수 있게 도와준다).

03 활동지

1가베 활동놀이

연상하기

1가베 공 색깔을 보고 연상되는 것을 생각해 보고,
그림을 오려 붙여 보세요.

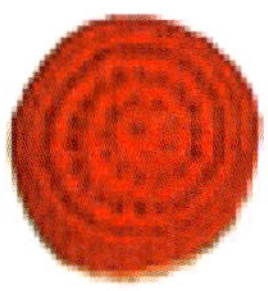	

1가베

도형놀이

모양놀이

끈이 있는 털실 공으로 모양을 만들었어요.
같은 것끼리 연결해 보세요.

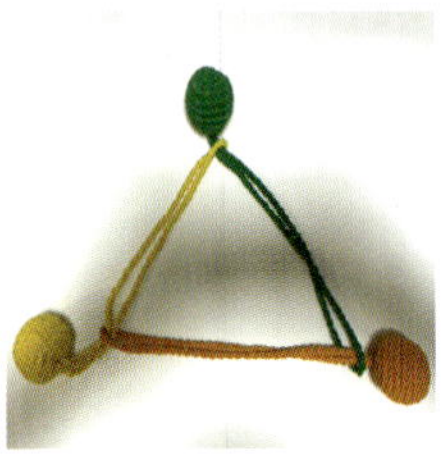

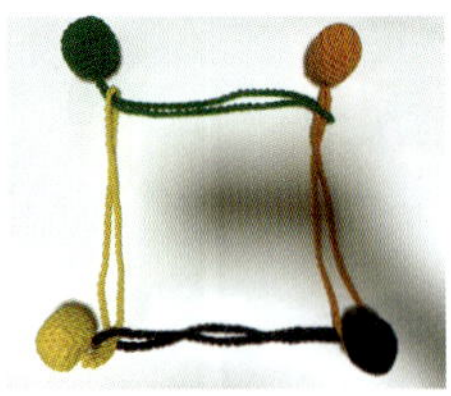

1가베

모양놀이

세모 만들기

1가베를 이용하여 세모를 만들어 본 후,
색종이로 크고 작은 세모를 만들어 붙여 보세요.

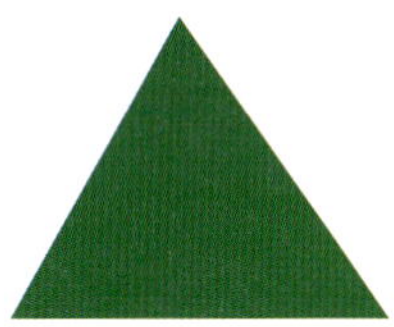

1가베

모양놀이

네모 만들기

1가베를 이용하여 네모를 만들어 본 후,
색종이로 크고 작은 네모를 만들어 붙여 보세요.

1가베 수놀이

수놀이

1가베 공을 세어 보고 수만큼 스티커를 붙여 보세요.

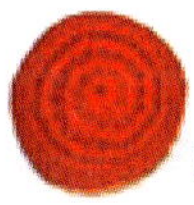 하나	
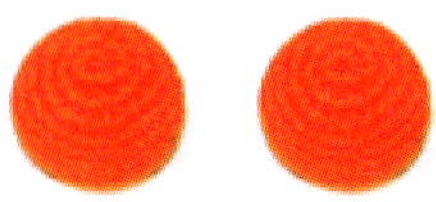 둘	
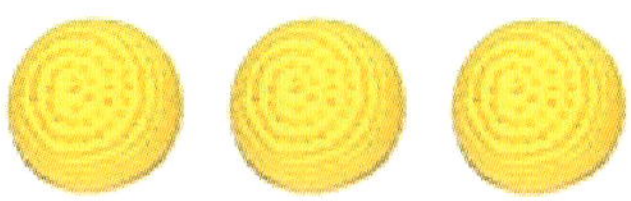 셋	
 넷	
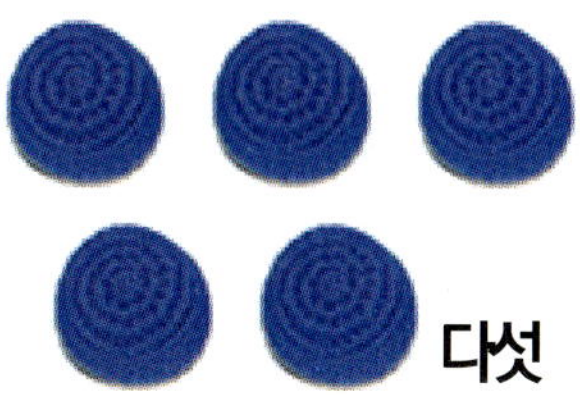 다섯	
 여섯	

1가베

지혜놀이

패턴놀이

색의 규칙을 찾아 반복되는 패턴이 되도록 빈칸을 색칠해 보세요.

04 교육계획안

1가베 교육계획안

<table>
<tr><th>단원</th><td colspan="2">1가베</td><th>대상연령</th><td>만 4세</td></tr>
<tr><th>활동명</th><td colspan="4">나의 단풍나무를 만들어요.</td></tr>
<tr><th>교육목표</th><td colspan="4">• 1가베를 이용해 색깔표현에 대한 즐거움을 느낀다.</td></tr>
<tr><th>시간</th><th>활동명</th><th colspan="2">교육내용</th><th>준비물</th></tr>
<tr><td>2분</td><td>도입</td><td colspan="2">• 손유희로 주의 집중한다.

〈참새 노래 음으로〉
참새 한 마리가 날아와서 1가베 공 위에 앉았네
말랑말랑하다 찐빵 같다 짹짹 짹짹 짹 짹
참새 한 마리가 날아와서 1가베 공 위에 앉았네
폭신하다 폭신하다 참새 같다 짹짹 짹짹 짹 짹
참새 한 마리가 날아와서 1가베 공 위에 앉았네
까칠하다 까칠하다 아빠 수염 같다 짹짹 짹짹 짹 짹

T: 오늘은 선생님이 가베를 가져왔는데 이 가베는 몇 가베일까요?
T: ○○이가 한번 말해 볼까요?
T: ○○이는 이 가베가 1가베인 거 같대요. 몇 가베인지 문을 똑똑 두드려 보고 어떤 가베 친구가 들어 있는지 한 번 볼까요?

• 가베통을 들고 흔들어 보고 무엇이 들었는지 상상하며 이야기를 나누어 본다.
– 무엇이 들어 있을까? 맞혀 본다.
– 상자를 똑똑 두드려 보고 초인종 눌러 본다.
– 가베 상자의 뚜껑을 열어 살짝 보여 준다(무엇이 들었나? 몇 개 들었나?).
T: 친구들이 1가베 친구 처음 본 게 아니죠? 오늘은 그래서 1가베를 가지고 미술활동을 해 볼 거예요.</td><td></td></tr>
<tr><td>15분</td><td>전개</td><td colspan="2">• 지난 시간에 1가베를 했던 것을 회상해 본다.
– 단풍이 든 나무의 자료를 보여 주고 오늘의 활동이 무엇인지에 대해 이야기해 준다.
T: 지금은 가을이에요. 혹시 친구들 단풍을 본 적이 있나요? 지금 교실 밖에도 단풍이 노란색, 빨간색, 여러 색으로 물들고 있어요. 친구들도 오늘 선생님과 함께 나의 단풍나무를 만들어 볼 거예요. 먼저 하기 전에 친구들 나무에 단풍처럼 알록달록 색깔을 내보려면 물감이 필요하겠죠. 선생님과 같이 물감을 섞어 보도록 해요.

• 혼합색에 대해 이야기를 나누어 보고 1가베에 있는 공과 물감을 찾아 지퍼팩에 섞어 본다.
– 빨강+노랑=주황
– 노랑+파랑=초록
– 빨강+파랑=보라</td><td>단풍 자료, 물감, 스펀지, 지퍼팩</td></tr>
</table>

시간	활동명	교육내용	준비물
15분	전개	• 어떤 색과 섞었을 때 무슨 색이 나오는지에 대해 직접 활동을 해 본다. - 유아가 하고 싶은 색을 고르고 끈이 있는 1가베 2개를 엮어 목걸이를 만든다. - 교사는 나무 그림이 있는 도화지에 1가베 모양과 같은 스펀지를 준비해 물감을 찍어 나무가 그려진 도화지에 찍는 시범을 보여 준다. - 종이를 나누어 주고 활동을 해 본다. - 활동을 하고 물감이 다 마르면 목걸이를 만들어 걸어 본다.	
3분	마무리	T: 친구들, 재미있었나요? T: 오늘 몇 가베 친구와 놀이를 해 보았죠? - 어떤 색이 나왔는지 질문해 본다. • 어떤 색을 이용해 나무를 물들였는지 이야기를 나누어 본다. - 빨강+노랑=(주황) - 노랑+파랑=(초록) - 빨강+파랑=(보라) • 1가베 친구를 정리한다. T: 친구들 재미있었나요? T: 다음 시간에는 2가베 친구를 만나 재미있는 활동을 해 보도록 해요.	

1가베 부록-1

가베 배경지를 활용한 창의적 구성놀이 예시

다양한 주제의 배경지와 1가베를 사용하여 배경지 위에 창의적 구성놀이를 한 예시작품

1가베 부록-1

1가베 부록-2

나만의 배경지 만들어 보기

① 1가베로 만들 수 있는 작품을 다양하게 적어 본다. 예) 애벌레, 과일, 주얼리 등
② 그중에서 배경지로 만들어 보고 싶은 작품을 하나 고른다.
③ 색연필, 색종이, 사인펜, 크레파스, 매직 등 다양한 재료를 사용하여 작품과 어울리는 배경을 8절 도화지에 그린 후 색칠해 본다.
④ 배경지가 완성되면 만든 배경지 위에 1가베를 활용하여 꾸며 본다.

아이디어 스케치

어떤 배경지를 만들면 좋을지 다양한 아이디어를 여기에 끄적여 보세요. 그리고 가장 마음에 드는 아이디어 하나를 선택하여 준비한 8절 종이에 그려 보세요.

CHAPTER 05

2가베

01. 가베 소개 및 기본놀이

■ 구성 및 특징, 목적, 유의사항

1) 소개하기 2) 활동놀이
3) 회전놀이 4) 연합놀이

02. 창의활동

1) 활동명: 칙칙폭폭 기차
2) 활동명: 코가 길어지는 피노키오

03. 활동지

04. 교육계획안

2가베 부록: 배경지를 활용한 창의적 구성놀이

01 가베 소개 및 기본놀이

구성 및 특징

2가베는 목재로 된 지름 5cm의 구와 원기둥, 한 변의 길이가 5cm인 정육면체로 구성되어 있다. 이외에도 회전놀이를 위한 기둥 2개와 틀 그리고 보 1개, 긴 막대가 들어 있는 하나의 상자로 되어 있다. 또 한 구멍이 뚫리거나 고리가 달린 구, 원기둥, 정육면체가 각각 1개씩 더 구성되어 회전놀이를 할 수 있게 되어 있다. 2가베의 구는 1가베의 공보다 더욱 완전에 가까운 구의 형태로서 구가 가지고 있는 형태적인 미와 정신적인 미를 한층 잘 나타내고 있다고 볼 수 있다. 구는 전체가 곡선과 면 그리고 점으로 되어 있어 동적인 성질을 띠고 있지만, 정육면체는 6개의 면과 12개의 모서리 그리고 8개의 꼭짓점을 지니고 있어서 항상 정지 상태에 있다.

이렇게 전혀 다른 성질의 두 도형의 연결 고리가 바로 원기둥이며, 원기둥은 구와 정육면체의 서로 다른 성질을 함께 가지고 있어서 구로부터 정육면체로 넘어가는 단계에 자리 잡고 있는데, 이는 자연과 인간의 조화로움을 표현하는 의미를 띠고 있다. 구, 원기둥, 정육면체 이 세 가지 형태는 모든 형태의 기본으로서 이들이 분해되고 종합되면서 여러 가지 형태가 이루어지게 된다.

이 세 가지 형태를 이해함으로써 유아는 막연히 머릿속에 들어오는 갖가지 형태를 이들과 비교하게 된다. 그리하여 그 유사점과 차이점을 발견하고 깨닫고 정리하면서 기억하게 되는 것이다. 또한 도형을 회전시키면서 여러 가지 모양의 변화를 일으키는데, 이를 통하여 일정한 순서에 따라 회전시켜 보면 끈의 위치에 따라 서로 다른 모양이 생긴다는 것을 알고 흥미로워한다. 새로운 사물에 대한 흥미는 깊이 있는 생각을 싹틔우고 발견의 즐거움을 준다. 이 발견의 즐거움은 또 다른 발전의 첫걸음이 되며 아이들의 호기심을 만족시킴과 더불어 지적발달의 좋은 자극이 될 수 있다.

목적

- 구, 원기둥, 정육면체의 특징과 성질을 안다.
- 세 가지 모양이 갖고 있는 공통점과 차이점을 분별하는 능력을 키운다.
- 회전놀이를 통해 물체 안에 잠재되어 있는 힘을 느끼게 하고, 흥미를 만족시킨다.
- 활동과 정지를 안다.
- 자발적인 활동을 촉진시킨다.
- 정돈된 두뇌를 키우고 지능발달을 촉진시킨다.
- 사물에 대한 인식능력을 증진시킨다.

유의사항

- 구르기 쉬운 구는 조심스럽게 다룬다.
- 두 종류의 교구를 동시에 손에 들지 않도록 한다.
- 교구는 정중하게 다룬다.
- 비교할 때는 유사점을 먼저 다룬다.
- 회전놀이 시에는 어린이의 눈과 평행이 되는 위치에서 회전시킨다.

1) 소개하기

(1) 1가베와 비교

구를 보여 주면서 "친구들 이건 어디서 보았나요?"와 같이 발문하며 비교한다.

* 질감은 어떨지, 무게는 어떨지, 굴리면 어떨지 등의 발문을 하며 비교한다.
* 들보, 받침대, 기둥, 가는 막대, 실, 고리 등에 대해서도 소개한다.

(2) 도형 소개

• 구, 원기둥, 정육면체

주위에서 볼 수 있는 것들 중 어떤 것과 같은지 등을 발문하며 구, 원기둥, 정육면체에 대해 소개한다.

* 고리가 달린 구, 원기둥, 정육면체에 대해 소개할 때 왜 고리가 달려 있는지 등을 발문하면서 소개한다.

* 구, 원기둥, 정육면체의 특징에 대해 노래를 부르며 소개한다.

(♬나리나리 개나리 노래에 맞추어)
구르기를 잘해요 떼구루루 굴러요
이리저리 굴러요 내 이름은 구예요

(♬나리나리 개나리 노래에 맞추어)
동그란 면 있어요 기~둥도 있어요
바퀴처럼 굴러요 내 이름은 원기둥

(♬나리나리 개나리 노래에 맞추어)
면이 면이 여섯 개 꼭짓점은 여덟 개
모서리는 열두 개 내 이름은 정육면체

(♬산토끼 토끼야에 맞추어)
꼭 찌르는 꼭짓점 길~~다란 모서리
매끈매끈 면이랍니다
내 이름은 정육면체

2) 활동놀이

(1) 모방놀이

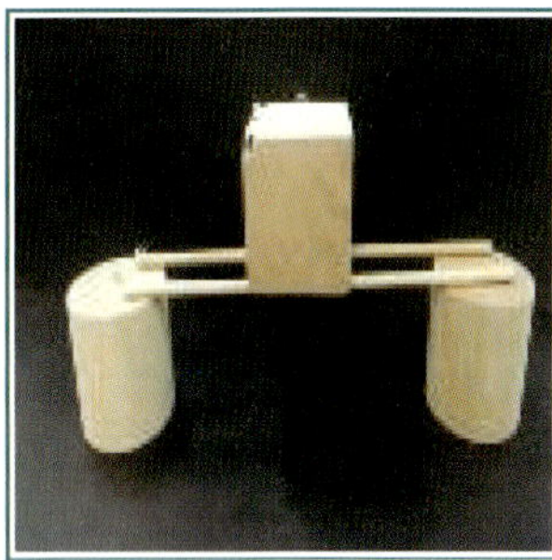		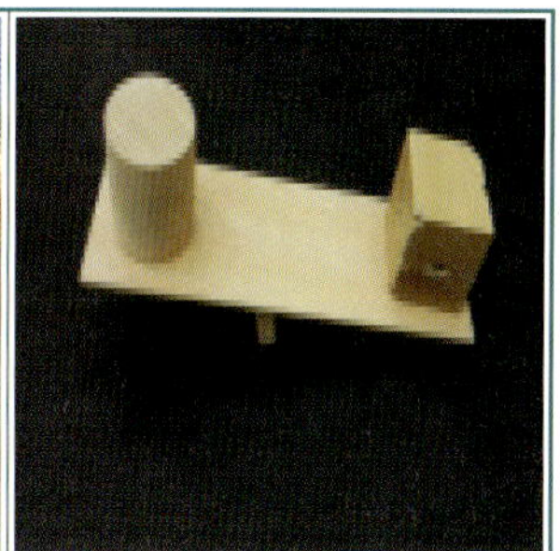
[가마]	**[리듬합주]**	**[시소놀이]**
원기둥과 고리 달린 원기둥, 가는 막대를 이용하여 가마놀이를 한다.	가는 막대와 원기둥, 정육면체 등을 이용하여 리듬합주놀이를 한다.	뚜껑과 도형들을 이용하여 시소놀이를 하며 무게 재기놀이를 한다.

(2) 상자를 이용한 놀이

[유령이다!]	**[김밥 도시락]**	**[놀이터에서]**
고리 달린 구에 종이를 붙이고 들보에 매달아서 유령을 만들고 다른 도형을 상자 안에 넣어 눈알과 입 모양을 붙여 유령놀이를 한다.	도형에 김밥 모양 종이를 만들어 붙이고 가는 막대를 젓가락으로 이용하여 김밥 도시락놀이를 한다.	놀이터에서 볼 수 있는 철봉과 미끄럼틀을 만들어 놀이한다.

(3) 전개도놀이

[정육면체 전개도]	[원기둥 전개도]

* 종이를 이용하여 전개도를 만든다.
* 구의 경우 호일, 클레이, 신문지 등을 이용하여 만든다.
* 전개도놀이를 통해 유아들의 도형에 대한 이해도를 더 높일 수 있다.

(4) 전개도 도형 연상놀이

* 만든 전개도를 활용하여 연상되는 것을 만들어 본다.

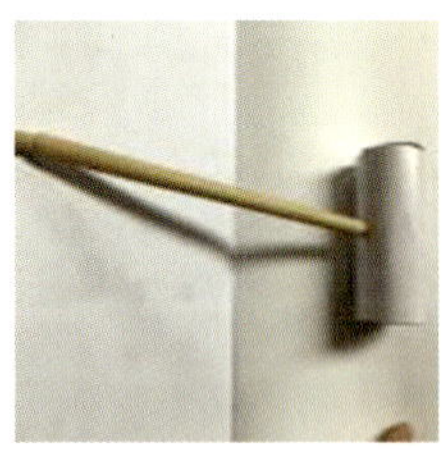

3) 회전놀이

[고리 달린 정육면체]	**[고리 달린 원기둥]**	**[고리 달린 구]**
고리 달린 정육면체를 들보에 묶어서 회전놀이를 한다.	고리 달린 원기둥을 들보에 묶어서 회전놀이를 한다.	고리 달린 구를 들보에 묶어서 회전놀이를 한다.

* 가는 막대를 적절하게 이용하여 회전놀이를 하고 회전놀이를 할 때 어떤 모양이 나오는지 잘 살필 수 있도록 한다.
* 가는 막대는 안전사고에 유의하게 하고, 노래나 춤을 추지 않게 정적으로 지도한다.

• 색종이 붙여서 회전놀이 하기

	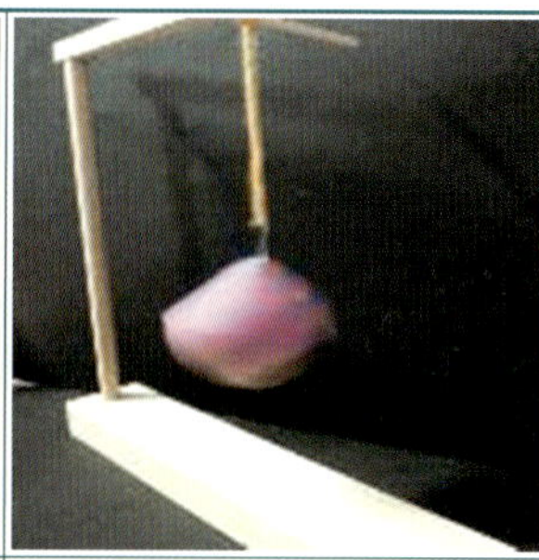	
빨간색과 노란색 색종이를 교차로 붙여서 회전놀이를 하면 주황색이 나온다.	빨간색과 파란색 색종이를 교차로 붙여서 회전놀이를 하면 보라색이 나온다.	노란색과 파란색 색종이를 교차로 붙여서 회전놀이를 하면 초록색이 나온다.

4) 연합놀이

[다리]	[나는 해적왕]	[동화 속 주인공]

2가베 TIP

- 2가베는 회전하는 것이 가장 큰 특징이다.
- 2가베는 회전을 통해 관찰되는 도형의 모양이 다른 것이 있다.
- 고리 달린 도형에 가는 막대를 끼워 놀이를 할 수도 있다.
- 어떤 위치에 달린 고리에 실을 매달아 회전하느냐에 따라 다른 모양의 도형이 관찰된다.

02 창의활동

1) 활동명: 칙칙폭폭 기차

학습활동

1) 원기둥, 정육면체, 구의 이름을 소개하고 상자를 기차로 만들어 각각의 닮은 친구들을 태워 준다.
2) 도형과 닮은 친구들을 태워 주면서 도형변별을 한다.

준 비 물

2가베, 가위, 풀, 테이프

학습내용

✽ 상자를 이용하여 기차놀이 하기

- 받침대와 기둥을 연결해 터널을 만들고 상자가 터널을 지나면서 기차놀이를 한다.
- 우선 구와 비슷한 사물을 찾아 상자에 담으면서 터널을 지나간다. 그리고 정육면체, 원기둥과 비슷한 사물도 찾아본다(*이러한 놀이를 통해 도형변별력을 키울 수 있다).

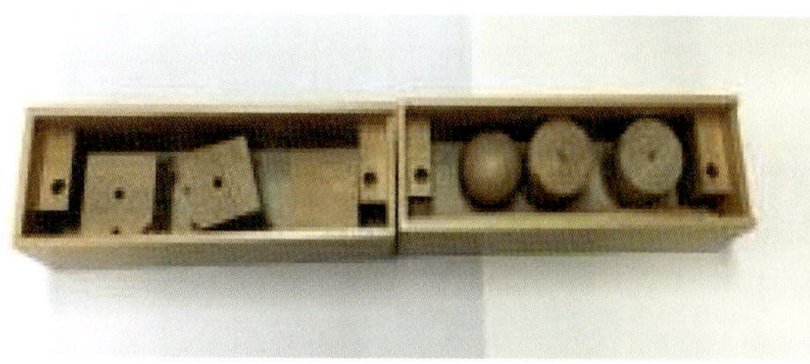

2) 활동명: 코가 길어지는 피노키오

학습활동

1) 구멍 난 정육면체가 피노키오의 얼굴이 되어서 가베로 피노키오를 꾸민다.
2) 가는 막대로 긴 코를 만들어 도형에 관한 문제를 내며 게임을 한다.

준 비 물

2가베, 색종이, 가위, 테이프

학습내용

❋ 피노키오 만들기

- 구멍 난 정육면체는 피노키오의 얼굴이 되고 원기둥은 몸통, 구멍이 없는 정육면체는 다리가 되게 피노키오를 꾸며 준다. 색종이로 옷과 팔, 모자를 만들어 주고 얼굴도 꾸며 주면 피노키오가 완성된다.
- 완성된 피노키오의 얼굴에 막대를 끼우고 아이들에게 구와 원기둥에 관한 퀴즈를 낸다.
- 퀴즈를 맞혔을 경우에는 코가 짧아지고, 틀렸을 경우에는 코가 길어지는 놀이를 한다(*이러한 놀이를 통해 창의력과 관찰력을 키울 수 있다).

03 활동지

2가베

소개하기

탐색놀이

2가베를 관찰해 본 후, 색칠해 보세요.

	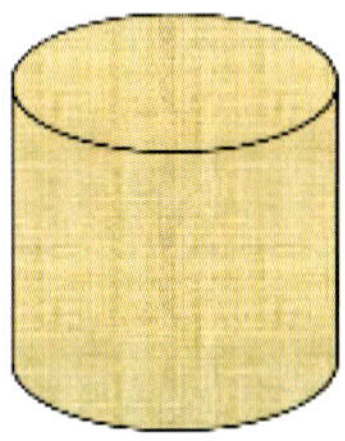	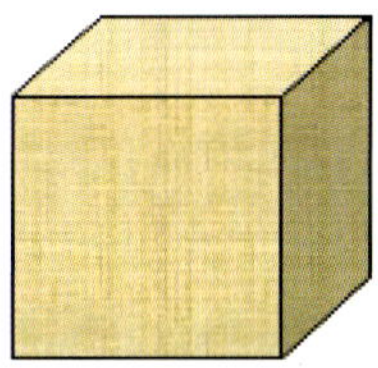
구	원기둥	정육면체

2가베

활동놀이

모방놀이

2가베와 닮은 물건을 오려서 붙여 보세요.

모양	닮은 모양 물건
 **구** **(공 모양)**	
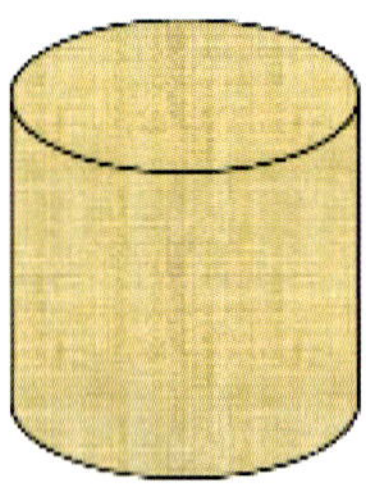 **원기둥** **(둥근 기둥 모양)**	
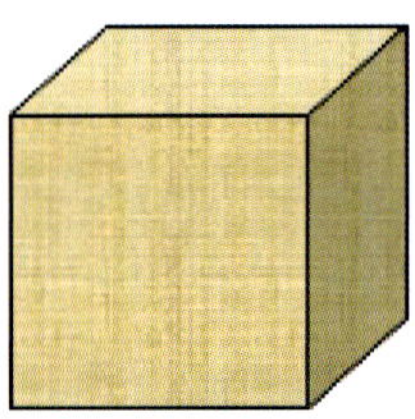 **정육면체** **(상자 모양)**	

2가베

활동놀이

특징 알기

다음 그림 중에서 누가 제일 빨리 굴러갈지 맞혀 보세요.

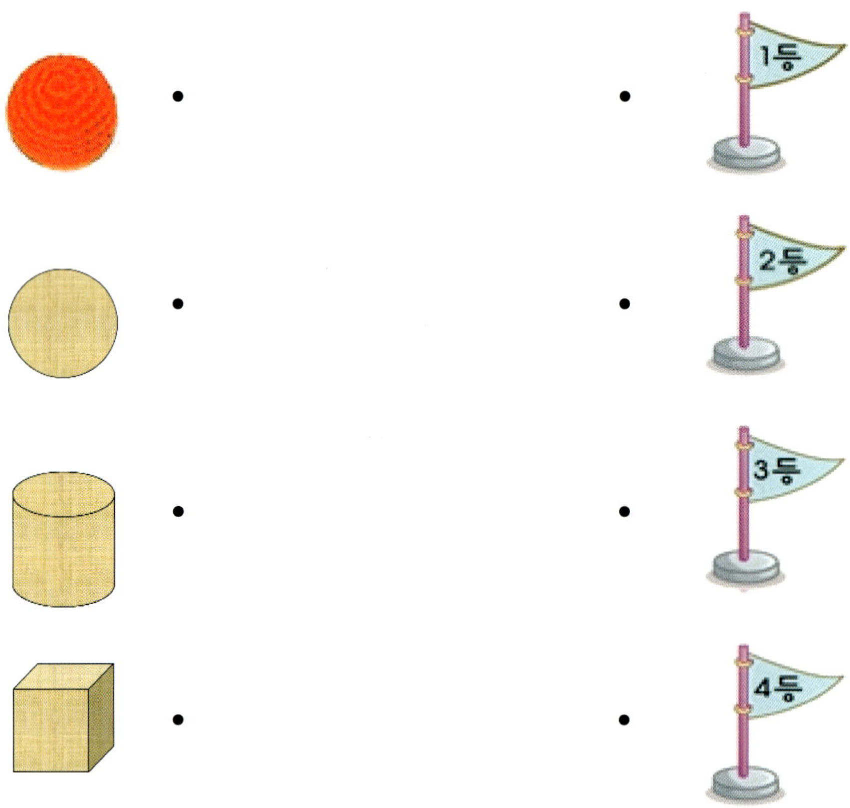

소개하기

2가베

정육면체 알기

정육면체의 면, 꼭짓점, 모서리를 알아보세요.

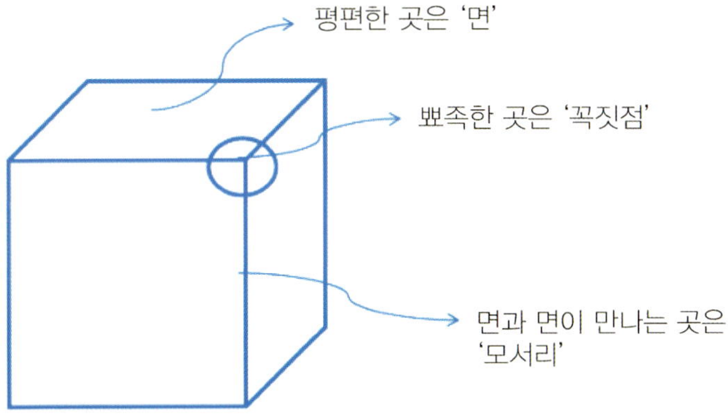

1. 2가베 정육면체의 면은 몇 개인가요? ( )개

2. 2가베 정육면체의 꼭짓점은 몇 개인가요? ( )개

3. 2가베 정육면체의 모서리는 몇 개인가요? ( )개

2가베

회전놀이

회전놀이

구를 가지고 회전놀이 해 보세요. 어떤 모양이 나오나요?
나오는 모양에 선을 그어 보세요.

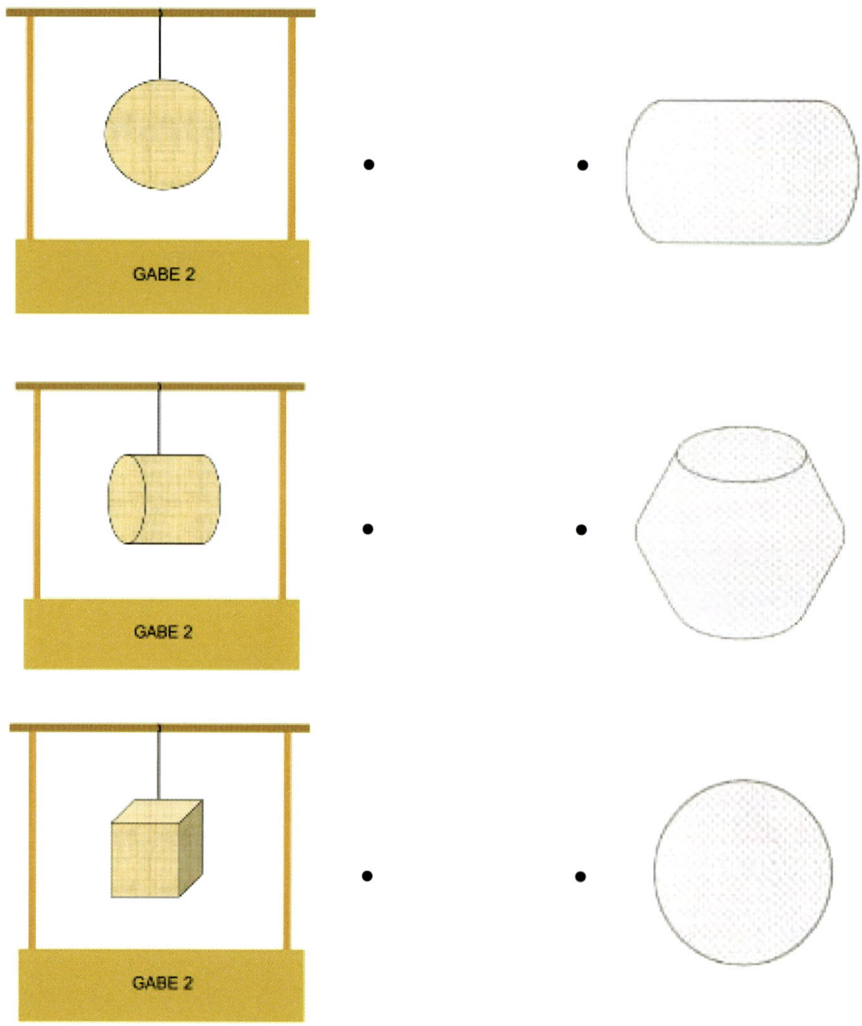

2가베

지혜놀이

퍼즐조각

퍼즐조각들을 색칠해 보세요.
조각들을 가위로 잘라서 도형을 만들어 알맞은 칸에 붙여 보세요.

 구	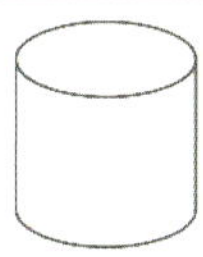 원기둥	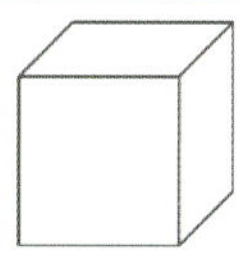 정육면체

2가베

조작놀이

도형 만들기

지점토를 활용하여 구, 원기둥, 정육면체를 만들어 보세요.
만든 후, 그림과 같이 잘라서 단면을 그려 보세요.

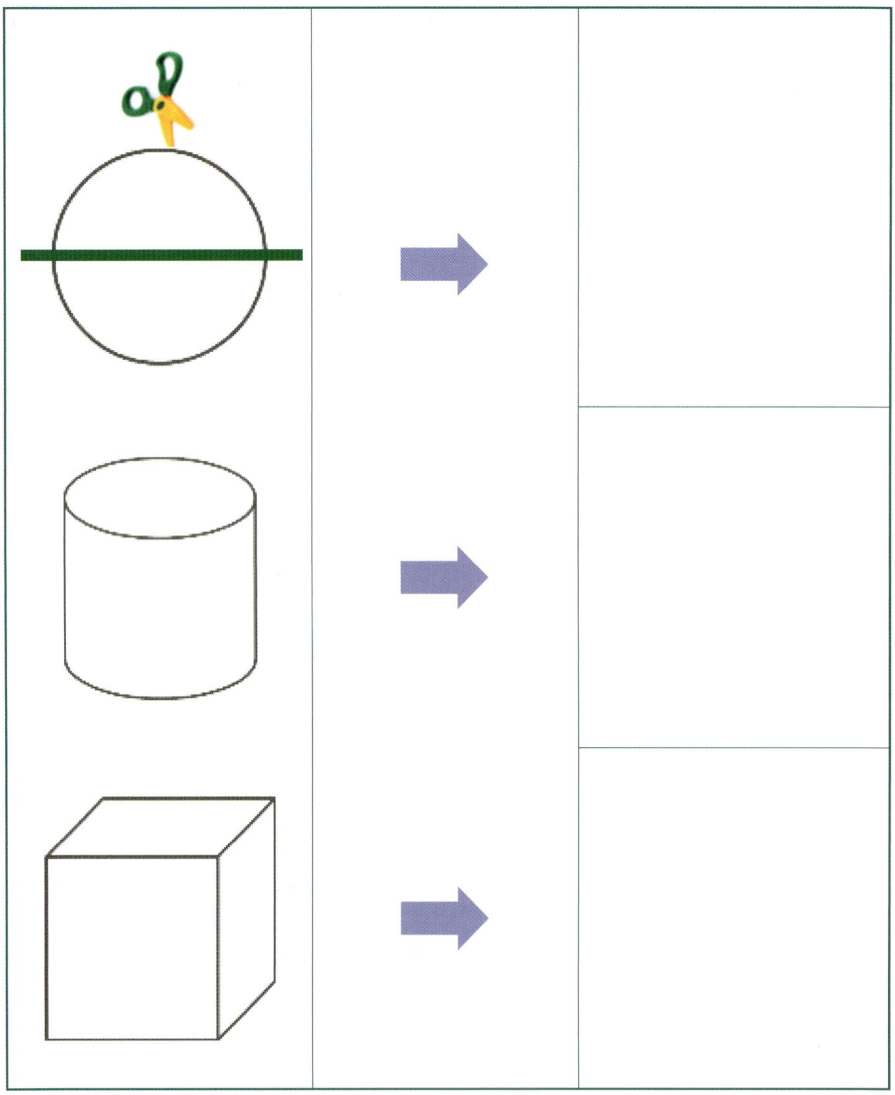

04 교육계획안

2가베 교육계획안

단원	2가베	대상연령	만 4세
활동명	동물원 만들기		
교육목표	• 가베로 동물을 연결시켜 표현하면서 창의력을 기를 수 있다. • 가베를 회전시키면서 혼합색에 대해 알 수 있다.		

시간	활동명	교육내용	준비물 및 유의점
2분	도입	• '작은 동물원' 노래와 손유희를 하며 주의 집중을 한다. 〈작은 동물원〉 삐약 삐약 병아리 음매 음매 송아지 따당 따당 사냥꾼 뒤뚱뒤뚱 물오리 푸우 푸우 개구리 집게 집게 집게 가재 푸르르르르르르 물풀 따단 따단 딴 소라 - ('소라'를 한 아이들을 깨워 준다.) T: 자, 일어나세요. 꼬끼오~ • 동물원에 가 본 경험에 대해 이야기를 나눈다. T: 친구들, 우리가 방금 불렀던 노래 제목이 무엇인지 알아요? T: 동물원에 가 본 적이 있나요? T: 동물원에서 어떤 동물들을 보았나요? T: 오늘은 2가베를 이용하여 동물원을 만들어 볼 거예요. 자, 모두 눈을 감고 상상해 보도록 해요. 오늘 우리 교실은 보라반이 아니라 보라 동물원이에요. 선생님은 보라 동물원에서 원숭이가 되어 볼 거예요. 친구들은 무엇이 되고 싶나요? T: 그러면 자기가 오늘 하루 되고 싶은 동물을 하나 생각하도록 해요.	
15분	전개	• 2가베를 소개한다. T: 그 전에 오늘 보라 동물원이 되어 줄 2가베를 소개할게요. • 2가베를 소개하기 전 흥미를 유발한다. T: 똑똑똑~ 딩동딩동~ 소리를 잘 들어보세요. 어떤 소리가 나나요? T: 조금 둔탁한 소리가 나네요. 안에 어떤 것이 들어 있을까요? T: 선생님이 뚜껑을 열어 보도록 할게요. 모두 집중하세요!	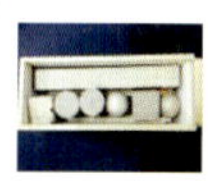

시간	활동명	교육내용	준비물 및 유의점
15분	전개	• 뚜껑을 한 번에 다 열지 않고, 조금씩 열었다가 재빨리 닫는다. T: 어떤 것들이 들어 있는지 보았나요? T: 그럼 한 번 더 보여 주도록 할게요. • 아이들의 흥미를 충분히 끌었으면, 가베 상자를 연다. T: 2가베에는 고리가 있는 구, 고리가 없는 구, 고리가 있는 원기둥, 고리가 없는 원기둥, 고리가 있는 정육면체, 고리가 없는 정육면체, 받침대, 들보, 긴 막대, 짧은 막대, 실이 있어요. • 고리가 있는 이유에 대해 설명한다. T: 왜 고리가 있는 것도 있고 고리가 없는 것도 있을까요? T: 고리가 있는 것에는 이렇게 실을 매달아서 회전할 수 있어요. 이따가 선생님이 보여 주도록 할게요. • 가베를 이용하여 동물원과 동물을 만드는 활동을 한다. (받침대와 들보를 이용하여 회전틀을 만든다.) T: 짜잔~ 여기는 보라 동물원이에요. 음, 그런데 동물원이 조금 심심한 것 같아요. 어떻게 꾸며 줄까요? T: 아주 좋은 생각이에요. 색종이를 이용하여 여기에 풍선을 달았어요. 아까 선생님은 어떤 동물이 되어 보고 싶다고 했나요? T: 맞아요. 선생님은 보라 동물원에 살고 있는 원숭이가 되어 볼 거예요. 우리 같이 원숭이를 만들어 볼까요? 아까 고리가 있는 것도 있었고 고리가 없는 것도 있었지요. 지금 이 원숭이는 고리가 있는 것에 만들어 볼 거예요. 〈원숭이〉 뚝딱뚝딱! 뚝딱뚝딱! 고리가 있는 구에 눈알을 붙이고 색종이로 귀와 꼬리를 만들어 줬어요. 원숭이는 이제 나무 위에 올라가 흔들 그네를 탈 거예요. 먼저 실을 걸고 긴 막대를 이용하여 돌려 줍시다~ • 긴 막대를 이용하여 도형을 회전시켜 준다. T: 이번에는 키가 큰 기린을 만들어 볼까요? 〈기린〉 뚝딱뚝딱! 뚝딱뚝딱! 기린은 키가 크니까 받침대를 이용하여 목을 길~게 한 후 고리가 없는 정육면체로 얼굴을 만들어 줄 거예요. 정육면체에 눈알을 붙이고 귀와 코도 붙이면 완성! • 가베뿐만 아니라 상자를 이용하여 다양하게 만들 수 있다. T: 이번에는 커다란 코끼리를 만들어 보아요. 〈코끼리〉 뚝딱뚝딱! 뚝딱뚝딱! 먼저 가베 상자를 이용하여 코끼리의 커다란 몸을 만들어요. 그 다음 고리가 있는 정육면체를 이용하여 얼굴을 만들어 줄 거예요. 눈알을 붙이고 옆에 펄럭이는 귀도 만들어 주어요. 코끼리의 기~다란 코는 긴 막대로 면과 면을 구멍을 통하여 끼워 준 후 색종이로 감싸 주어요. 완성! • 면, 꼭짓점, 모서리로 도형이 만들어지는 것을 지도한다. T: 이번에는 물에서 수영하다가 잠깐 밖으로 나온 아기 펭귄을 만들어 볼 거예요. 그런데 아기 펭귄이 너무 춥대요. 우리가 아기 펭귄에게 옷을 입혀 줄까요?	  색종이, 가위, 테이프, 눈알 

시간	활동명	교육내용	준비물 및 유의점
15분	전개	〈펭귄〉 뚝딱뚝딱! 뚝딱뚝딱! 색종이를 이용하여 고리가 있는 원기둥을 감싸 줄 거예요. 그리고 아기 펭귄에게 알록달록한 멋있는 옷을 입혀 줄 거예요. 파란 아기 펭귄 몸에 이렇게 노란색 옷을 입혀 주었어요. 이제 아기 펭귄의 눈과 부리와 배를 붙여 주면 완성! T: 알록달록한 멋있는 옷을 입은 아기 펭귄은 신이 나서 두 팔을 벌리고 물속에서 멋진 쇼를 보여 줬어요. 아기 펭귄이 몸을 빙글빙글 회전했더니 와! 여러분, 보았나요? 아기 펭귄의 옷이 연두색으로 변하였어요. 이렇게 두 가지 색을 섞어서 새로운 색을 만들어 낼 수가 있어요. • 전개도를 이용하여 원기둥에 옷을 입혀 줄 수도 있고, [파란색 + 노란색 = 연두색]처럼 두 가지 색을 합쳐 새로운 색을 만들어 내는 것을 지도하며 회전할 수 있도록 한다. • 소그룹으로 나뉘어 유아들이 다양하게 동물을 만들어 보도록 한다.	
3분	마무리	• 오늘 했던 활동에 대해 느낀 점을 이야기한다. T: 오늘 우리가 무엇을 만들어 보았나요? T: 무엇으로 만들어 보았나요? T: 2가베를 이용하여 동물원이랑 동물들을 만들어 보니 어땠나요? T: 다음 시간에는 저번 시간에 배웠던 1가베와 오늘 배웠던 2가베를 가지고 같이 사용하는 연합활동을 해 볼 거예요. T: 다음 시간에도 오늘처럼 재밌게 가베활동을 하도록 해요~	

2가베 부록-1

가베 배경지를 활용한 창의적 구성놀이 예시

다양한 주제의 배경지와 2가베를 사용하여 배경지 위에 창의적 구성놀이를 한 예시작품

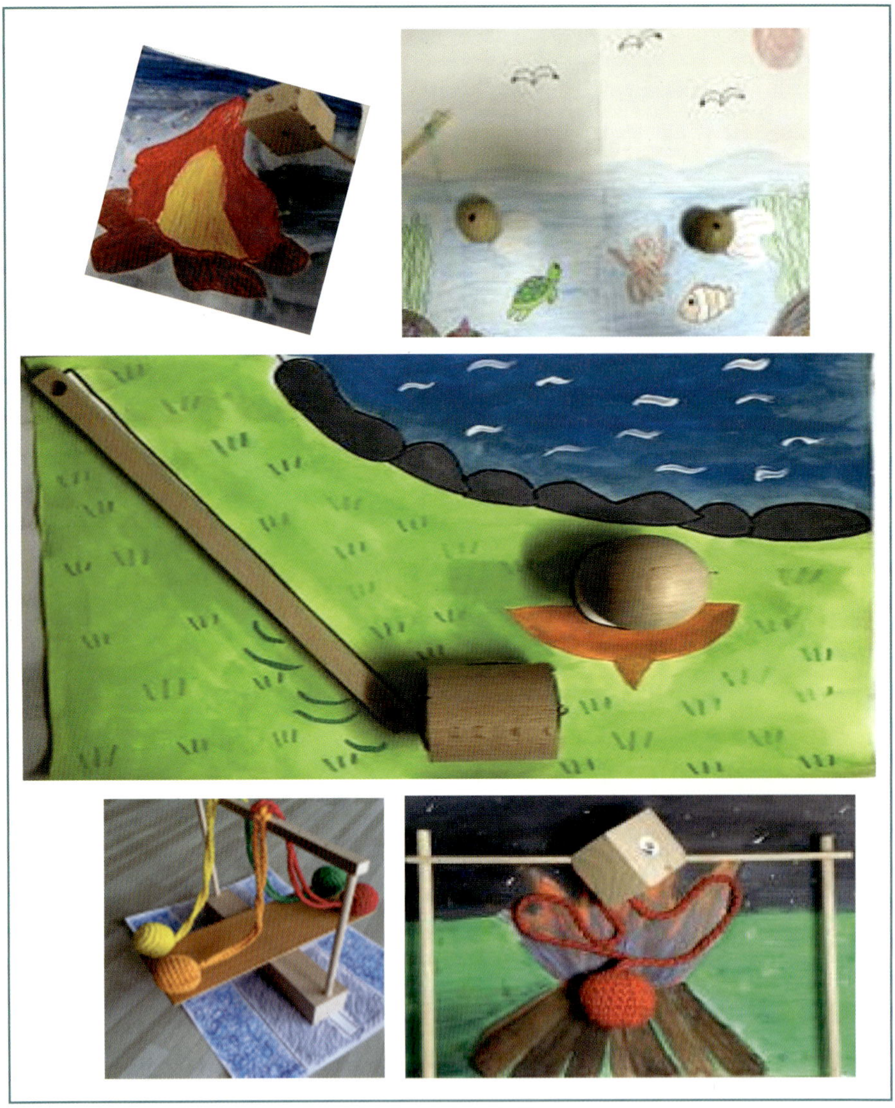

2가베 부록-1

2가베 부록-2

나만의 배경지 만들어 보기

① 2가베로 만들 수 있는 작품을 다양하게 적어 본다. 예) 동물얼굴, 주사위 등
② 그중에서 배경지로 만들어 보고 싶은 작품을 하나 고른다.
③ 색연필, 색종이, 사인펜, 크레파스, 매직 등 다양한 재료를 사용하여 작품과 어울리는 배경을 8절 도화지에 그린 후 색칠해 본다.
④ 배경지가 완성되면 만든 배경지 위에 2가베를 활용하여 꾸며 본다.

아이디어 스케치

어떤 배경지를 만들면 좋을지 다양한 아이디어를 여기에 끄적여 보세요. 그리고 가장 마음에 드는 아이디어 하나를 선택하여 준비한 8절 종이에 그려 보세요.

CHAPTER 06

3가베

01. 가베 소개 및 기본놀이

- 구성 및 특징, 목적, 유의사항

1) 소개하기
2) 건축놀이
3) 무늬놀이
4) 평면놀이
5) 지혜놀이

02. 창의활동

1) 활동명: 옷을 만들어요.
2) 활동명: 화려한 변신

03. 활동지

04. 교육계획안

3가베 부록: 배경지를 활용한 창의적 구성놀이

01 가베 소개 및 기본놀이

구성 및 특징

3가베는 2가베의 정육면체와 같은 5cm의 정육면체를 가로, 세로, 위아래로 각 한 번씩 잘라서 만든 2.5cm의 정육면체 8개로 구성되어 있다.

2가베에서 형태의 성질을 알게 된 유아는 사물의 겉모양에 만족하지 않고 차츰 사물의 내부까지도 알고자 하는 욕망이 생기게 된다. 프뢰벨은 유아의 욕구를 충족시키기 위해 2가베의 분리를 선택하여 교구를 설계하였다. 3가베는 손쉽게 분해했다가 맞출 수 있는가 하면, 분해된 형태로부터 새로운 형태의 창작이 용이하므로 유아의 욕구를 충분히 만족시키면서 부분과 전체의 관계를 깨닫게 되는 교육효과를 거둘 수 있는 특징이 있다.

유아는 사물과 대상을 항상 비교하고 그것을 반복하는 과정을 통해 사물의 고유한 특징을 파악한다. 이러한 특성에 따라 유아가 3가베를 통해 고유한 특징을 알아감으로써 사물이 존재하는 형태나 크기, 수 그리고 위치와 같은 절대 조건을 인지하는 교육효과를 기대할 수 있다.

목적

- 건축물을 만들어 본다.
- 아름다운 모양을 만들어 본다.
- 부분과 전체의 관계를 이해하게 된다.
- 정육면체의 내적인 힘을 이해한다.
- 수리적 능력을 증진시키고 자발적 활동을 촉진시킨다.
- 놀이를 통해 사물을 경험하게 하며 정확한 이해력을 키운다.
- 정리 정돈의 습관을 키우고 창의력을 키운다.
- 사물이 존재하는 형태, 크기, 수, 위치가 그 사물을 지탱해 주는 절대 조건임을 안다.

유의사항

- 상자에서 꺼낼 때 순서를 지키고 무너지지 않도록 한다.
- 놀이 시에는 반드시 8조각 전부를 사용한다.
- 무늬놀이는 반드시 전후좌우로 균형 있게 움직인다.
- 지혜놀이 시에는 너무 세밀한 치수까지 재지 않는다.
- 평면적인 건축이 되지 않도록 한다.
- 한 번 자를 때마다 수를 세도록 한다.

1) 소개하기

(1) 전체 소개

<table>
<tr><td>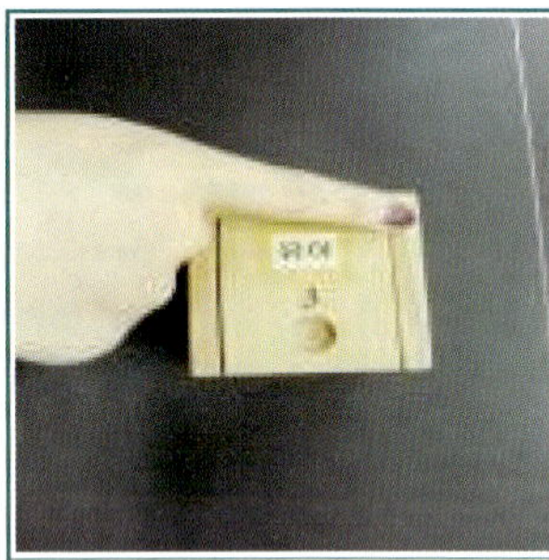</td><td>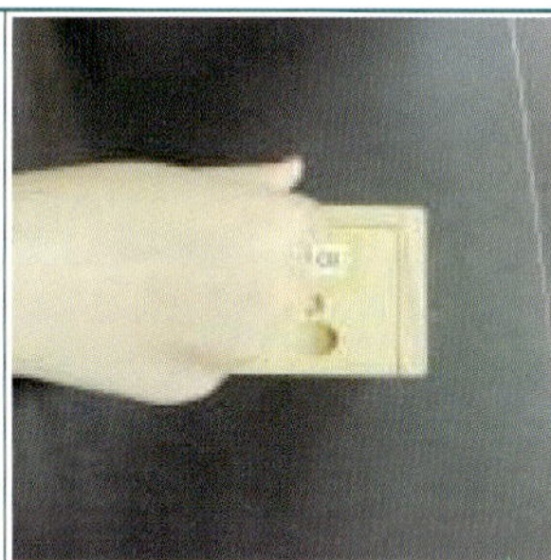</td><td>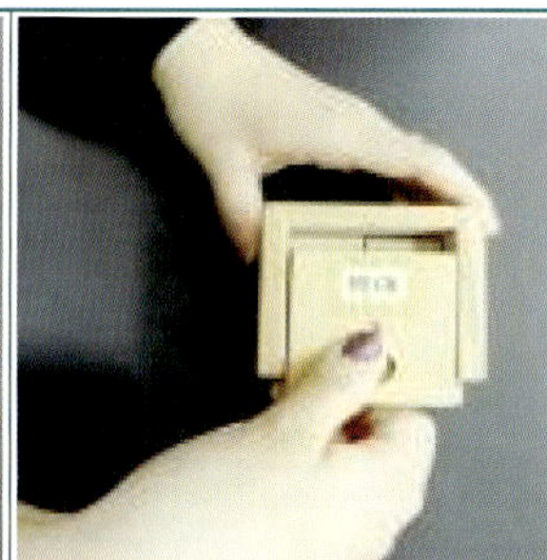</td></tr>
<tr><td>① 딩동딩동</td><td>② 똑똑똑</td><td>③ 손가락 하나 들어갈 만큼 열고</td></tr>
<tr><td>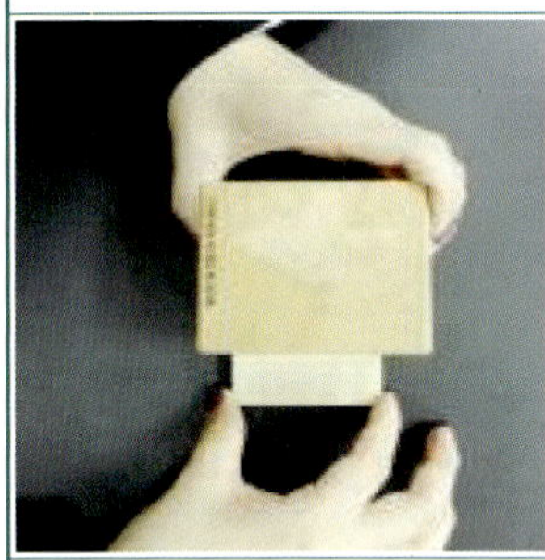</td><td>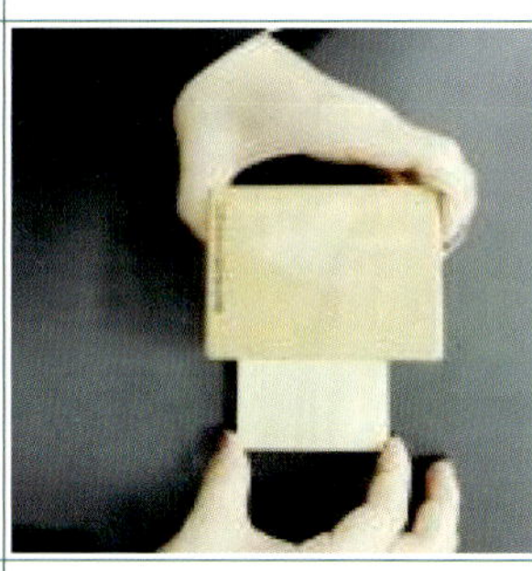</td><td>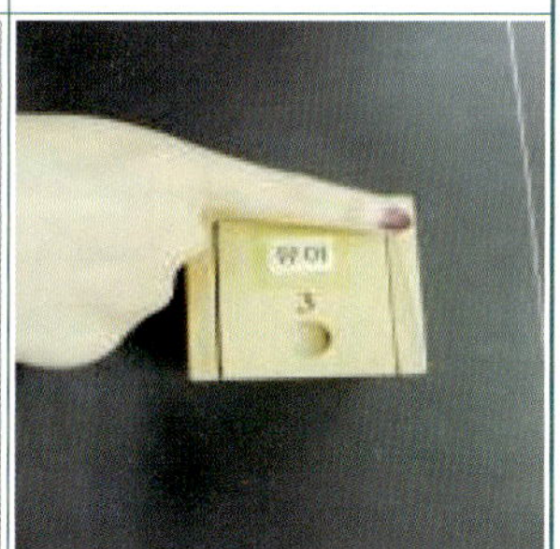</td></tr>
<tr><td>④ 뒤집어서 한 번 딸깍 소리 나게 열고</td><td>⑤ 한 번 더 열어서 한 번 더 딸깍 소리가 나게 한다.</td><td>⑥ 가베 모습을 보여 준다.</td></tr>
<tr><td></td><td></td><td></td></tr>
<tr><td>⑦ 노래를 불러준다.
가로도 아니고</td><td>⑧ 세로도 아니고</td><td>⑨ 대각선</td></tr>
<tr><td colspan="3">* 3가베가 들어 있는 상자를 흔들어 무엇이 몇 개가 들어 있을지 발문하고, 가베를 보여 주고 나서 어떻게 생긴 형태인지 발문하고 개수가 몇 개인지 발문한다.</td></tr>
</table>

(2) 자르는 법

① 노래를 부른다. 쓱싹쓱싹쓱싹쓱싹
(도형의 개수 1개)

② (세로로) 쓱싹쓱싹쓱싹쓱싹
(도형의 개수 2개)

③ (가로로) 쓱싹쓱싹쓱싹쓱싹
(도형의 개수 4개)

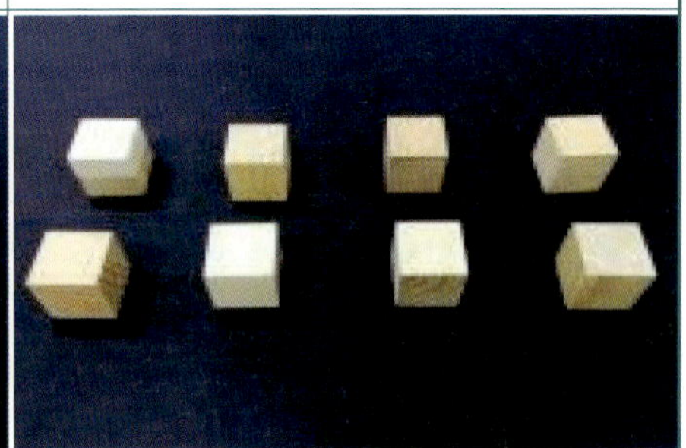

④ (자기 기준으로 왼쪽 먼저 내리고 오른쪽을 내리는 순서로) 1, 2로 정육면체를 하나씩 내려준다.

* 자르기 전에 몇 개의 정육면체가 나올지 발문한다.
* 노래를 부르면서 자르게 한다.
* 자르기를 할 때 유아들과 같은 방향에서 자르기를 하여 유아들이 더욱 이해하기 쉽도록 한다.
* 유아들의 자르기 이해를 돕기 위해 두부, 네모 카스텔라 빵과 빵칼을 이용하여 직접 8등분으로 잘라 보기 활동을 해도 좋다.

(3) 부분 소개

* 1개에서부터 8개까지 모양을 달리하여 어떤 것과 같아 보이는지 등의 발문을 하여 부분 소개를 한다.		
		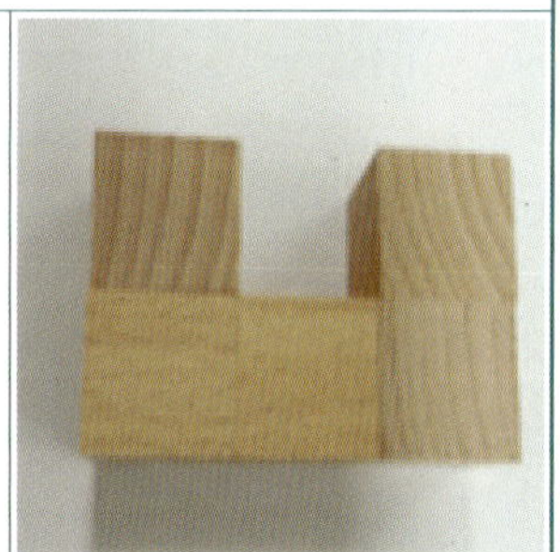
2개: 아파트, 냉장고, 스피커	3개: 의자, 계단, 변기	5개: 토끼, 목베개, 그릇

2) 건축놀이

(1) 연관 건축놀이

• 이야기 만들기

Ⅰ. 아침에 환기를 해요.

① 민아는 알람 소리를 듣고 잠에서 깨어났어요.

② 먼저 창문 하나를 열고,

③ 또 다른 창문을 열어서 아침에 환기를 했답니다.

Ⅱ. 집 구조를 바꿔요.

① 바닷속 작은 집에 살고 있는 물고기 라미는 소파에 누워 생각을 하다가 자기가 살고 있는 집 구조를 바꾸고 싶었어요.

② 그래서 라미는 어떻게 집 구조를 바꿀까 하다가 좋은 생각이 떠올랐어요. '그래! 다락방을 만들자!' 그렇게 해서 라미는 다락방을 만들었고,

③ '음... 이번에는 어떤 걸 바꾸지?'라고 생각을 하다가 집으로 들어오는 현관문 위치를 다르게 해 보았답니다.

(2) 개개의 건축놀이

3) 무늬놀이(다양한 면으로 무늬놀이가 가능하다)

(1) 가로무늬

(2) 세로무늬

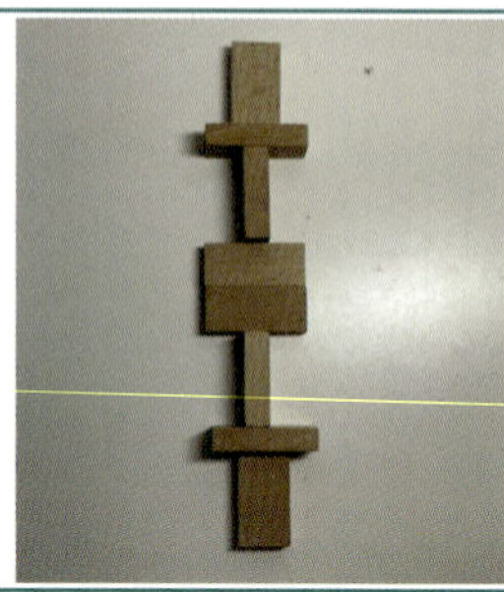

(3) 중심무늬

4) 평면놀이

[기린]

[잠자리]

[트리]

5) 지혜놀이

(1) 길이, 폭, 높이

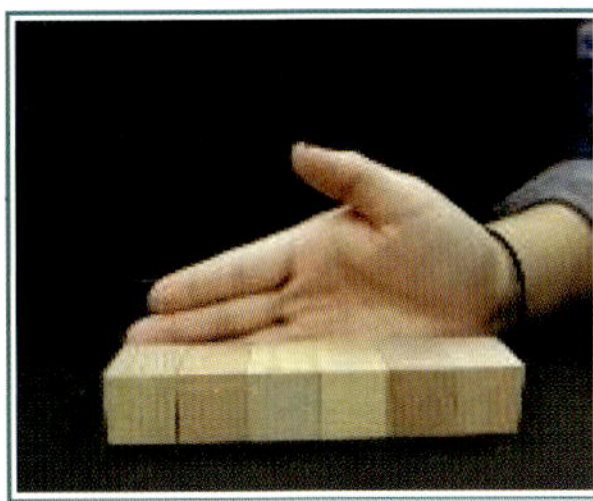		
[손을 이용한 길이 재기]	[발을 이용한 길이 재기]	[볼펜을 이용한 길이 재기]

* 주변의 물체나 사물 등을 이용하여 길이, 폭, 넓이를 잴 수 있게 한다.
* 예를 들면, "휴대폰의 길이와 비슷하려면 정육면체가 몇 개 필요할까요?"와 같은 발문을 한다.

(2) 빈자리놀이(공간 지각력)

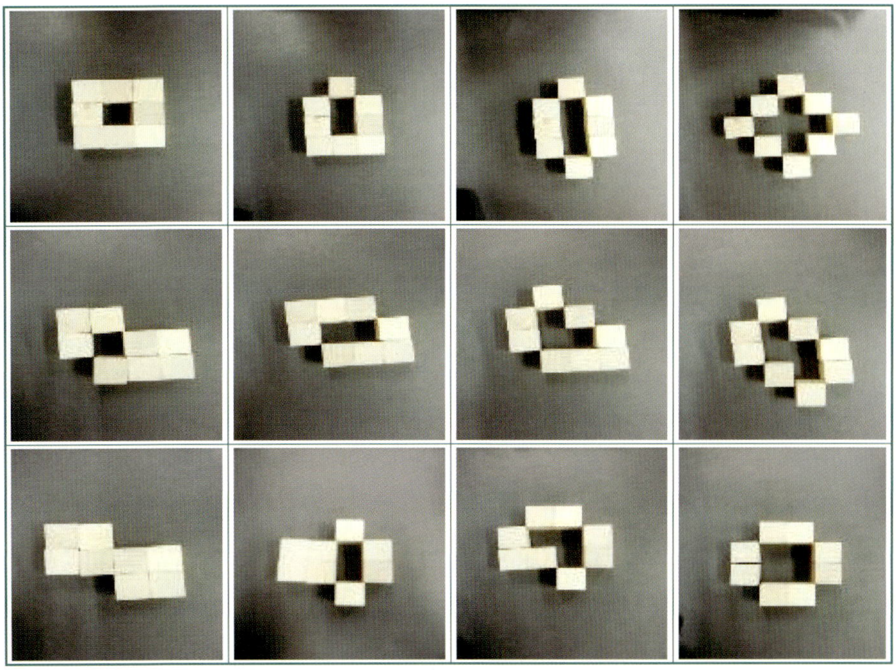

3가베 TIP

- 3가베는 부분과 전체를 알 수 있는 가베의 시작점이다.
- 3가베의 정리법은 자르기 순서의 반대로 정리하면 된다.
- 3가베는 큰 정육면체를 작은 정육면체 8개로 나눈 것이다.

02 창의활동

1) 활동명: 옷을 만들어요.

학습활동

1) 가로선과 세로선을 그려 본다.
2) 마분지로 옷을 만들고, 3가베로 윗옷은 가로무늬로, 바지는 세로무늬로 꾸며 준다.

준 비 물

3가베, 색종이, 가위, 테이프, 색연필, A4용지

학습내용

1) 옷을 만들어 가로와 세로 그려 보기

- 색종이로 빨랫줄에 널린 티셔츠와 바지를 만든다. 색연필로 티셔츠에는 가로선을, 바지에는 세로선을 그려 준다.

2) 3가베로 옷 무늬 만들어 보기

- 마분지로 티셔츠를 크게 만든다. 8개의 조각을 가로로 세워서 무늬를 만들어 준다.
  이때 아이들 스스로가 무늬를 만들 수 있게 한다.
- 마분지로 바지를 만들어 8개의 조각을 세로로 세워서 무늬를 만든다. 티셔츠와 마찬가지로 아이들이 스스로 무늬를 만들 수 있게 한다(*이러한 놀이를 통해 아이들은 패턴구성을 이해할 수 있다).

2) 활동명: 화려한 변신

학습활동

정육면체 8개를 테이프로 고정하여 여러 가지 사물을 만들어 본다.

준 비 물

3가베, 테이프

학습내용

❋ 3가베를 이용하여 여러 가지 사물 만들어 보기

- 8개의 정육면체를 길게 세워 놓고 테이프로 한쪽 면만 고정해 준다.
- 기차, 강아지, 토끼, 키 큰 터널, 키 작은 터널, 미끄럼틀, 선물상자, 로봇, 왕관, 목걸이, 성 등의 사물을 만들어 본다. 흥미를 갖게 하기 위해서는 구연을 하면서 보여 주는 게 더욱 효과적이다.
- 마지막으로 만들어 보았던 사물들을 단어만 얘기해 주고 한 번 더 보여 준다(*이러한 놀이를 통해 창의력과 실물구성능력을 키울 수 있다).

03 활동지

3가베

인지놀이

탐색놀이

2가베와 3가베를 자세히 관찰해 보세요.
앞에서 본 모양, 위에서 본 모양, 옆에서 본 모양을 그려 보세요.

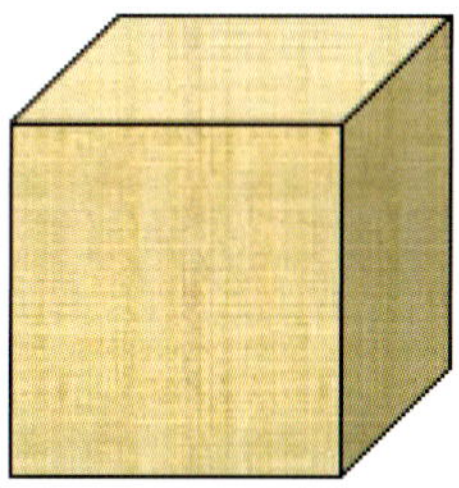

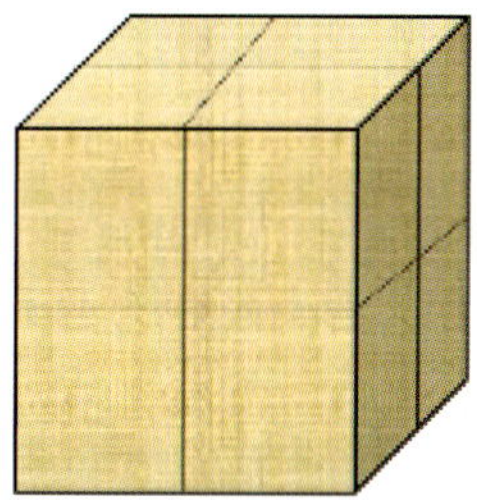

	2가베	3가베
앞에서 본 모양		
위에서 본 모양		
옆에서 본 모양		

3가베

부분 소개

탐색놀이 (1:1 대응)

같은 모양의 정육면체끼리 선을 그어 보세요.

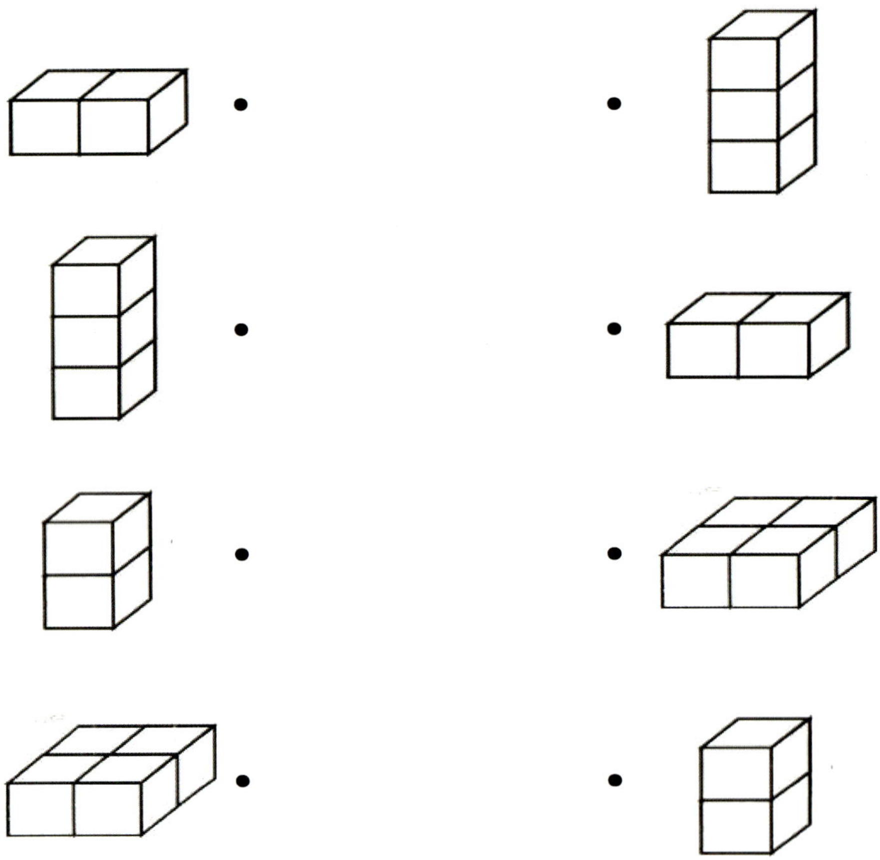

3가베

평면놀이

평면놀이

3가베 정육면체로 그림과 같이 여러 가지 평면 구성을 해 본 후, 색종이로 만들어 붙여 보세요.

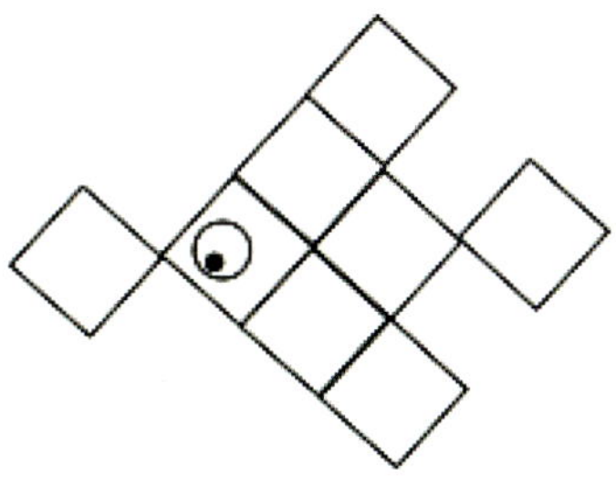

3가베

지혜놀이

길이, 높이 알기

3가베 8개를 네모 위에 쌓아 보세요. 어떤 것이 제일 높이 올라갔나요? 또 어떤 것이 제일 길이가 긴가요? 제일 높은 것은 빨간색, 길이가 긴 것은 파란색으로 색칠해 보세요.

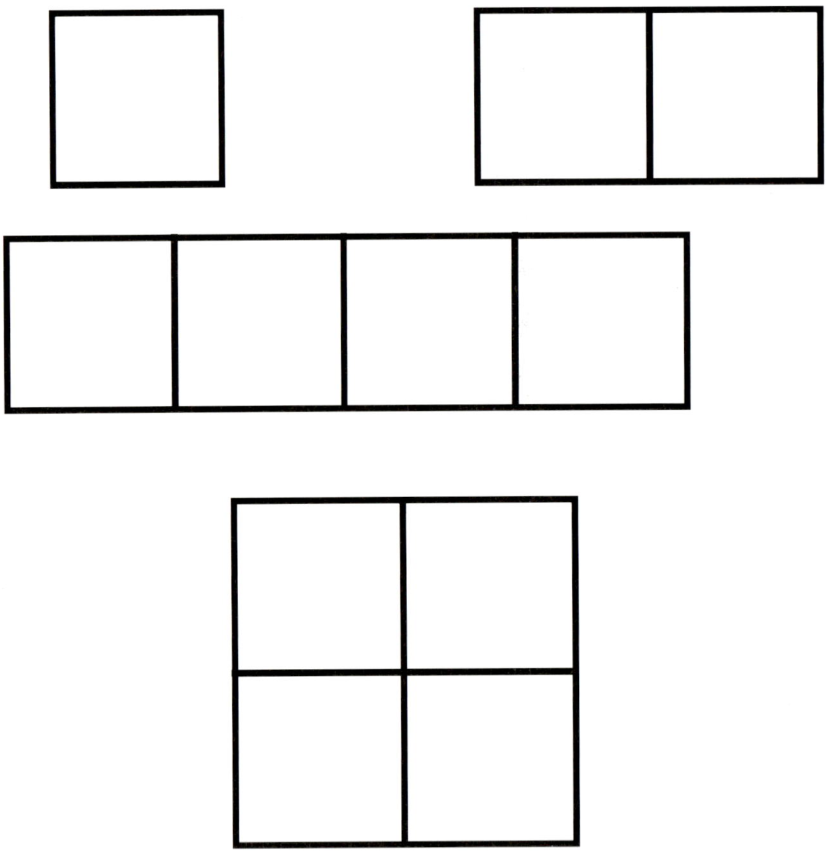

3가베

지혜놀이

빈자리 탐구

그림과 같이 만들어 보세요. 빈자리가 생기죠?
■자리(빈자리)에 3가베가 몇 개 들어갈 수 있는지 숫자를 써 보세요.

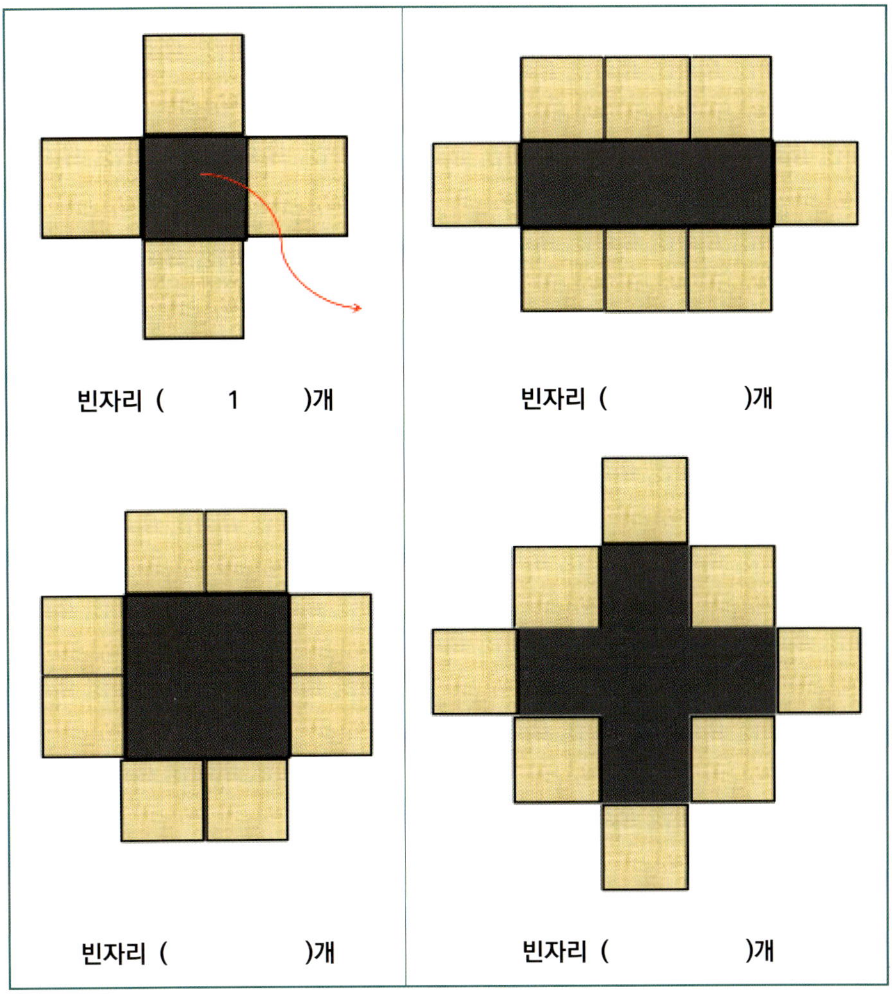

빈자리 (1)개

빈자리 ( )개

빈자리 ( )개

빈자리 ( )개

3가베

무늬놀이

대칭놀이

3가베로 다음과 같이 모양을 만들었어요.
대칭이 될 수 있게 3가베를 놓아 보고 색종이를 붙여 보세요.

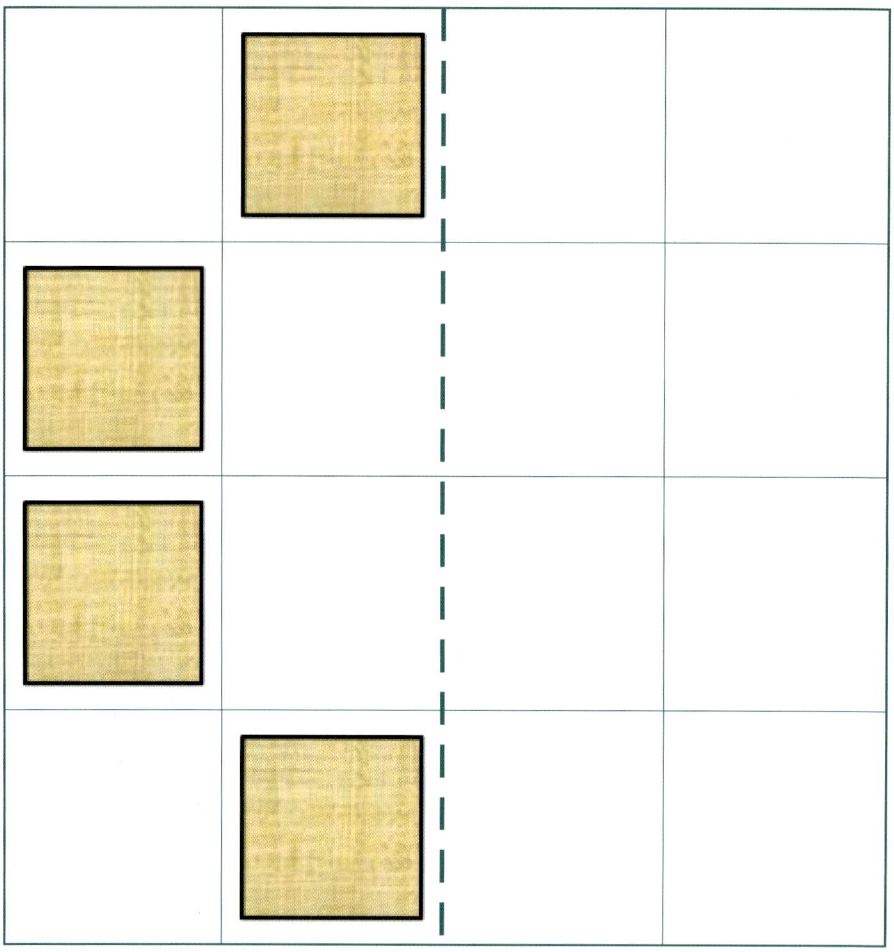

04 교육계획안

3가베 교육계획안

단원	3가베	대상연령	만 4세
활동명	규칙 찾기		
교육목표	• 패턴을 보고 규칙을 찾는다. • 패턴의 아름다움을 느낄 수 있다.		

시간	활동명	교육내용	준비물 및 유의점
6분	도입	• 손유희로 주의 집중한다. - 예쁜 손 무릎에 (짝짝, 무릎에) • 3가베를 소개한다.  - 상자가 보이지요? - 소리를 한 번 들어 볼까요? (상자를 흔든다.) - 무엇이 있을까요? - 똑똑, 딩동. - 상자를 열어 볼게요. - 선생님이 상자를 여는 동안 상자 안에서 몇 번 소리가 나는지 한 번 잘 들어 보세요. (3가베 상자의 밑바닥에 있는 상자 뚜껑을 옆으로 빼어 상자를 열어 들어 올린다.) - 무슨 소리가 났어요? - 뚜껑은 큰 상자 안에 이렇게 대각선으로 넣어 둘게요. - 무엇이 있나요? - 큰 정육면체가 있지요? - 잘라 볼게요. • 3가베를 자른다.	※ 유아가 교사에게 집중할 수 있도록 한다. 3가베 상자 

시간	활동명	교육내용	준비물 및 유의점
6분	도입	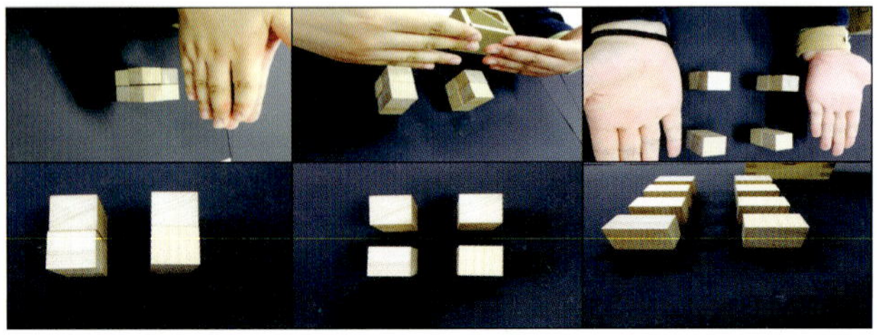 - 큰 정육면체를 한 번 잘라 볼게요. 쓱싹쓱싹 자르니까 어떻게 달라졌나요? - 그럼 또 다시 잘라 볼게요. 쓱싹쓱싹, 쓱싹쓱싹. 이번엔 어떻게 달라졌나요? - 자, 또 잘라 볼게요. 쓱싹쓱싹, 이제 어떻게 되었나요? - 작은 정육면체가 몇 개 있는지 세어 볼까요? • 지난 시간 수업을 다시 떠올려 본다. - 지난 시간에 무엇에 관해서 이야기를 나눴는지 기억나요? - 맞아요. 지난 시간에 우리나라에는 봄, 여름, 가을, 겨울 사계절이 있고, 이 사계절은 매년 항상 반복된다고 이야기 나눴어요. • 오늘 할 활동에 대하여 알려 준다. - 우리 지난 시간에 봄, 여름, 가을, 겨울이 항상 반복된다고 했는데 이렇게 어떤 것이 항상 똑같이 반복되는 규칙을 가진 것을 패턴이라고 해요. - 오늘 우리는 패턴에 대하여 게임을 해볼 텐데, 먼저 선생님이 내는 수수께끼를 맞혀 보세요.	※ 오늘 할 활동에 대하여 예상할 수 있도록 도와준다.
17분	전개	• 게임 전 패턴을 알 수 있도록 해 준다. - 자, 선생님이 지금 4명을 부를 텐데 선생님이 어떤 순서로 불렀는지 맞혀 보세요. - 어떤 순서일까요? ① 남-남-여-여 ② 남-여-남-여 ③ 치마를 입은 아이-바지를 입은 아이-치마를 입은 아이-바지를 입은 아이 - 이렇게 일정하게 규칙을 가지고 있는 것을 무엇이라고 한다고 했나요? • 호랑이조, 기린조로 편을 가른다. • 오늘의 게임을 소개한다. - 이번에는 3가베에 있는 작은 정육면체에 색종이를 붙여 두었고 이걸로(■ ■ ■ ■) 게임을 할 거예요. - 봄은 노란색, 여름은 파란색, 가을은 빨간색, 겨울은 흰색 색종이를 붙여 두었어요. 그리고 여기 빈 공간이 있는 패턴 카드가 있는데, 빈 공간에 무엇이 들어갈지 여러분들이 맞혀 보는 거예요. 빈 공간에 무엇이 있는지 정답을 알겠으면 2팀에서 1명이 먼저 정답이라고 외치고 정답을 맞혀 주세요. 먼저 많이 정답을 맞히는 팀이 이기는 게임이에요.	※ 유아가 패턴을 알아차릴 수 있도록 눈에 잘 띄는 특색을 먼저 부른다. 패턴 카드 ※ 게임을 잘 이해할 수 있도록 규칙을 자세히 설명해 준다.

시간	활동명	교육내용	준비물 및 유의점
17분	전개	• 연습게임을 해 본다. - 한 번 연습으로 게임을 해 볼까요? • 게임을 한다. • 패턴 카드가 없어지면 게임을 끝낸다. - 어떤 팀이 가장 정답을 많이 맞혔을까요? - 이긴 ○○팀에게 박수를 쳐 주세요. - 함께 게임해 준 ○○팀에게도 고맙다고 같이 박수 쳐 줄까요?	※ 점수를 알 수 있도록 게임이 끝나면 칠판에 누가 먼저 들어 왔는지 적는다.
2분	마무리	• 오늘 활동에 대해서 이야기를 나눈다. - 오늘 활동 어땠어요? - 오늘 우리는 3가베를 통해서 패턴 게임을 했어요. • 다음 활동에 대하여 이야기한다. - 다음 시간에는 우리 친구들이 직접 패턴을 만들어 보도록 할 거예요.	

준비물 - 패턴 카드

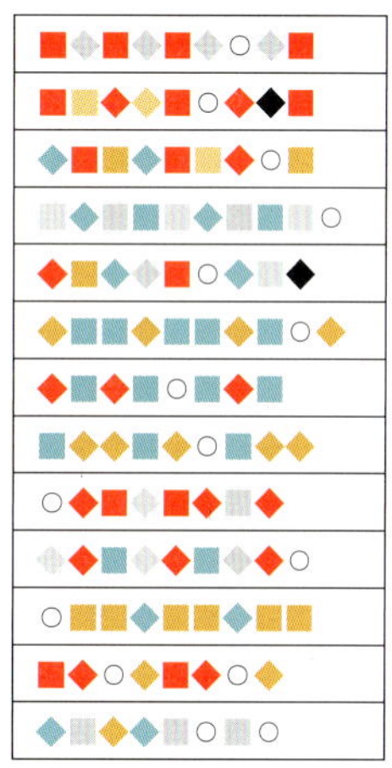

3가베 부록-1

가베 배경지를 활용한 창의적 구성놀이 예시

다양한 주제의 배경지와 3가베를 사용하여 배경지 위에 창의적 구성놀이를 한 예시작품

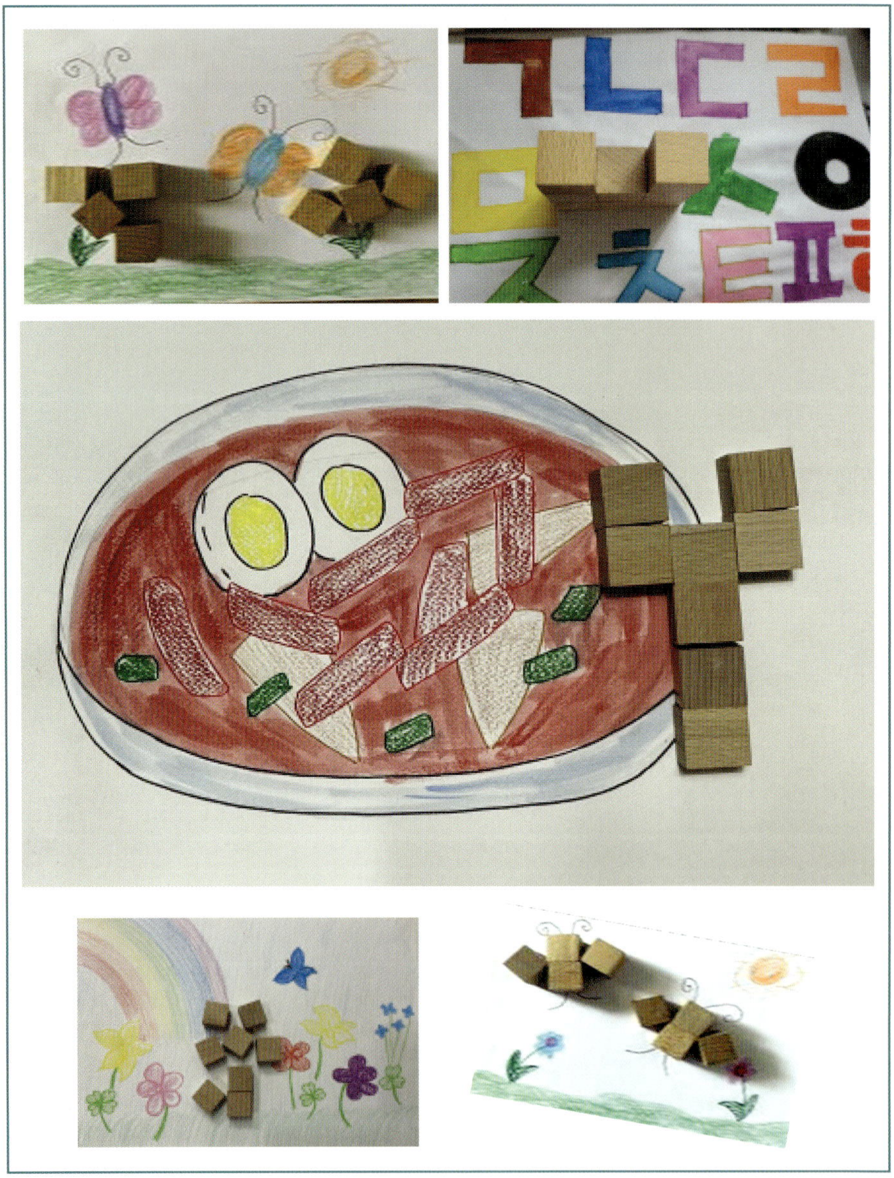

3가베 부록-1

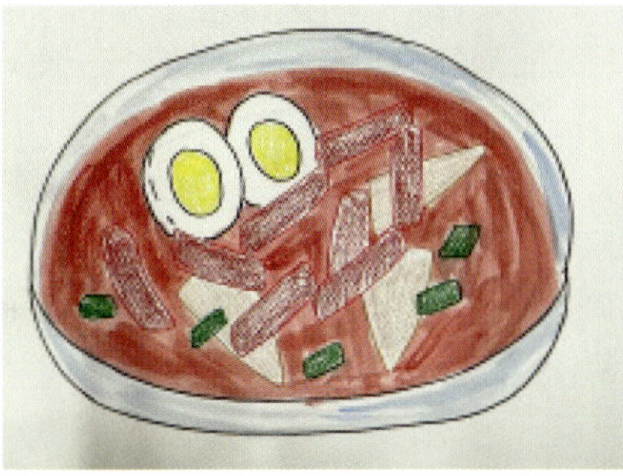

3가베 부록-2

나만의 배경지 만들어 보기

① 3가베로 만들 수 있는 작품을 다양하게 적어 본다. 예) 자동차, 탑, 성, 꽃, 말 등
② 그중에서 배경지로 만들어 보고 싶은 작품을 하나 고른다.
③ 색연필, 색종이, 사인펜, 크레파스, 매직 등 다양한 재료를 사용하여 작품과 어울리는 배경을 8절 도화지에 그린 후 색칠해 본다.
④ 배경지가 완성되면 만든 배경지 위에 3가베를 활용하여 꾸며 본다.

아이디어 스케치

어떤 배경지를 만들면 좋을지 다양한 아이디어를 여기에 끄적여 보세요. 그리고 가장 마음에 드는 아이디어 하나를 선택하여 준비한 8절 종이에 그려 보세요.

CHAPTER 07

4가베

01. 가베 소개 및 기본놀이

- **구성 및 특징, 목적, 유의사항**

1) 소개하기 2) 건축놀이
3) 무늬놀이 4) 평면놀이
5) 지혜놀이 6) 연합놀이

02. 창의활동

1) 활동명: 돼지 삼형제
2) 활동명: 도미노를 해요.

03. 활동지

04. 교육계획안

4가베 부록: 배경지를 활용한 창의적 구성놀이

01 가베 소개 및 기본놀이

구성 및 특징

3가베에서 건축이나 문양과 같은 복잡한 놀이를 익힌 유아는 그들의 발달 단계에 맞는 복잡한 과제를 요구하게 되며, 그러한 유아의 요구에 맞게 이전 가베와의 연속성을 충분히 고려하여 4가베가 고안되었다. 4가베는 2가베의 정육면체 형태를 가로로 한번, 위아래로 세 번 잘라서 나타난 직육면체 8개로 구성되어 있다. 이것은 5cm, 2.5cm, 1.25cm의 세 모서리를 갖는 직육면체이다. 4가베는 부분의 모양이 직육면체이기 때문에 서로 다른 세 가지 면과 모서리를 지니고 있어서 쌓거나 늘어놓는 방법에 따라 3가베보다 훨씬 복잡하고 다양한 공간을 구성할 수 있다.

전체의 모양은 정육면체인데 부분의 모양은 직육면체인 4가베는 정육면체를 새로운 각도에서 이해시키는 경험이 되어, 앞으로 차츰 복잡해져 가는 정육면체의 분해를 이해하는 기초 단계가 된다. 이러한 활동을 통해 유아는 입체적인 공간을 지각하는 경험을 축적할 수 있게 된다.

목적

- 왕성한 발달기에 있는 유아의 지적 욕구를 만족시키도록 한다.
- 자르는 힘과 연관된 정육면체의 새로운 내적 힘을 안다.
- 직육면체의 형태와 구조를 안다.
- 공간을 이용한 건축놀이를 하게 한다.
- 스스로의 힘에 의해 활동하게 하고 아름다움에 대한 정서를 기른다.
- 수리적 능력과 사고력, 상상력을 기른다.
- 창의력을 왕성하게 하고 지적활동을 이끌어 낸다.
- 정신적 발달과 정확한 인식능력을 기른다.

유의사항

- 유아의 사고 창작에 중점을 둔다.
- 8개의 직육면체를 모두 사용하도록 한다.
- 제시할 때 교사는 쉬운 말로 간단명료하게 한다.
- 교구는 소중히 다루도록 한다.
- 가급적 직육면체의 큰 면을 서로 붙이는 방법은 피하도록 한다.
- 정육면체 한 개의 길이를 단위로 하는 자를 사용한다.

1) 소개하기

(1) 전체 소개 및 비교하기

* 3가베를 옆에 놓고 4가베의 크기를 비교하여 소개한다.

* 버스의자 만드는 놀이를 하면서 비교하여 소개할 수 있다.

예: 의자 등받이(4가베), 의자쿠션(3가베)

* 2가베와 앞, 옆, 위로 비교한다.

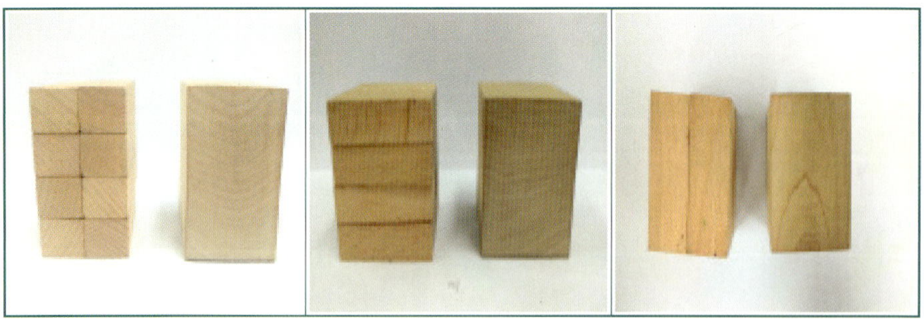

* 3가베와 앞, 옆, 위로 비교한다.

(2) 자르는 법

① 딩동딩동 똑똑똑	② 손가락 하나만큼 뚜껑을 열고 뒤집어서 딸깍 소리가 두 번 나게 한다.	③ 가로도 아니고 세로도 아니고 대각선이라는 노래를 하며 뚜껑을 정리한다.
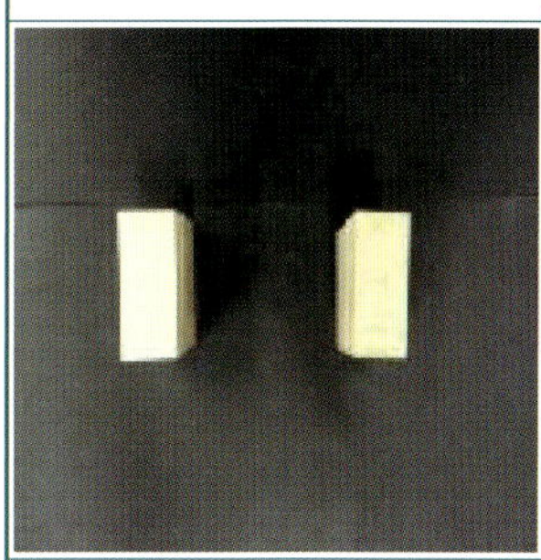		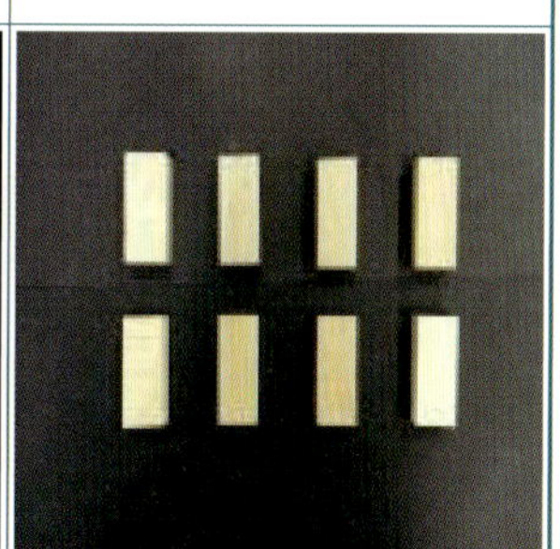
④ 쓱싹쓱싹쓱싹쓱싹 하면서 세로로 자른다.	⑤ 쓱싹쓱싹쓱싹쓱싹 하면서 가로로 자른다.	⑥ 유아를 기준으로 오른쪽을 먼저 놓고 왼쪽으로 놓게 한다(헷갈려 하기 때문에 1, 2로 방향 순서를 알려 준다).

* 노래를 부르며 직육면체 도형을 소개한다.

(♬ 곰 세 마리 노래 개사)

 아빠면  엄마면  아기면	**직육면체 안에 면 세 가족 있어.** **아빠면, 엄마면, 아기면.** **아빠면은 뚱뚱해.** **엄마면은 날씬해.** **아기면은 아주 작아요.** **내 이름은 직육면체**

(3) 부분 소개

① 정육면체와 직육면체의 비교

정육면체에 직육면체가 몇 개가 올라가는지, 직육면체에 정육면체가 몇 개가 올라가는지 등을 비교하며 소개한다.

* 정육면체 한 면과 직육면체 작은 면 2개가 같다.

② 직육면체의 비교

직육면체에 직육면체가 몇 개가 올라가는지 등을 비교하며 소개한다.
면끼리 서로 비교해 본다.

2) 건축놀이

(1) 연관 있는 건축

1 2 3

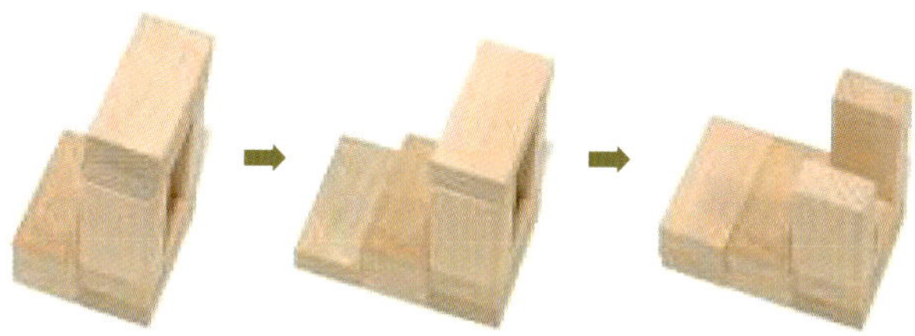

1 2 3

- 이야기 만들기

Ⅰ. 침대를 만들어요.

① 뚱이는 밖에서 네모나고도 커다란 나무 하나를 들고 왔어요.

② 뚱이는 먼저 침대의 머리 부분을 만들고,

③ 그 다음으로 침대의 시트 부분을 만들어 침대를 완성했어요.

Ⅱ. 모자를 벗어요.

① 달팽이는 멋있는 모자를 쓰고 있었어요.
달팽이는 모자를 무척 좋아했어요. 모자는 달팽이가 멋을 내기 위해 꼭 필요한 것이었지요.

② 그런데 하루는 햇빛이 너무도 강해서 땀이 흘렀답니다.

③ 달팽이는 과감하게 모자를 벗어 자기의 등껍질에 묶어 두고 시원하게 걸어 다녔답니다.

(2) 개개의 건축

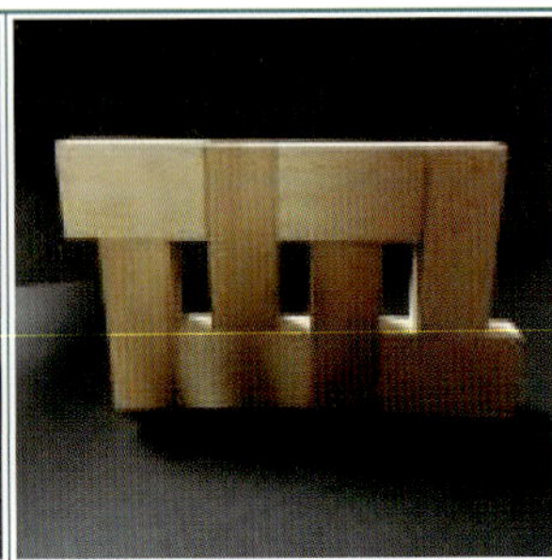

[재미있게 소개하기]

예:

선생님이 어제 친구에게 선물을 받았는데 정말 신기한 물건이었어요. 선생님만 혼자 보기가 너무 아까워서 미소반 친구들에게 보여 주려고 선생님이 신기한 물건을 가지고 왔어요. 어떤 물건인지 다 함께 볼까요?

여기에 창문이 2개가 있는데 이렇게 옆으로 밀면 3개로도 바뀌고 한 번 더 밀면 창문이 하나가 되네요~.

미소반 친구들 중에서 하고 싶은 친구는 손을 들어 주세요. 하고 싶은 친구들이 많네요. 그럼 한 명씩 해 봅시다.

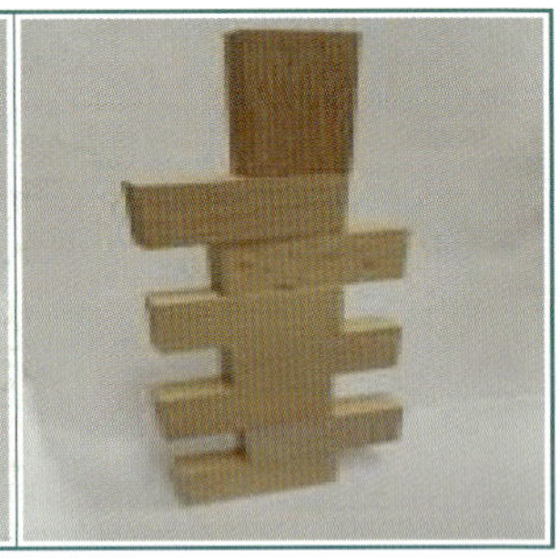

3) 무늬놀이

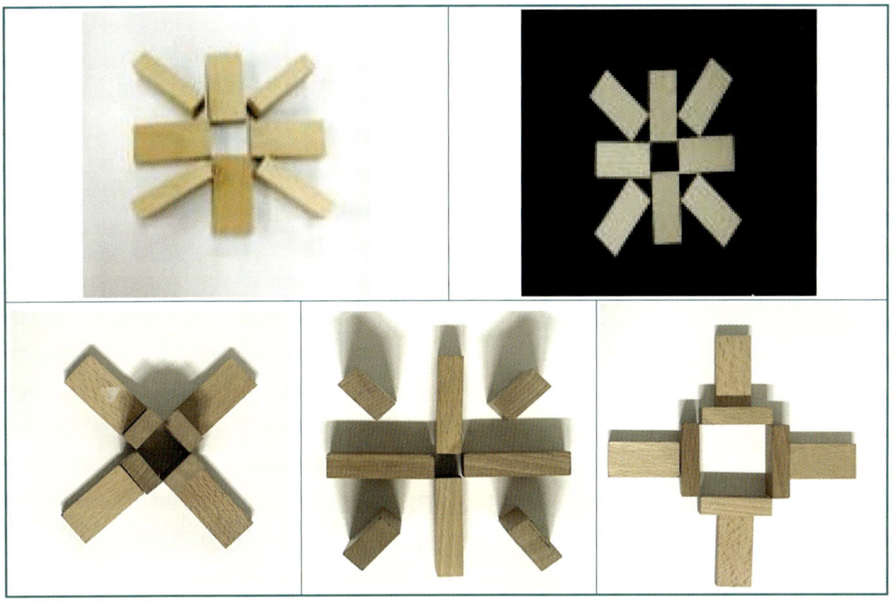

4) 평면놀이

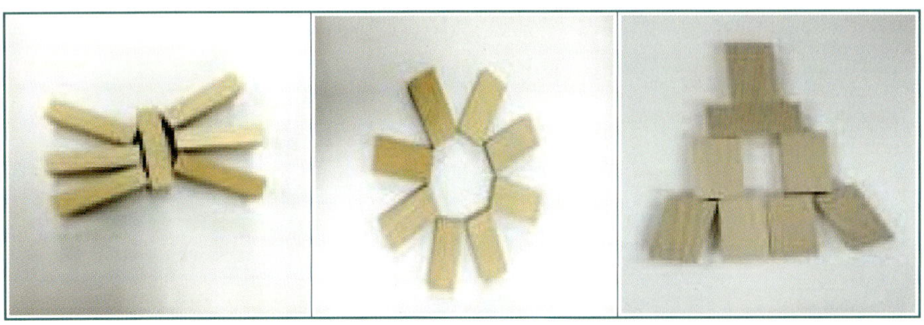

5) 지혜놀이(빈자리 연구)

빈자리에 아빠면, 엄마면, 아기면은 각각 몇 개가 들어가는지 비교해 본다.

엄마면, 아기면으로 빈자리를 만들어 본다.

6) 연합놀이

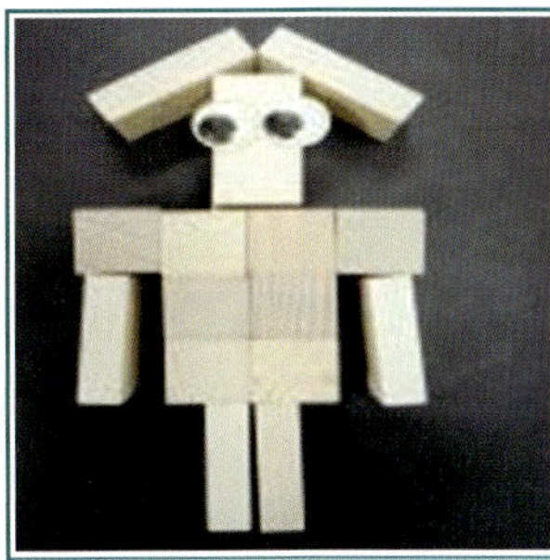

[사람]	[카레]	[놀이기구]
3가베와 4가베를 연합하여 눈알을 붙이고 사람을 만들어 놀이한다.	3가베와 4가베를 연합하여 카레를 만들어 놀이한다.	3가베와 2가베를 연합하여 놀이기구를 만들어 놀이한다.

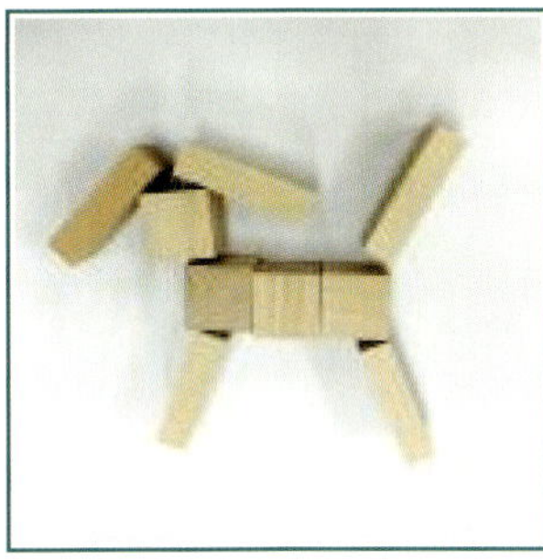

4가베 TIP

- 4가베 전체의 모양과 크기는 3가베 전체의 모양과 크기와 같다.
- 4가베의 부분 개수와 3가베의 부분 개수는 각각 8개로 같다.
- 4가베는 큰 정육면체를 작은 직육면체로 나눈 것이다.
- 정리할 때는 자르기 순서의 반대로 정리하면 된다.

02 창의활동

1) 활동명: 돼지 삼형제

학습활동

1) 돼지 삼형제 이야기를 통해 직육면체로 집을 쌓는 놀이를 해 본다.
2) 큰 면, 중간 면, 작은 면으로 각각 집을 쌓아 면의 특징을 알아본다.

준 비 물

4가베, 3가베 정육면체 3개, 색종이, 가위, 테이프, 색연필

학습내용

✻ 돼지 삼형제 놀이로 직육면체 특징 알기

- 아이들에게 돼지 삼형제 이야기를 들려준다. 색종이로 3개의 돼지 얼굴을 만들고 정육면체에 얼굴을 붙여 준다.
- 첫째 돼지의 집은 작은 면, 둘째 돼지의 집은 중간 면, 셋째 돼지의 집은 큰 면으로 집을 쌓은 후 입으로 불어 본다. 이때 돼지 삼형제 동화를 구연하면서 놀이를 하면 아이들은 더욱더 흥미를 가지게 된다. 그리고 큰 면, 중간 면, 작은 면의 특징을 이해하는 데 도움이 된다.
- 이 외에도 직육면체로 식탁이나 침대를 만들어 본다 (*이 놀이는 면을 이해하는 데 도움이 된다).

2) 활동명: 도미노를 해요.

학습활동

1) 작은 면으로 직육면체를 나란히 세워서 도미노를 만들어 본다.
2) 직육면체와 닮은 사물로 도미노를 만들어 본다.

준 비 물

4가베, 직육면체와 비슷한 사물

학습내용

❋ 직육면체로 도미노 만들기

- 작은 면을 이용하여 직선으로 도미노를 만들어 본다.
- 도미노를 만들어 본다.
- 도미노를 쓰러뜨릴 때 손가락 외에 다른 방법으로 아이들과 함께 쓰러뜨려 본다.
- 4가베 외에도 직육면체랑 닮은 사물을 찾아 도미노를 만들어 본다 (*이 놀이는 집중력을 기를 수 있다).

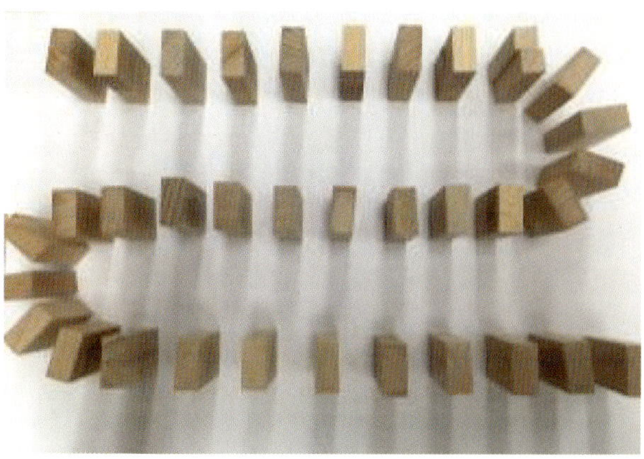

03 활동지

4가베

소개하기

탐색놀이

직육면체를 모두 찾아 ○표 해 주세요.

4가베

소개하기

탐색놀이

4가베를 위에서 본 모습과 앞에서 본 모습은 어떠한가요?
위에서 본 모습과 앞에서 본 모습을 찾아 ○표 해 주세요.

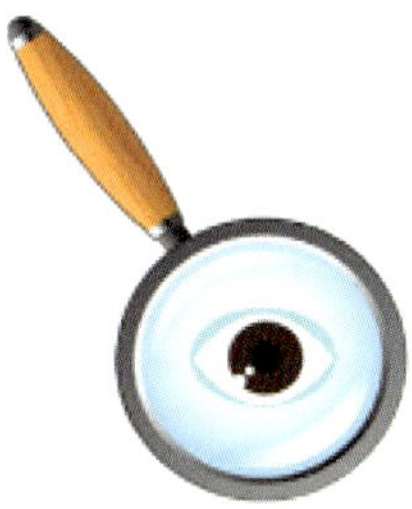

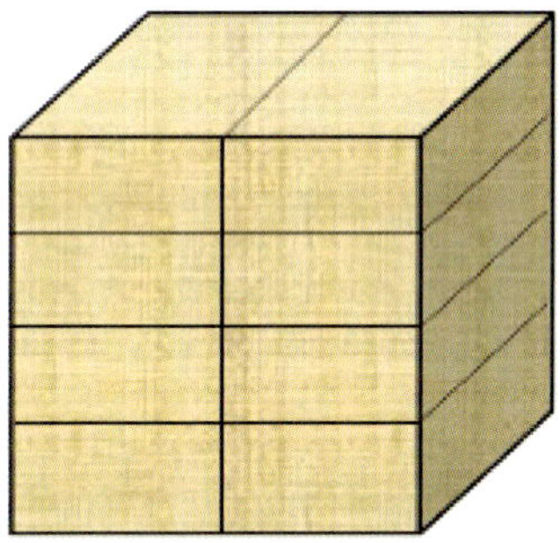

위에서 본 모습		
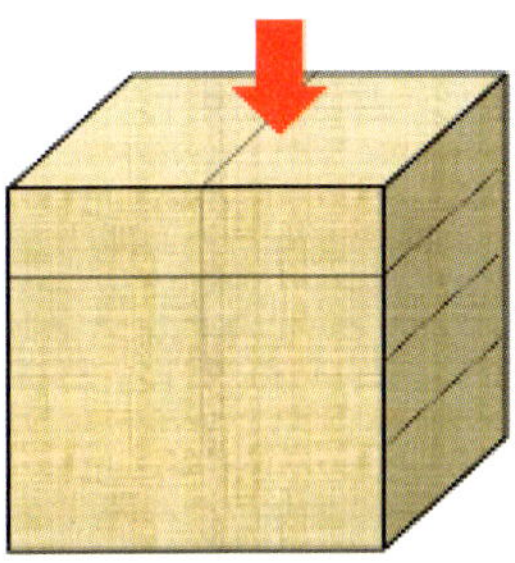	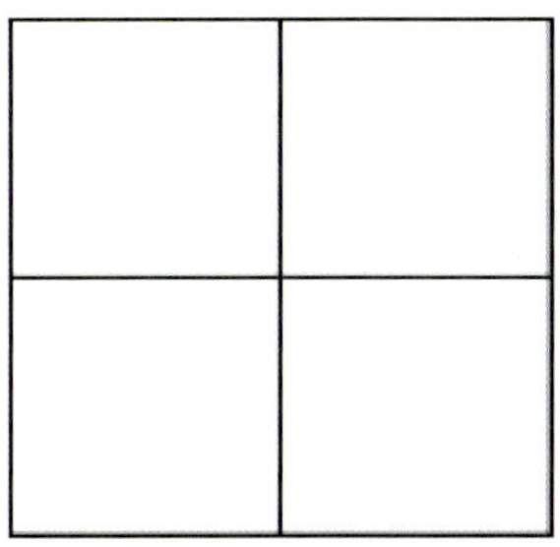	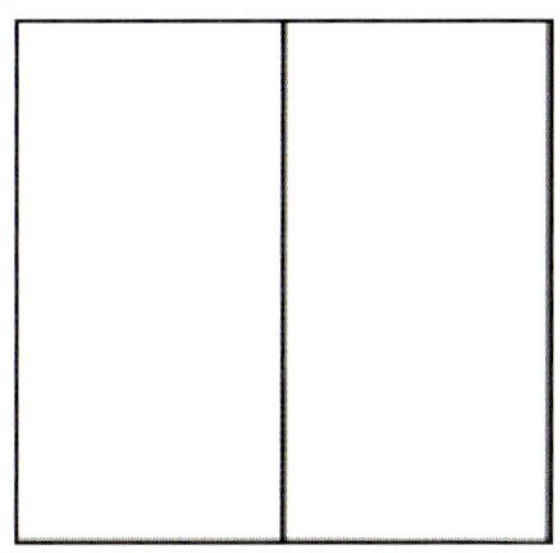
앞에서 본 모습		
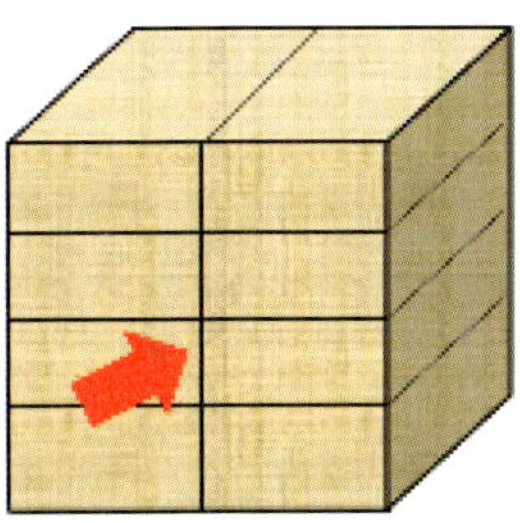	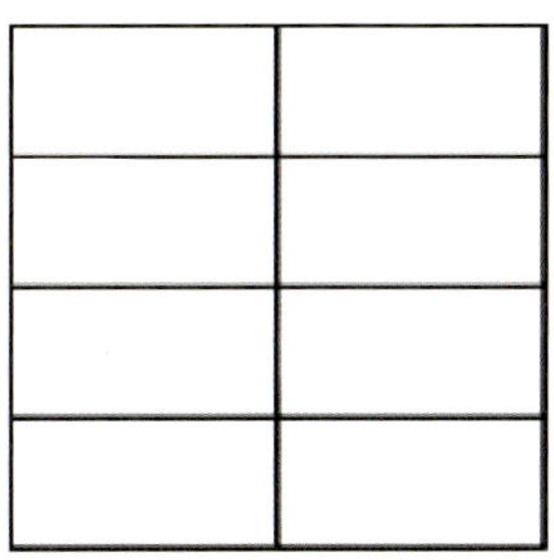	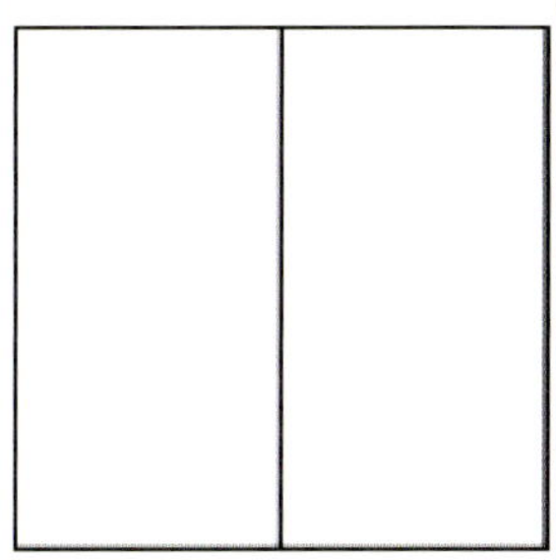

4가베

부분 소개

면의 크기 비교

4가베 조각의 각 면의 크기를 관찰한 후,
크기별로 4가베를 놓아 보세요.

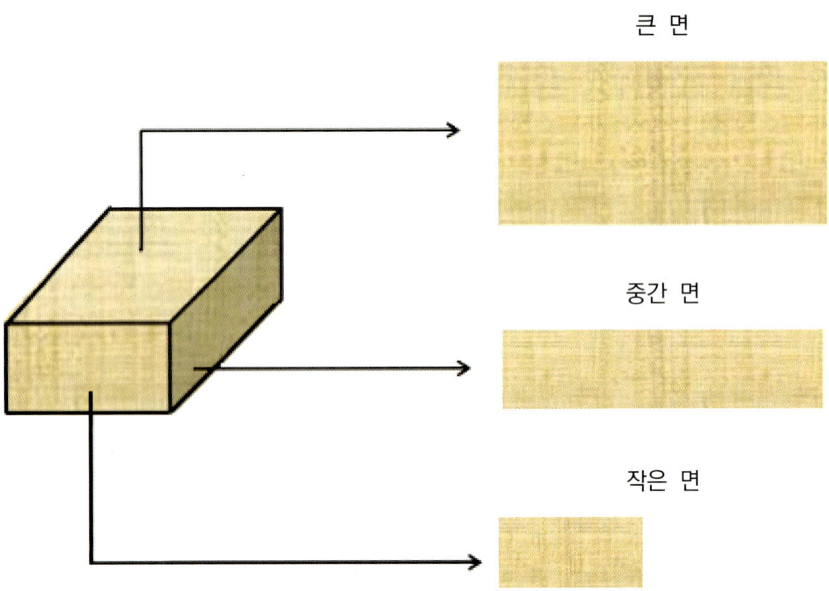

큰 면, 중간 면, 작은 면으로 쌓아 올려 보세요. 어떤 면으로 쌓았을 때 가장 높게 올라가나요? 가장 높게 올라가는 것을 ○표 해 보세요.

4가베

부분 소개

면의 비교

4가베 조각을 면이 닿게 옆으로 놓아서 길이를 다양하게 변화시켜 보세요.

1. • 4가베 조각을 큰 면끼리 닿도록 옆으로 놓아 보세요.
   • 4가베 조각을 중간 면끼리 닿도록 옆으로 놓아 보세요.
   • 4가베 조각을 작은 면끼리 닿도록 옆으로 놓아 보세요.

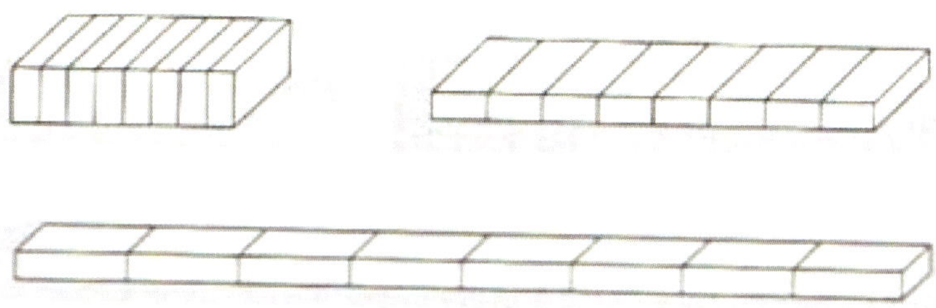

▶ 어떤 면끼리 놓았을 때 가장 긴가요?

① 큰 면　　② 중간 면　　③ 작은 면

2. • 큰 면으로만 놓아서 도미노놀이를 해 보세요.
   • 중간 면으로만 놓아서 도미노놀이를 해 보세요.
   • 작은 면으로만 도미노놀이를 해 보세요.

▶ 도미노놀이가 되지 않는 면은 어떤 면인가요?

① 큰 면　　② 중간 면　　③ 작은 면

4가베

평면놀이

동물 만들기

4가베의 큰 면, 중간 면, 작은 면을 사용하여 다음과 같이 동물을 만들어 본 후, 잘린 색종이로 동물을 만들어 보세요.

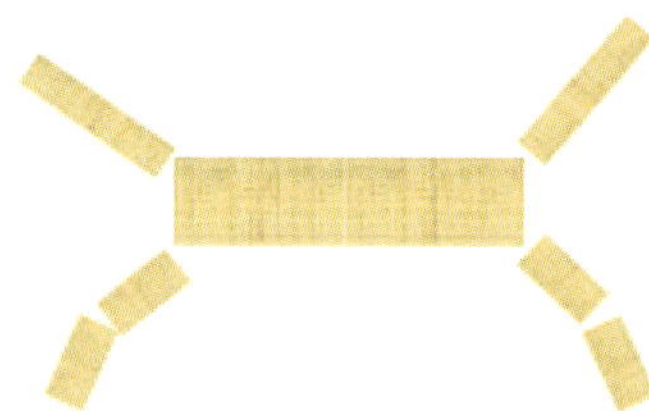

4가베

지혜놀이 & 무늬놀이

대칭모양 알기

4가베 조각을 올려 잠자리를 완성해 본 후,
색종이를 붙여 날개 모양이 대칭이 되게 붙여 보세요.

04 교육계획안

4가베 교육계획안

단원	4가베	대상연령	만 4세
활동명	약도 만들기		
교육목표	• 우리 주변에 어떤 건물들이 있는지 이야기할 수 있다. • 4가베를 이용해 자유롭게 표현할 수 있다.		

시간	활동명	교육내용	준비물
2분	도입	• 가베 손유희를 따라 부르며 주의 집중한다. • 유치원 주변에 어떤 건물들이 있는지 이야기를 나눈다. T: 유치원 올 때 어떤 건물들을 보았나요? 기억나는 건물이나 가게들이 있나요? T: 선생님은 오늘 유치원 오는 길에 빵 가게를 보았어요. 친구들이 이야기한 여러 건물들을 만들어 보려고 해요. 건물을 만들기 전에 선생님이 준비물을 소개해 줄 거예요. 어떤 것들이 있는지 불러 볼까요? "얘들아, 나와라~"	
15분	전개	• 활동에 필요한 준비물을 소개한다. T: 친구들, 이게 무엇인지 아나요? (약도를 보여 준다.) 무엇처럼 보이나요? T: 맞아요. 지도와 비슷하지만, 이것의 이름은 '약도'예요. 약도가 있으면 길을 쉽게 찾을 수 있답니다. • 활동 방법에 대해 이야기를 나눈다. T: 우리는 오늘 아까 이야기 나눈 여러 건물들을 이 약도 길 위에 만들어 볼 거예요. 그런데! 건물을 무엇으로 지을까요? 어떤 준비물이 필요할까요? T: 맞아요. 오늘의 준비물은 4가베 친구예요. 친구를 한 번 불러 볼까요? "가베야, 놀자~" T: 첫 번째 줄 친구들부터 차례차례 나와서 4가베를 가지고 의자 자리에 앉아 주세요. 〈활동 방법〉 ① 4가베를 가지고 정해진 조별로 앉는다. ② 약도가 그려진 전지를 조별로 나누어 준다. ③ 약도 위에 자유롭게 가게를 만들어 본다. ④ 조별로 만든 작품을 발표한다. • 조별로 만든 약도를 발표해 본다. T: 재미있게 잘 만들었나요? 어떤 조가 무엇을 만들었는지 구경하러 가 볼까요? T: ○○조는 어떤 건물을 만들었나요? T: 여기에는 ○○이가 마트를 만들었대요. C: 저는 병원이에요. T: 그렇구나. 그래서 여기를 십자가처럼 표현했구나.	약도 그림 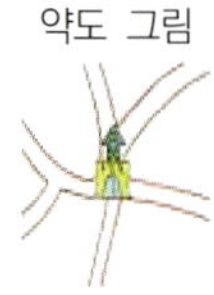 4가베

시간	활동명	교육내용	준비물
3분	마무리	• 활동 후 느낀 점에 대해 이야기를 나눈다. T: 오늘 어떤 활동을 했나요? 4가베를 사용해서 우리 반의 약도를 만들어 보았지요? 어려웠던 점이 있었나요? T: 오늘 ○○반이 4가베로 멋진 작품을 만드는 모습을 보고 깜짝 놀랐어요. T: 재미있는 활동을 하고 나서 정리를 해야겠지요?	

4가베 부록-1

가베 배경지를 활용한 창의적 구성놀이 예시

다양한 주제의 배경지와 4가베를 사용하여 배경지 위에 창의적 구성놀이를 한 예시작품

4가베 부록-1

4가베 부록-2

나만의 배경지 만들어 보기

① 4가베로 만들 수 있는 작품을 다양하게 적어 본다. 예) 빗, 소파, 기린, 별 등
② 그중에서 배경지로 만들어 보고 싶은 작품을 하나 고른다.
③ 색연필, 색종이, 사인펜, 크레파스, 매직 등 다양한 재료를 사용하여 작품과 어울리는 배경을 8절 도화지에 그린 후 색칠해 본다.
④ 배경지가 완성되면 만든 배경지 위에 4가베를 활용하여 꾸며 본다.

아이디어 스케치

어떤 배경지를 만들면 좋을지 다양한 아이디어를 여기에 끄적여 보세요. 그리고 가장 마음에 드는 아이디어 하나를 선택하여 준비한 8절 종이에 그려 보세요.

CHAPTER 08

5가베

01. 가베 소개 및 기본놀이

- **구성 및 특징, 목적, 유의사항**

  1) 소개하기　　2) 건축놀이
  3) 무늬놀이　　4) 평면놀이
  5) 지혜놀이　　6) 연합놀이

02. 창의활동

1) 활동명: 바닷속 친구들
2) 활동명: 지붕을 만들어 주세요.

03. 활동지

04. 교육계획안

5가베 부록: 배경지를 활용한 창의적 구성놀이

01 가베 소개 및 기본놀이

구성 및 특징

5가베는 3가베와 4가베에서 사용한 5cm의 정육면체를 가로, 세로, 높이 모두 2.5cm씩 늘인 7.5cm의 정육면체이다.

이것은 먼저 가로와 세로 높이를 각각 두 번씩 잘라 2.5cm의 작은 정육면체 27개를 만든 후, 그중 3개의 정육면체를 대각선으로 한 번 잘라 큰 삼각기둥 6개를 만들고, 또 다른 정육면체 3개를 양쪽 대각선으로 자른 작은 삼각기둥 12개로 만들어졌다. 이에 따라 5가베는 나머지 작은 정육면체 21개를 합하여 모두 39개의 작은 부분들로 구성되어 있다.

유아에게 좀 더 복잡하고 아름다우며, 또 실제에 가까운 구성물을 만들어 주기 위해 큰 삼각기둥이나 작은 삼각기둥과 같은 새로운 모양이 추가된 것으로, 5가베는 모양 면에서 정사각형, 직사각형, 예각, 둔각, 직각 등이 골고루 섞여 있어서 다양한 경험을 얻을 수 있다. 이러한 모양들을 하나하나 활용해 나감으로써 건축과 관련된 가베활동을 통해 유아의 깊은 흥미를 유발할 수 있다.

이와 같이 5가베는 미적인 측면이 고려된 건축 가베로서, 실제에 가까운 건축물을 만들 수 있고, 홀수와 짝수가 섞여 있는 수적인 가베이다. 유아의 미적 감정을 양성하고 자유창작의 힘을 발전시키며, 지적, 정신적 발달을 도모하는 데 적절한 교육효과를 기대할 수 있다.

목적

- 예술적인 건축물을 만들어 본다.
- 삼각형의 성질과 삼각기둥의 성질을 안다.
- 직각, 예각, 둔각을 경험한다.
- 3을 기본으로 하여 홀수를 알고 홀수와 짝수의 관계를 안다.
- 아름다운 중심무늬를 만들어 본다.

- 미적 감각과 창조적 능력을 기른다.
- 평행사변형, 사다리꼴 등의 기본형에 잠재한 새로운 기하형태를 경험한다.
- 공간 개념을 인지하고, 순서의 개념을 발달시킨다.
- 논리적이고 수학적이며 계획적인 사고의 능력을 기른다.

유의사항

- 나무토막을 가베 상자에서 꺼낼 때나 넣을 때 삼각기둥의 대각선 방향은 항상 같은 방향을 향하도록 한다.
- 정리 정돈에 관심을 기울여 수업이 매끄럽게 진행될 수 있도록 한다.
- 자르는 법 자체가 하루치 과제가 된다.
- 평면적인 건축이 되지 않도록 주의한다.
- 무늬놀이나 건축놀이 시에는 1개도 남기지 않고 전부 사용한다.
- 자유 창작 중에도 방임하지 않고 교사가 지도하도록 한다.

1) 소개하기

(1) 전체 소개

- 비교

3가베와 비교	4가베와 비교

(2) 자르는 법

① 가로도 아니고 세로도 아니고 노래를 하면서 정리한다.	② 쓱싹쓱싹쓱싹쓱싹 하면서 3등분을 한다.
	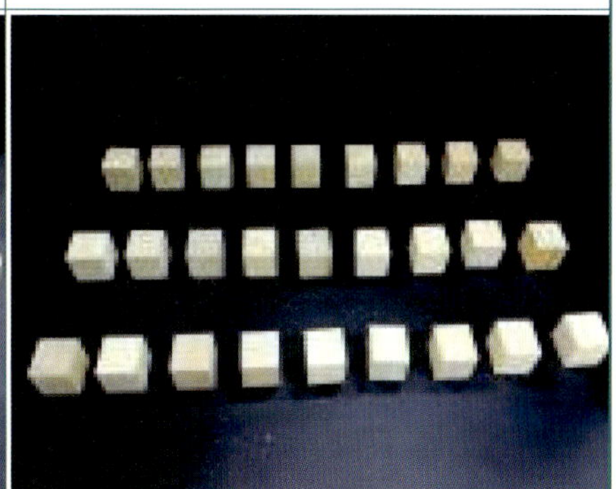
③ 쓱싹쓱싹쓱싹쓱싹 하면서 위아래로 늘여서 9등분을 한다.	④ 쓱싹쓱싹쓱싹쓱싹 하면서 오른쪽 왼쪽 (1, 2)의 순서로 놓는다(27개).

(3) 부분 소개

① 정육면체와 큰 삼각기둥의 비교

② 정육면체와 작은 삼각기둥의 비교

③ 큰 삼각기둥과 작은 삼각기둥의 비교

정육면체와 큰 삼각기둥의 비교

정육면체와 작은 삼각기둥의 비교

큰 삼각기둥과 작은 삼각기둥의 비교

2) 건축놀이

(1) 상부 건축놀이: 정육면체는 움직이지 않고 상부의 큰 삼각기둥, 작은 삼각기둥만을 움직이게 하는 놀이

① 큰 삼각기둥만 사용

② 작은 삼각기둥만 사용

③ 큰 삼각기둥과 작은 삼각기둥만 사용

(2) 1/3 건축

[교회]	[즐거운 나의 집]	[성]

(3) 개개의 건축

[우주선]	[로켓]	[콜로세움]

[유치원]

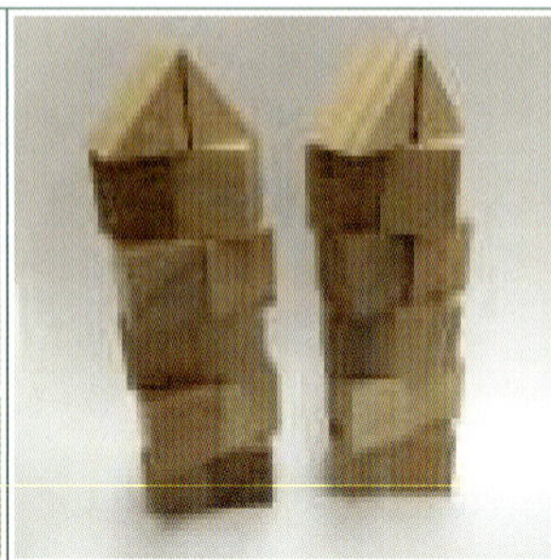

[쌍둥이빌딩]

[산속의 별장]

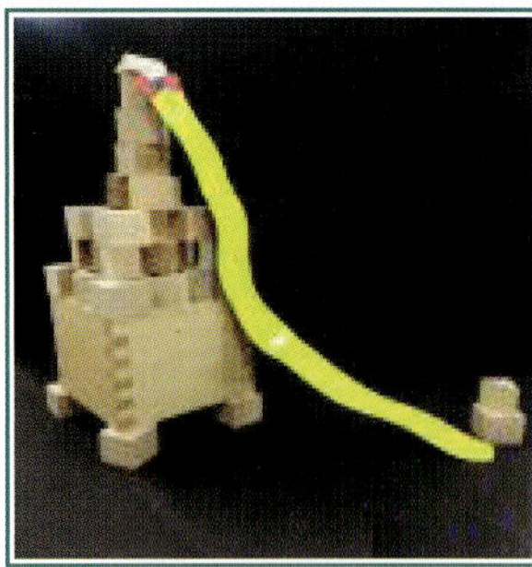

▶ **[라푼젤]**

5가베를 이용하여 각각의 건축놀이로 라푼젤 성을 만들어 놀이한다.

3) 무늬놀이

사각형 중심무늬놀이

삼각형 중심무늬놀이

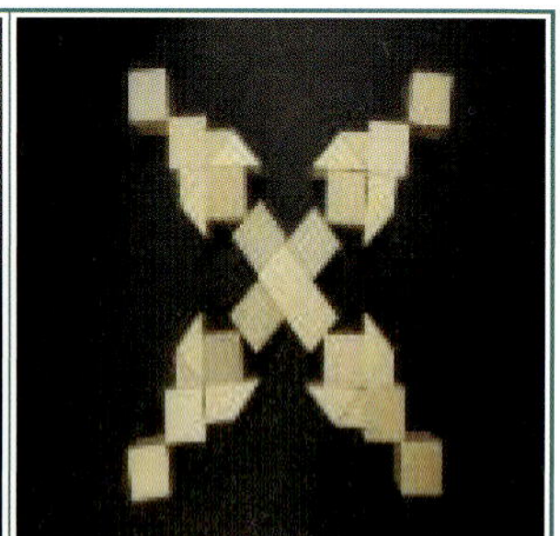

방사형과 고리형 무늬

4) 평면놀이

[망치와 못]	[물고기]	[산타할아버지]

5) 지혜놀이

(1) 정사각형

작은 정육면체 8개(작게, 크게)	작은 정육면체 16개

(2) 직사각형: 네 각이 모두 직각이고 두 쌍의 대변의 길이가 각각 같은 사각형

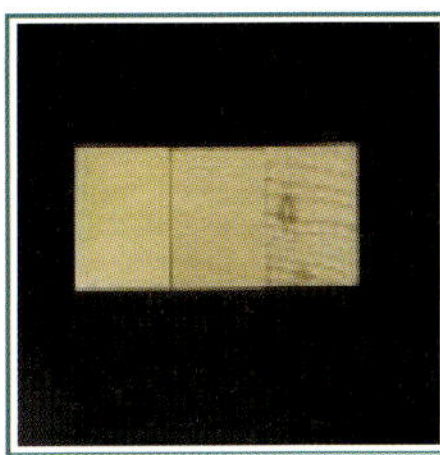			
작은 정육면체 3개	작은 정육면체 6개	큰 삼각기둥 6개	작게, 크게

(3) 삼각형

	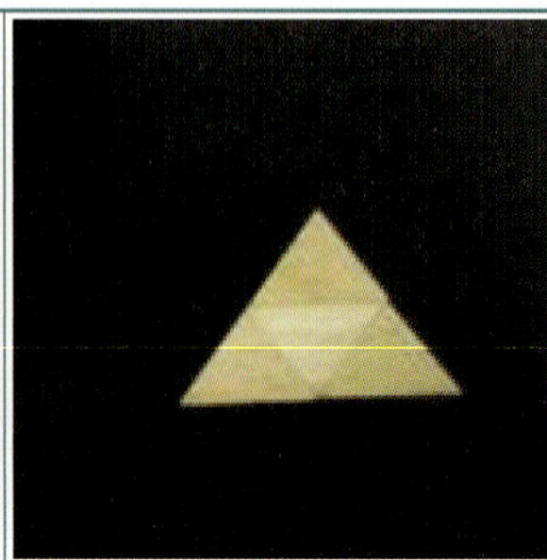	
작은 삼각기둥	작은 삼각기둥 4개	정육면체 4개 큰 삼각기둥 4개 작은 삼각기둥 1개

(4) 평행사변형: 두 쌍의 대각의 크기가 같으며 두 쌍의 대변이 각각 평행한 사각형

큰 삼각기둥 2개 큰 삼각기둥 2개, 정육면체 1개	작게, 크게

(5) 사다리꼴: 한 쌍의 대변이 평행한 사각형

작은 삼각기둥 3개	작은 삼각기둥 4개

큰 삼각기둥 3개	정육면체 1개, 큰 삼각기둥 2개

(6) 육각형

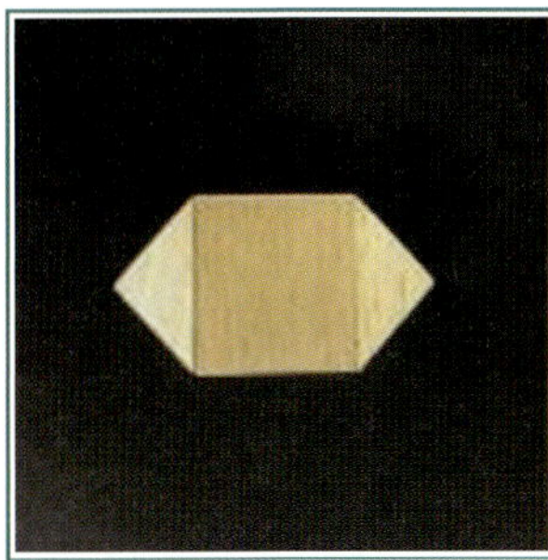		
정육면체 1개 작은 삼각기둥 1개	큰 삼각기둥 6개	정육면체 5개 큰 삼각기둥 4개 작은 삼각기둥 2개

6) 연합놀이

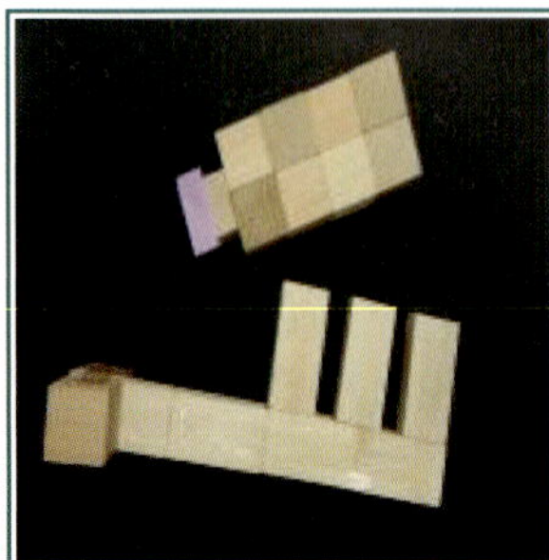

▶ **[치약과 칫솔]**

5가베의 정육면체와 4가베의 직육면체를 이용하여 모양을 만들고 색종이와 테이프를 붙이며 놀이한다.

[신전]	**[로봇]**	**[토끼]**

5가베 TIP

- 5가베는 3가베의 확장된 형태이다.
- 5가베부터는 자르기 순서가 3가베와 4가베에 비해 복잡하거나 어려워질 수 있다.
- 5가베 자르기 활동 시 왼쪽, 오른쪽이라 말하며, 가베를 자르기 하는 것보다 1번, 2번이라고 숫자를 붙여 말하면서 자르기를 하면 유아들이 더 이해하기 쉽다.

02 창의활동

1) 활동명: 바닷속 친구들

학습활동

1) 삼각기둥을 가지고 육각형, 팔각형을 만들어 본다.
2) 도형들을 이용해서 거북이, 물고기를 만들어 바닷속 친구들을 꾸며 본다.

준 비 물

5가베, 도형카드(육각형, 팔각형), 도트 스티커, 색종이, 가위, 테이프

학습내용

1) 육각형과 팔각형 이해하기

- 도형카드를 이용해 육각형과 팔각형의 특징을 설명한다.
- 5가베로 도형을 만들어 보고, 도트 스티커를 꼭짓점에 붙여 준다.

2) 도형으로 바닷속 사물 만들기

- 색종이로 물풀을 만들고 팔각형 도형을 이용해 거북이를 만든다.
- 육각형 도형을 이용해 꽃게를 만들어 본다.
- 다른 도형을 이용하여 다양한 바닷속 친구들을 만들어 본다(*이 놀이는 수학적 응용력을 기를 수 있다).

2) 활동명: 지붕을 만들어 주세요.

학습활동

1) 정육면체와 삼각기둥을 이용해서 삼각형 지붕과 사다리꼴 지붕을 소개한다.
2) 5가베로 직접 만들어 보게 한다.

준 비 물

5가베, 자, 도형카드(삼각형, 사다리꼴)

학습내용

❋ 삼각형 지붕과 사다리꼴 지붕 만들기

- 도형카드를 보여 주면서 삼각형과 사다리꼴에 대해 설명해 준다.
- 5가베를 사용해 지붕을 올려놓을 집을 만들고 그 위에 자를 올려놓는다.
- 한쪽은 삼각형 지붕을 만들고 다른 쪽은 사다리꼴 지붕을 만들어 본다(*이 놀이는 수학적 실물구성능력을 기를 수 있다).

03 활동지

5가베

소개하기

관찰놀이

위에서 본 5가베 모양과 같게 선을 그어 보세요.

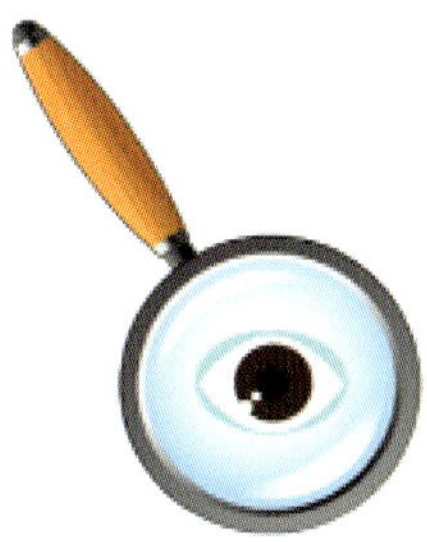

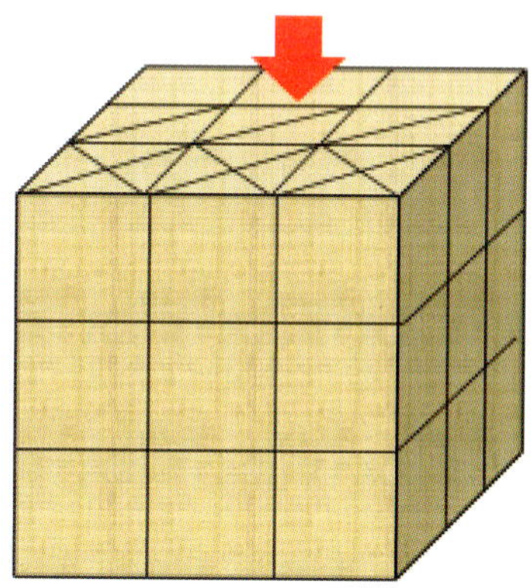

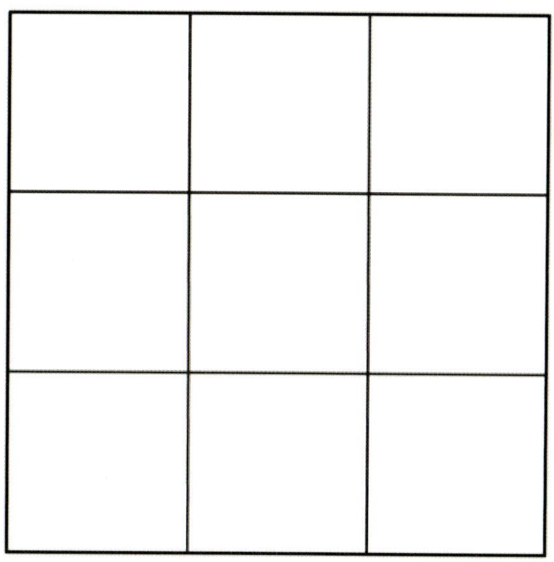

5가베

소개하기

도형의 비교

정육면체와 큰 삼각기둥, 작은 삼각기둥의 면을 비교해 보세요.

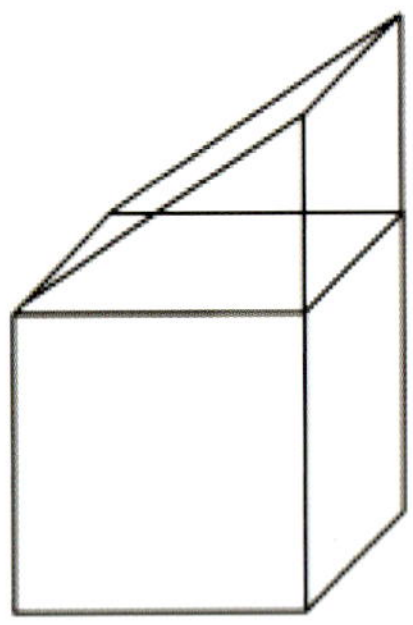	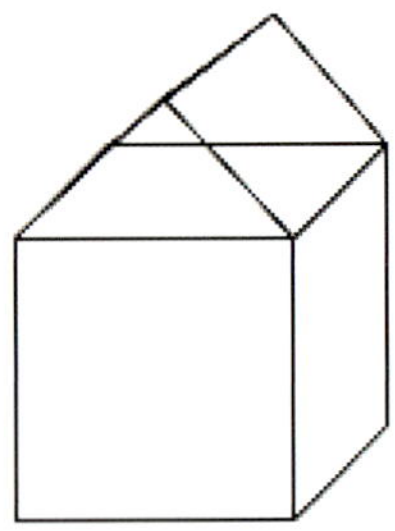	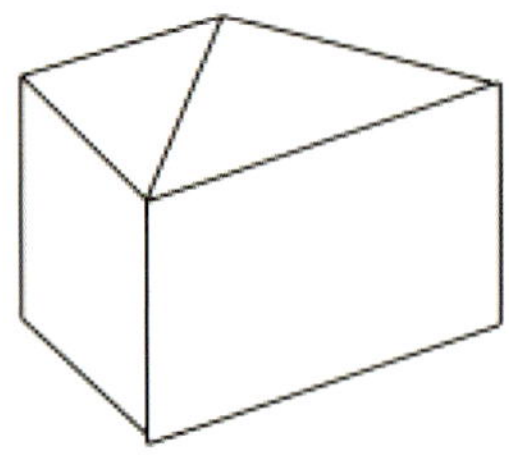
정육면체+큰 삼각기둥	정육면체+작은 삼각기둥	큰 삼각기둥+작은 삼각기둥

색종이로 붙여서 비교해 보세요.

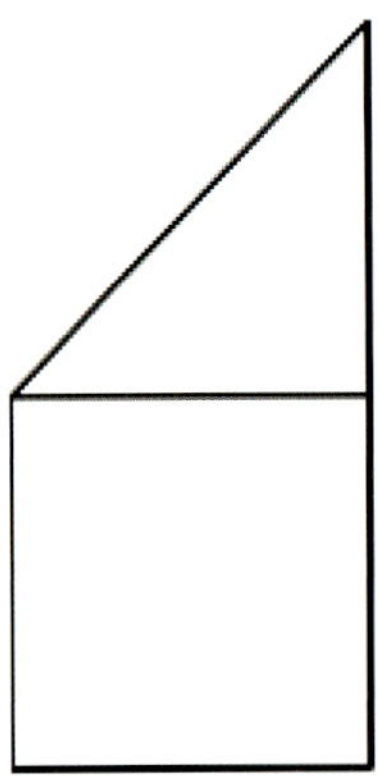	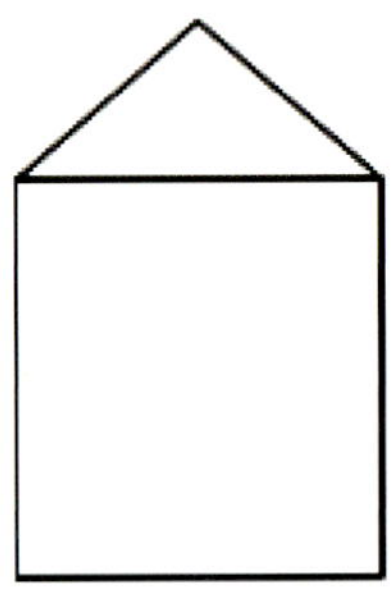	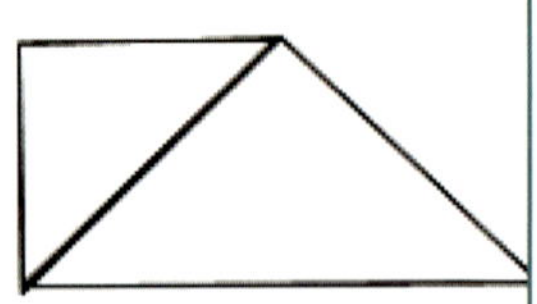
정육면체+큰 삼각기둥	정육면체+작은 삼각기둥	큰 삼각기둥+작은 삼각기둥

5가베

소개하기 & 수놀이

묶음 수

5가베의 정육면체를 같은 개수끼리 세 묶음이 되도록 묶어 보세요.

▶ 세 묶음으로 나누면 한 묶음이 몇 개씩 되나요? (   ) 개

5가베

인지놀이

조각의 비교

정육면체와 큰 삼각기둥, 작은 삼각기둥의 면을 비교해 보세요.

5가베 정육면체 단면 색종이를 그림과 같이 잘라서 붙여 보세요.
큰 삼각기둥을 색종이 위에 올려서 면을 비교해 보세요.

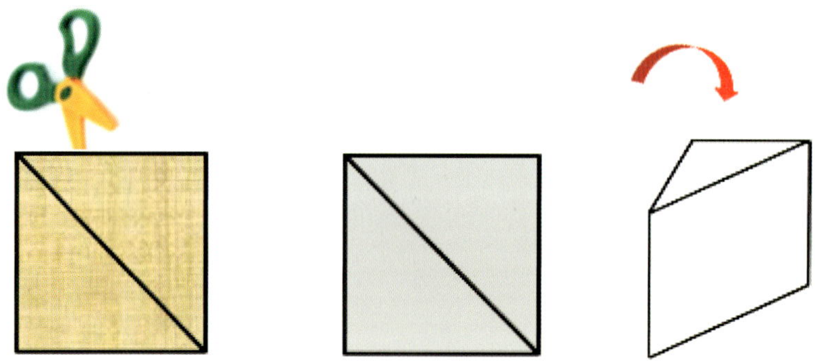

5가베 정육면체 단면 색종이를 그림과 같이 잘라서 붙여 보세요.
작은 삼각기둥을 색종이 위에 올려서 면을 비교해 보세요.

5가베

지혜놀이

빈자리 연구

빈자리에 어떤 조각이 들어갈 수 있을까요? 색종이를 붙여서 빈자리를 채워 주세요. 빈자리를 채운 후, 각 조각이 몇 개 들어갔는지 적어 보세요.

조각이 몇 개 필요했나요?
정육면체 (　　　)개, 큰 삼각기둥 (　　　)개, 작은 삼각기둥 (　　　)개

조각이 몇 개 필요했나요?
정육면체 (　　　)개, 큰 삼각기둥 (　　　)개, 작은 삼각기둥 (　　　)개

5가베

건축놀이

자유건축 & 수세기

그림과 같이 건축놀이를 해 본 후,
어울리는 이름을 짓고, 각 조각이 몇 개 필요하였는지 적어 보세요.

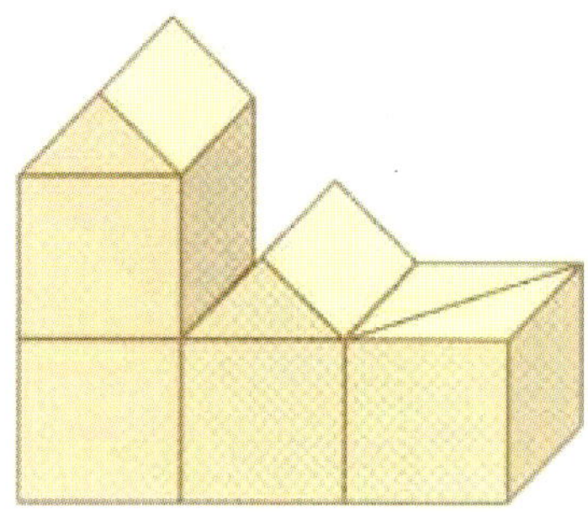

▶ 이름:

▶ 정 육 면 체: (　　　　) 개

▶ 큰 삼각기둥: (　　　　) 개

▶ 작은 삼각기둥: (　　　　) 개

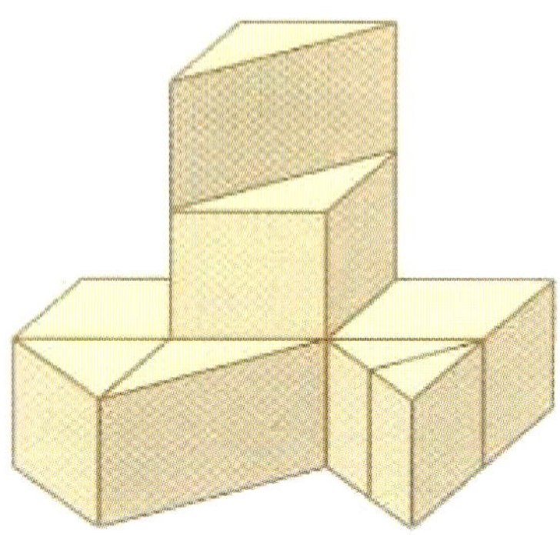

▶ 이름:

▶ 정 육 면 체: (　　　　) 개

▶ 큰 삼각기둥: (　　　　) 개

▶ 작은 삼각기둥: (　　　　) 개

04 교육계획안

5가베 교육계획안

단원	5가베	대상연령	만 4세
활동명	주유소놀이		
교육목표	• 주유소놀이를 통해 교통규칙에 대해 안다. • 소근육을 발달시킨다.		

시간	활동명	교육내용	준비물
5분	도입	• 5가베에 대해 이야기를 나눈다. - 분해해서 새롭게 생겨난 삼각기둥을 알게 해 준다. - 삼각형을 이용하여 새로운 모양과 형체를 경험하게 한다. - 주유소에서 하는 일들을 알려 준다. - 교통규칙에 대해 알아본다.	5가베
20분	전개	• 주유소에는 무엇이 있는지 이야기를 나눈 뒤 만들어 본다. - 자동차를 만든다(정육면체 6개, 작은 삼각기둥 2개). 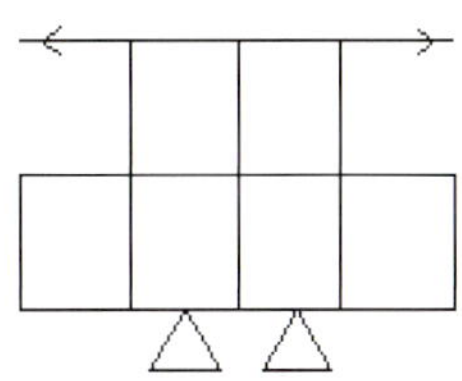 - 주유통을 만든다(정육면체 8개, 색종이). 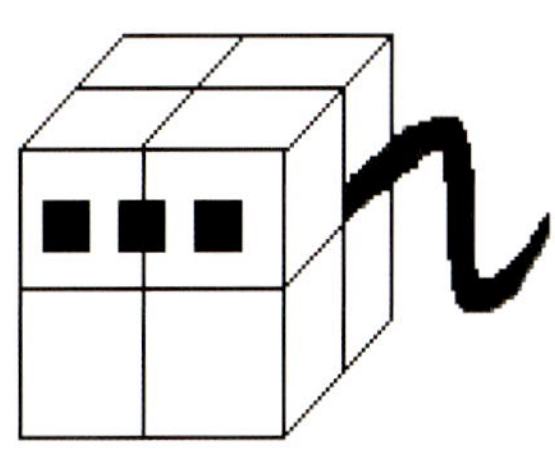 - 세차장을 만든다(정육면체 12개, 큰 삼각기둥 2개, 색종이). 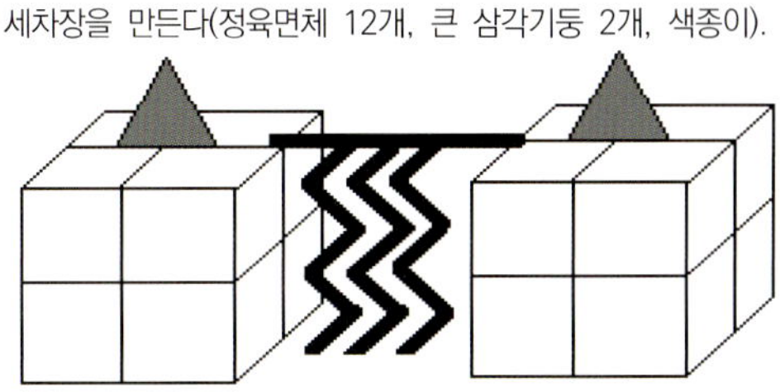 - 주유하기, 세차하기 등의 다양한 놀이를 한다.	5가베, 색종이, 막대

시간	활동명	교육내용	준비물
5분	마무리	• 주유소놀이를 한 느낌을 말한다. - 주유소놀이는 재미있었나요? - 삼각기둥 친구에 대해서 아는지 물어본다. - 오늘 주유소놀이를 많이 해서 가베 친구가 힘들어하는 것 같은데, 우리 친구들이 가베 집에 데려다줄 수 있을까요?	5가베

5가베 부록-1

가베 배경지를 활용한 창의적 구성놀이 예시

다양한 주제의 배경지와 5가베를 사용하여 배경지 위에 창의적 구성놀이를 한 예시작품

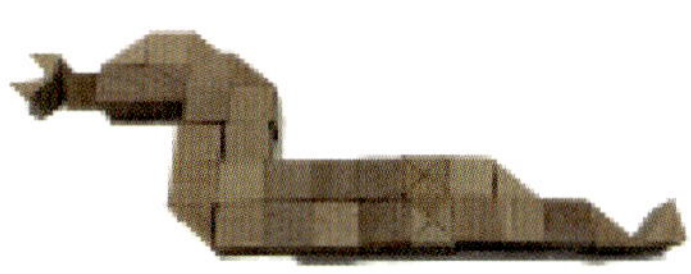

5가베 부록-1

5가베 부록-2

나만의 배경지 만들어 보기

① 5가베로 만들 수 있는 작품을 다양하게 적어 본다. 예) 물고기, 배, 집, 크리스마스트리 등
② 그중에서 배경지로 만들어 보고 싶은 작품을 하나 고른다.
③ 색연필, 색종이, 사인펜, 크레파스, 매직 등 다양한 재료를 사용하여 작품과 어울리는 배경을 8절 도화지에 그린 후 색칠해 본다.
④ 배경지가 완성되면 만든 배경지 위에 5가베를 활용하여 꾸며 본다.

아이디어 스케치

어떤 배경지를 만들면 좋을지 다양한 아이디어를 여기에 끄적여 보세요. 그리고 가장 마음에 드는 아이디어 하나를 선택하여 준비한 8절 종이에 그려 보세요.

CHAPTER 09

5B가베

01. 가베 소개 및 기본놀이

■ **구성 및 특징, 목적, 유의사항**

1) 소개하기
2) 건축놀이
3) 무늬놀이
4) 평면놀이
5) 연합놀이

02. 창의활동

1) 활동명: 나는 누구일까요?
2) 활동명: 공주님이 사는 성

03. 활동지

04. 교육계획안

5B가베 부록: 배경지를 활용한 창의적 구성놀이

01 가베 소개 및 기본놀이

구성 및 특징

5B가베는 5가베와 같이 큰 정육면체에서 분할된 형태이다. 5B가베의 구성은 12개의 정육면체와 12개의 반원기둥, 한쪽 모서리가 곡면으로 잘려나간 한쪽 모서리가 둥근 정육면체 8개, 작은 삼각기둥이 12개로 모두 더하여 44개의 작은 조각들로 이루어져 있다. 앞서 다양한 건축물을 경험한 유아들은 5B가베를 통해 더욱 정교하고 웅장한 건축물을 만들 수 있는 기회를 얻게 된다.

반원기둥 2개를 합하면 2가베에서 보여 준 원기둥 형태로 우아한 건축물을 만드는 데 아주 유용하게 사용할 수 있는 조각이 된다. 반원기둥은 원기둥과 달리 정육면체의 한 면과 같은 크기의 평면을 가지고 있어서 쌓기놀이를 할 때 안정감이 있다. 원기둥은 옆면이 모두 곡면이기 때문에 평지에 놓으면 잘 굴러가지만, 반원기둥을 둥근 옆면으로 놓으면 시소처럼 흔들리다가 정지 상태가 된다. 모서리를 둥글게 잘라낸 한쪽 모서리가 둥근 정육면체는 불완전해 보이지만 모서리가 잘린 부분을 가운데로 하고 두 개를 붙여 놓으면 다리 모양이 되어 건축물을 만드는 데 유용하게 쓰인다.

프뢰벨이 설계·제작한 교구의 가장 큰 특징은 유아가 스스로 놀이하고 작업하는 과정을 반복하는 동안 자연스럽게 의도한 교육목적이 달성된다는 점이며, 이러한 특징은 그의 교육 철학과 사상에 기반하고 있다.

목적

- 원과 반원, 원기둥과 반원기둥의 성질을 알 수 있다.
- 우아한 건축물 구성으로 미적 감각을 발달시킨다.
- 창의력 발달을 돕는다.
- 사물에 대한 정확한 인식력을 발달시킨다.

- 수학적인 능력과 공간 구성력을 기른다.
- 언어적 능력이 향상되도록 돕는다.
- 스스로 정리 정돈하고 해결하는 습관을 길러 준다.
- 공간 지각력을 길러 준다.

유의사항

- 흐트러지기 쉬우므로 각별한 주의가 요구된다.
- 교구를 쌓을 때 반원기둥에 주의를 기울여야 한다.

1) 소개하기

(1) 전체 소개

'5B가베는 5가베의 크기와 같다'라고 소개한다.

5B가베 정리 방법

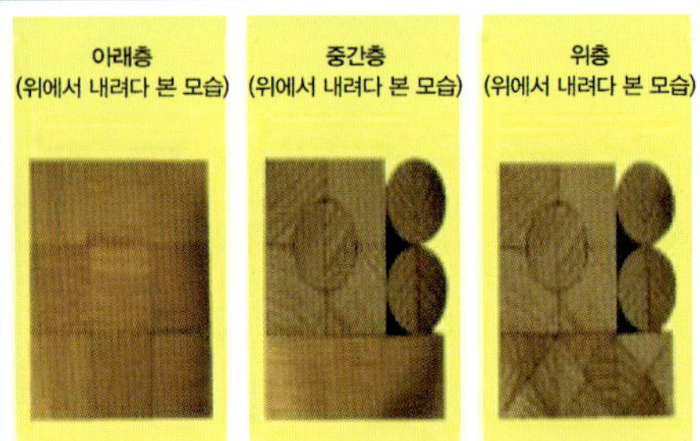

(2) 자르는 법

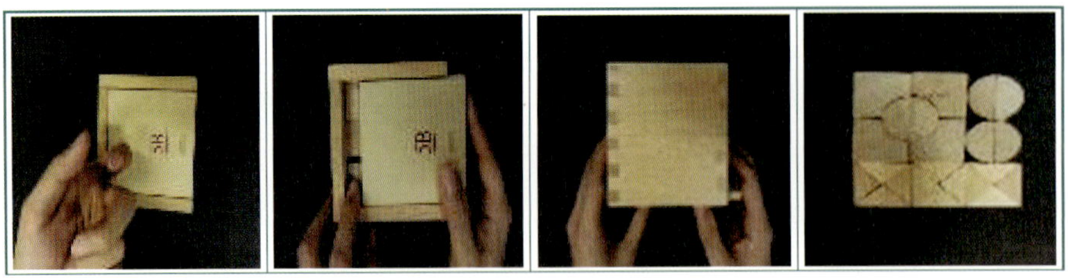

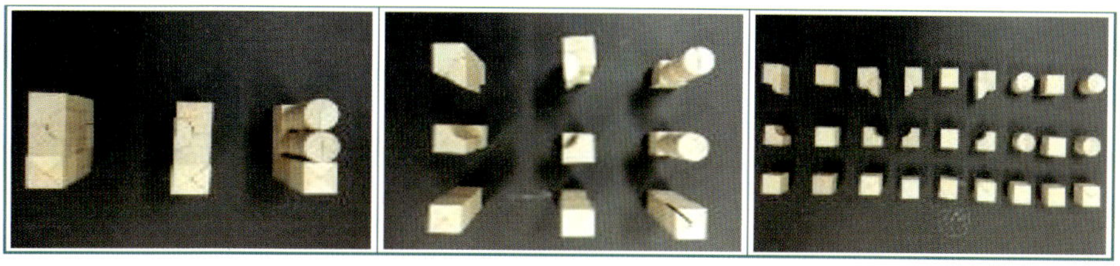

(3) 부분 소개

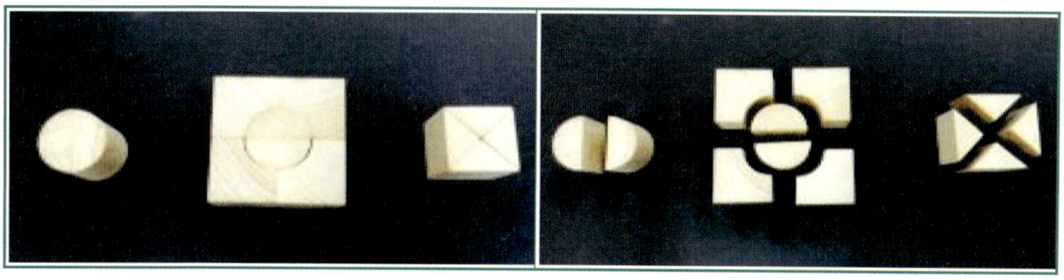

2) 건축놀이

[헨젤과 그레텔의 집]

5B가베를 이용하여 헨젤과 그레텔의 집을 만들어 놀이한다.

[나는 왕이로소이다]

5B가베를 이용하여 왕관을 만들고 5B가베 상자에 눈알을 붙이고 얼굴을 만들어 놀이한다.

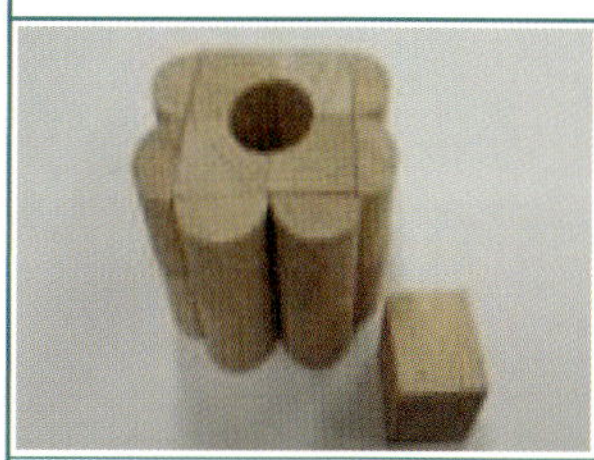

[우물]

[자동차]

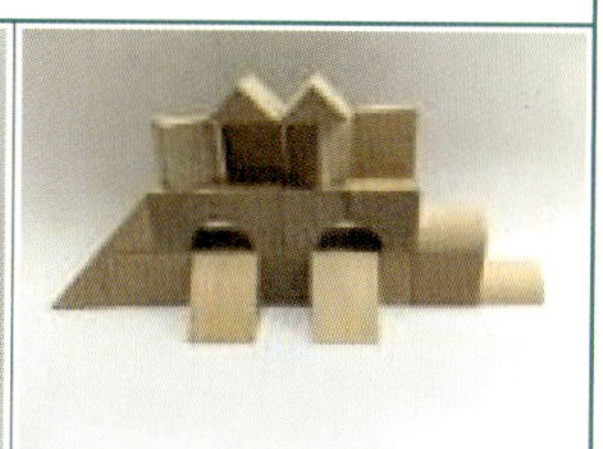

[미끄럼틀]

3) 무늬놀이

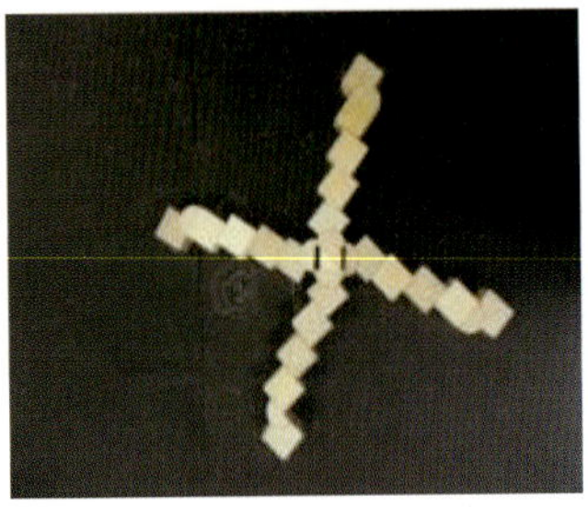

4) 평면놀이

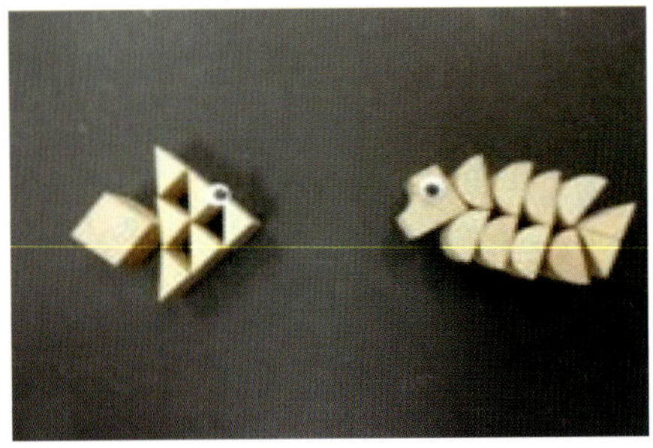

5) 연합놀이

▶ **[마음이 있는 로봇]**

5B가베와 3가베를 연합하여 마음을 가진 어린아이 로봇을 만들어 놀이한다.

5B가베 TIP

- 프뢰벨이 만든 가베는 아니며 이후 5가베를 확장하여 만들어졌다.
- 5B가베의 전체 크기와 5가베의 전체 크기는 같다.
- 5B가베는 돔 형식의 건축물 만들기가 가능하고, 구멍이 있는 건축물도 만들 수 있다.
- 5B가베는 자르기를 할 때 정확하게 나눠지거나 떨어지지 않을 수 있으므로 유아들에게 정확하게 하라고 강조할 필요가 없고, 선생님이 보여 주면 이해하기가 쉽다.
- 5B가베 연합놀이는 자유롭게 할 수 있으나, 주로 5가베와 연합놀이를 한다.

02 창의활동

1) 활동명: 나는 누구일까요?

학습활동

정답을 이야기하지 않고 아이들에게 퀴즈를 내면서 부엉이와 악어를 만들어 본다.

준 비 물

5B가베

학습내용

❋ 부엉이 만들기

- 이 놀이는 정답을 이야기하지 않고 퀴즈를 내어, 아이들이 유추해 낼 수 있게 하는 놀이로 창의력을 길러 준다.
- 아이들에게 부엉이라는 정답을 이야기하지 않고 도형을 조금씩 쌓으면서 부엉이를 만들어 본다.
- 앞 활동과 같이 정답을 이야기하지 않고 퀴즈를 내면서 부엉이와 악어를 만들어 본다.

2) 활동명: 공주님이 사는 성

학습활동

한쪽 모서리가 둥근 정육면체, 반원기둥을 이용하여 아름다운 성을 만들어 본다.

준 비 물

5B가베

학습내용

성 만들기

- 5B가베의 특징을 살려 곡선을 강조하는 아치형의 건축양식을 만들어 본다.
- 아이들이 주어진 틀에 매이지 않고 자유자재로 도형을 쌓을 수 있게 한다. 그리고 어떻게 쌓아야 무너지지 않는지를 생각하면서 쌓는다면 집중력과 창의력을 키울 수 있다.
- 다양한 형태의 성을 만들어 본다(*이 놀이는 창의력 발달을 위한 건축놀이이다).

03 활동지

제5B가베

소개하기

탐색 및 비교하기

다음의 그림에서 5B가베인 것을 모두 ○표시 하세요.

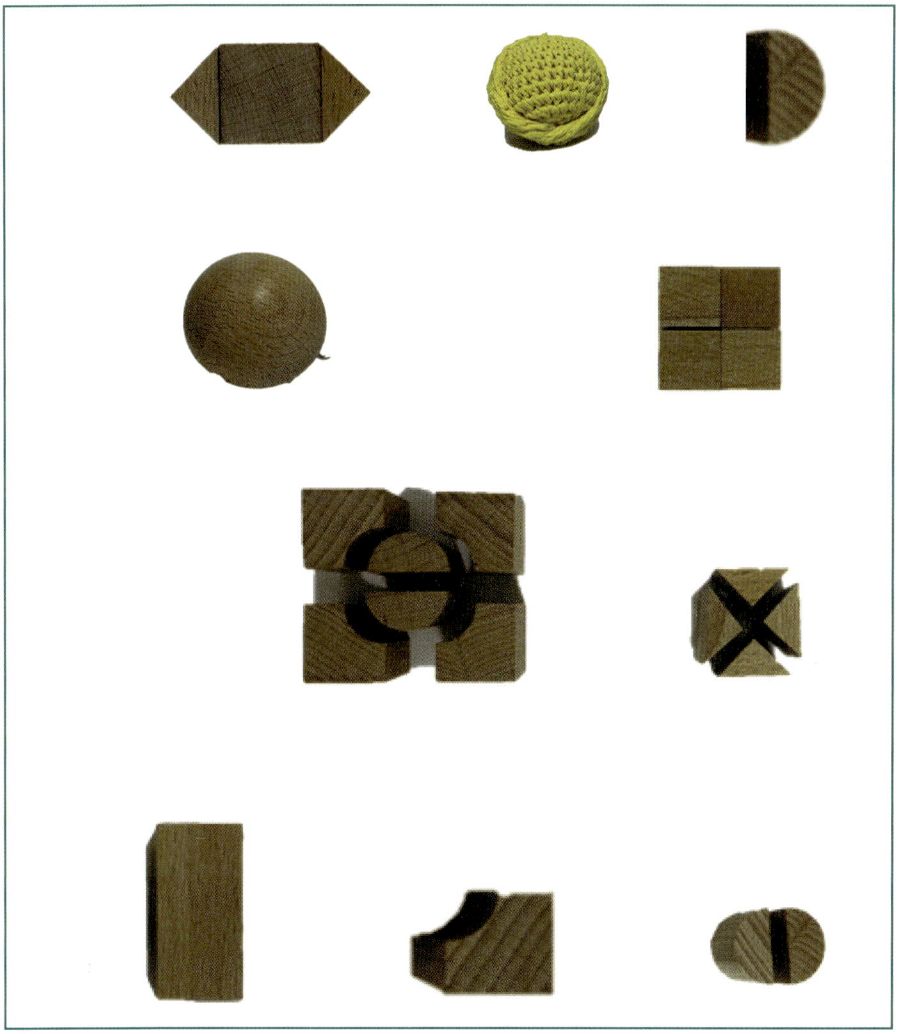

제5B가베

인지놀이

소개하기

색종이를 잘라 한쪽 모서리가 둥근 정육면체를 만들어 자유롭게 구성해서 붙여 보세요.

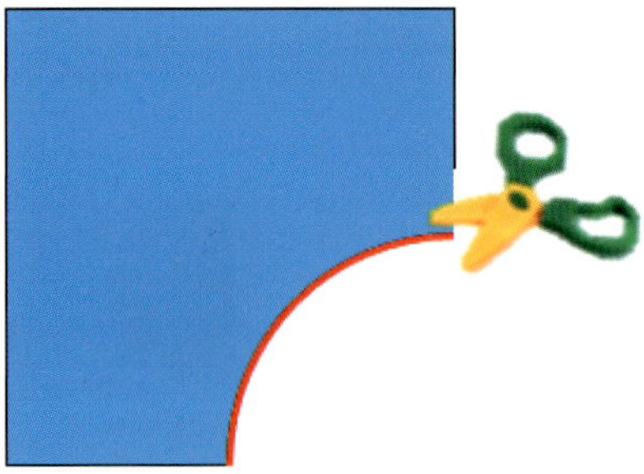

제5B가베

인지놀이

소개하기

원 모양 색종이를 잘라 반원을 만들어 자유롭게 구성해서 붙여 보세요.

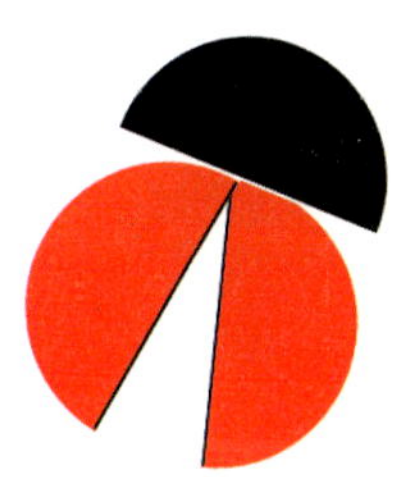

제5B가베

건축놀이

자유건축

다음의 건축물에 이름을 적어 보고 자유롭게 건축해 보세요.

( )	( )

( )	( )

( )	( )

제5B가베

평면놀이

평면놀이

5B가베 조각 색종이들로 다양한 물고기가 있는 바닷속을 표현해 보세요.

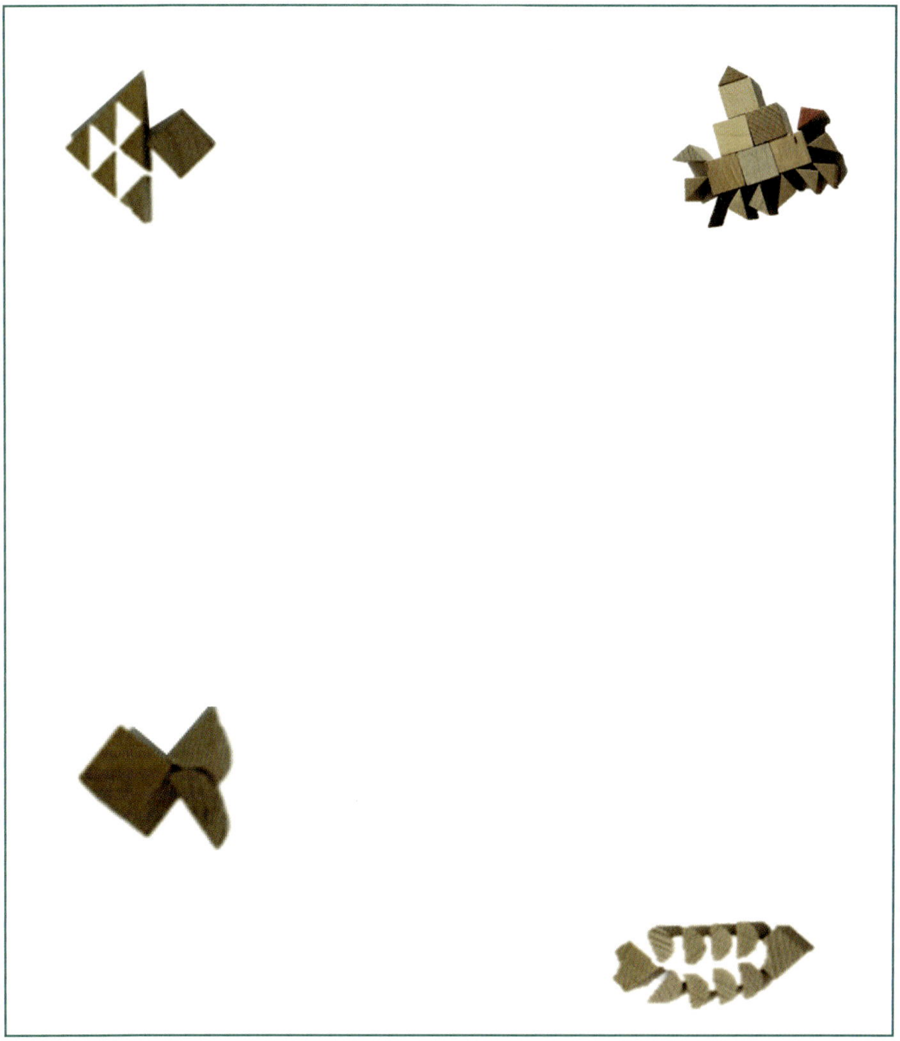

제5B가베

평면놀이

평면놀이

5B가베 조각 색종이들로 내가 만들고 싶은 교통수단을 만들고 어디에서 타는 것인지 그림을 그려 완성해 보세요.

04 교육계획안

5B가베 교육계획안

<table>
<tr><th>단원</th><td colspan="2">5B가베</td><th>대상연령</th><td>만 4세</td></tr>
<tr><th>활동명</th><td colspan="4">내가 살고 싶은 집</td></tr>
<tr><th>교육목표</th><td colspan="4">• 다양한 집의 형태에 대해 관심을 가진다.
• 자신의 생각과 느낌을 창의적으로 표현할 수 있다.</td></tr>
<tr><th>시간</th><th>활동명</th><th colspan="2">교육내용</th><th>준비물</th></tr>
<tr><td>3분</td><td>도입</td><td colspan="2">〈활동 소개하기〉
• 궁금한 것이 많은 똘이의 이야기를 창작하여 들려주며 다양한 집의 형태에 대해 이야기한다.

친구들, 이 할머니가 누군지 알아요?
김천에 사시는 똘이네 할머니예요. 똘이는 궁금한 것이 많은 친구예요. 어제는 할머니가 보내 주신 사진을 보면서 무척 궁금했어요.
“이 집은 대체 어떻게 지었을까?”
그래서 어머니에게 여쭈어보았더니…

– 똘이의 할머니는 어떤 집에서 먼저 살았었나요?
– 할머니가 살았던 집의 종류에는 어떤 것들이 있었나요?

• 여러 가지 실물이나 그림(움막, 초가집, 기와집, 너와집, 주택, 아파트 등)을 보면서 이야기해 본다.
– 그 밖에도 똘이가 궁금했던 것들이 있는데 무엇이 있나 볼까요?</td><td>다양한 집의 사진</td></tr>
<tr><td>25분</td><td>전개</td><td colspan="2">〈동시 감상 및 개작 활동〉
• 다양한 집 형태에 대해 소개한다.
– 교사가 준비한 사진들을 하나씩 보여 주며 설명한다.

• (개작한 동시) ‘내가 살고 싶은 집’ 동시를 읊어 준다.
– 이렇게 다양한 집의 형태를 담은 동시가 있는데 들어 보기로 해요.

• 동시를 감상하고 떠오르는 느낌을 이야기 나눈다.
– 동시를 감상하니 어떤 기분이 들었나요?
– 어떤 점이 재미있나요?

• ‘내가 살고 싶은 집’ 동시를 유아들과 나누어 읊어 본다.

• 5B가베 각 구성의 특징을 느끼게 하고 자신이 살고 싶은 집을 가베로 만들어 본다.</td><td>TV, 컴퓨터, PPT 자료, 5B가베</td></tr>
</table>

시간	활동명	교육내용	준비물
2분	마무리	**〈친구의 작품에 대한 느낌 나누기〉** • 작품을 만들어 보고 난 느낌을 이야기한다. - 가장 재미있었던 것은 무엇이었나요? - 어떤 점이 힘들었나요? • 친구들이 만든 작품을 감상하며 느낌을 이야기해 본다. - 이 친구의 작품 중 재미있는 점을 찾아보아요. - 어떤 점을 칭찬해 주고 싶은가요? • 다음 시간에는 5B가베를 활용한 확장 게임이 있음을 알려 주고 활동을 마무리한다.	

5B가베 부록-1

가베 배경지를 활용한 창의적 구성놀이 예시

다양한 주제의 배경지와 5B가베를 사용하여 배경지 위에 창의적 구성놀이를 한 예시작품

5B가베 부록-1

5B가베 부록-2

나만의 배경지 만들어 보기

① 5B가베로 만들 수 있는 작품을 다양하게 적어 본다. 예) 자동차, 우주선, 해바라기, 공룡 등
② 그중에서 배경지로 만들어 보고 싶은 작품을 하나 고른다.
③ 색연필, 색종이, 사인펜, 크레파스, 매직 등 다양한 재료를 사용하여 작품과 어울리는 배경을 8절 도화지에 그린 후 색칠해 본다.
④ 배경지가 완성되면 만든 배경지 위에 5B가베를 활용하여 꾸며 본다.

아이디어 스케치

어떤 배경지를 만들면 좋을지 다양한 아이디어를 여기에 끄적여 보세요. 그리고 가장 마음에 드는 아이디어 하나를 선택하여 준비한 8절 종이에 그려 보세요.

CHAPTER 10

6가베

01. 가베 소개 및 기본놀이

■ 구성 및 특징, 목적, 유의사항

1) 소개하기
2) 건축놀이
3) 무늬놀이
4) 평면놀이
5) 연합 건축놀이

02. 창의활동

1) 활동명: 우리 집의 물건이에요(관찰력 발달을 위한 모방놀이)
2) 활동명: 누가 누가 많이 먹나(수학, 공간이해력)

03. 활동지

04. 교육계획안

6가베 부록: 배경지를 활용한 창의적 구성놀이

01 가베 소개 및 기본놀이

구성 및 특징

6가베는 4가베를 발전시킨 개념이며, 5가베와 같은 부피의 정육면체로 구성되어 있다. 이것을 가로, 세로, 위, 아래로 잘라 4가베에서 모았던 직육면체 27개로 나누었는데, 이들 중 3개를 길게 잘라 기둥 6개를 만들고, 6개를 짧게 잘라 받침 12개를 만들어 전체 부분의 수는 모두 36조각이 된다. 받침이나 기둥은 엄밀히 말하면 직육면체의 한 종류라고 볼 수 있으며, 6가베의 부분과 모양이 5가베나 5B가베보다 더 단순하게 구성되었다는 것을 알 수 있다. 그러나 실제로 이와 같은 단순한 재료를 사용해서 복잡하고 멋진 작품을 만드는 것이 오히려 복잡한 재료를 사용하여 작품을 구성하는 것보다 어려운 측면이 있다. 이러한 특징에 따라 6가베는 매우 단순하면서도 복잡하고 멋진 건축물을 만들 수 있는 충분한 내용으로 구성되어 있다.

5가베에서도 예술적이고 미적 창작을 위주로 한 건축을 지향하고 있는데 6가베에서는 기둥과 받침이라고 하는 새로운 재료를 써서 매우 다양한 공간을 표현함과 동시에 실제 이상으로 아름다운 건축물의 구성이 가능하다는 장점이 있다.

목적

- 이상적이고 균형 잡힌 건축물을 만들게 한다.
- 건축의 주요소인 기둥과 받침에 대해 안다.
- 단순한 재료로 복잡한 것을 만들 수 있다는 것을 안다.
- 건축과정에서 생기는 공간의 미를 안다.
- 풍부한 상상력과 창의력을 기른다.
- 논리적이고 계획적인 사고를 기른다.
- 활동을 통해서 집중력을 기른다.

유의사항

- 상자에서 꺼냈을 때 직육면체, 기둥, 받침이 모두 잘 보이도록 한다.
- 부분의 수에 주의하고 5가베와 마찬가지로 3의 배수라는 것을 항상 기억한다.
- 직육면체, 기둥, 받침의 특성을 살려서 놀이한다.
- 너무 평면적이거나 무너지기 쉬운 건축물은 피한다.
- 소개할 때는 항상 닮은 점을 먼저 설명한 후에 다른 점을 보여 준다.
- 교사는 가능한 한 어린이의 창의력이 발달하도록 도와준다.

1) 소개하기

(1) 전체 소개

4가베 비교

5가베 비교

(2) 자르는 법

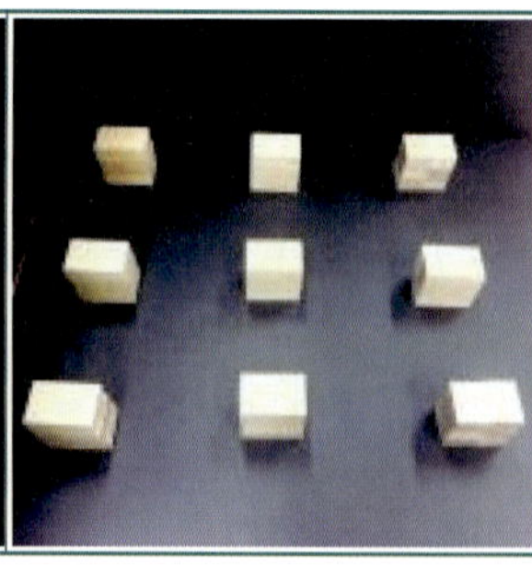

(3) 부분 소개

직육면체와 기둥의 비교

직육면체와 받침의 비교

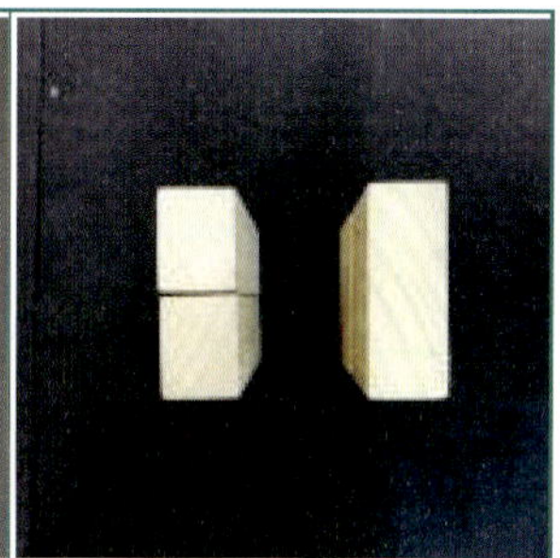

기둥과 받침의 비교

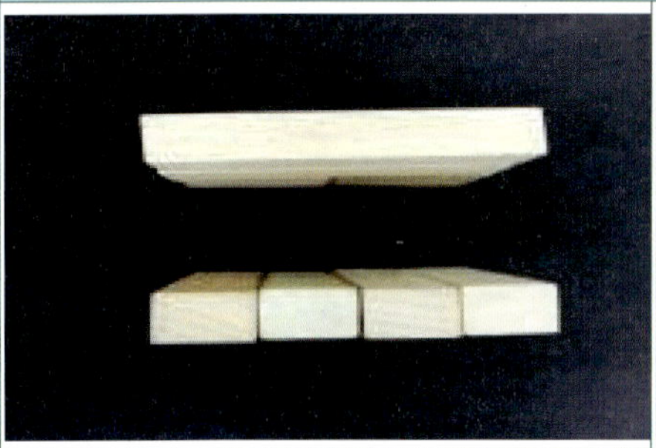

직육면체끼리 비교

받침끼리 비교

2) 건축놀이

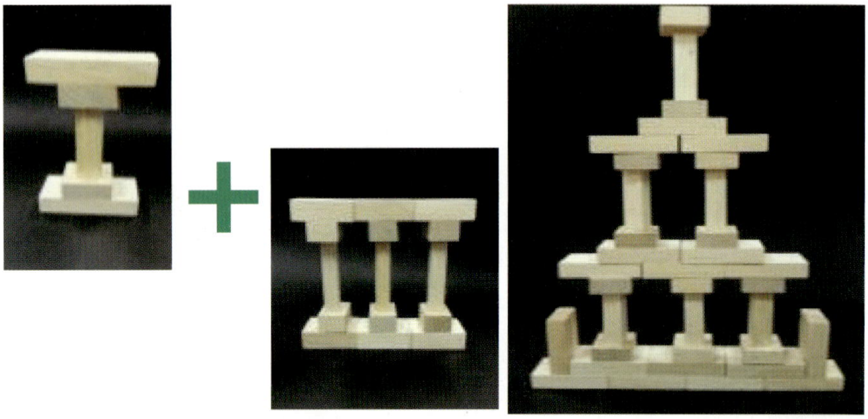

[궁전 입구]

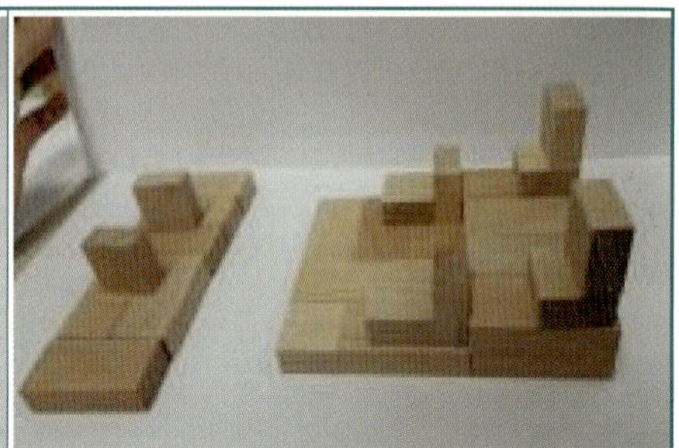

[영화 관람]

[4층 석탑]

[다보탑]

[로봇]

3) 무늬놀이

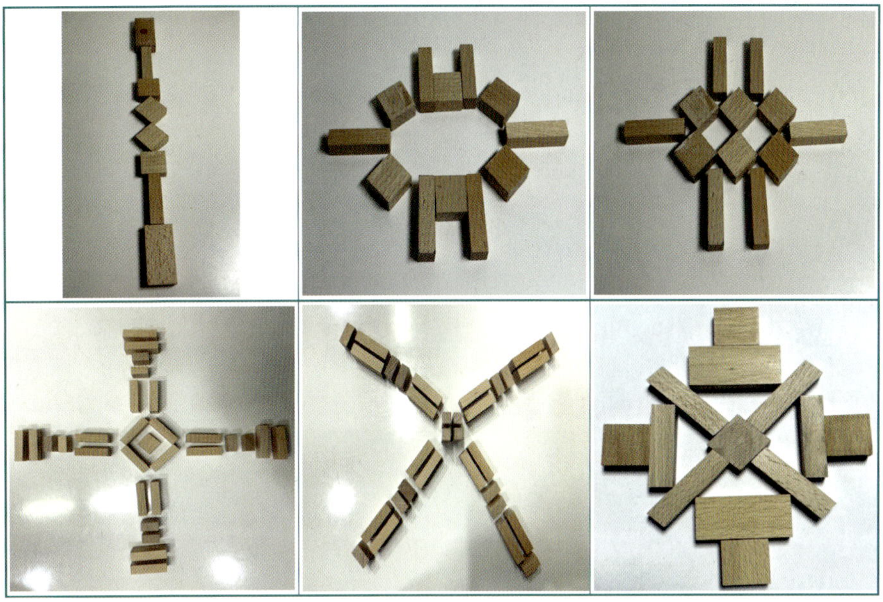

4) 평면놀이

[해바라기]

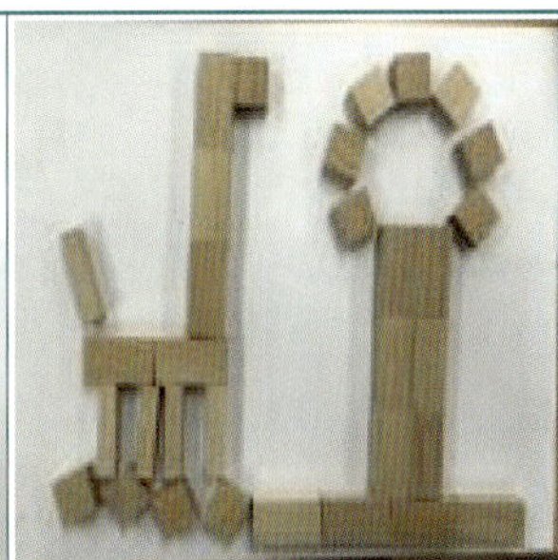

[나뭇잎 먹는 기린]

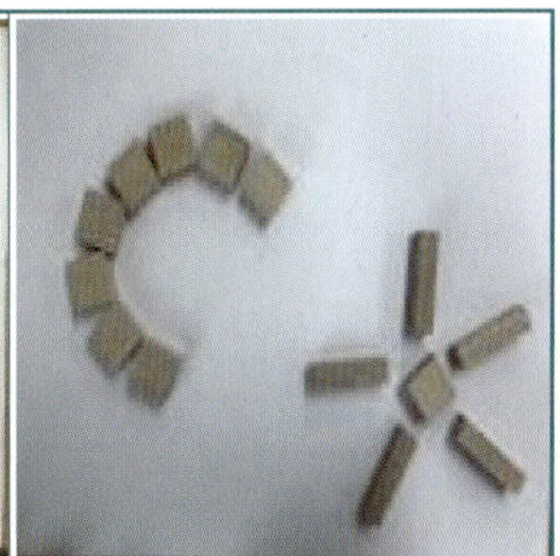

[별님 달님]

5) 연합 건축놀이

	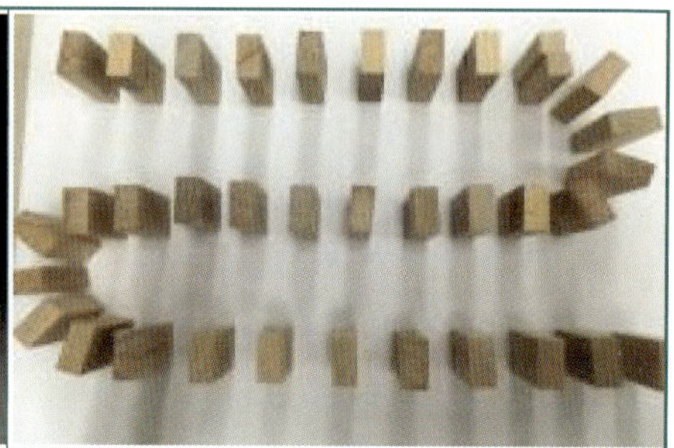
[육해공]	**[도미노놀이]**
6가베와 5B가베를 연합하여 다리, 차, 배, 비행기, 관제탑을 만들어 교통수단에 대한 놀이를 한다.	4가베와 6가베의 직육면체로 도미노놀이를 한다.

6가베 TIP

- 6가베는 4가베의 확장된 형태이다.
- 6가베의 받침과 기둥은 직육면체를 가로, 세로로 자른 조각이다.
- 6가베는 직육면체, 기둥, 받침의 각 특징을 살려 건축놀이를 하도록 지도한다.
- 6가베는 자르기가 중요하다.
- 자르기를 할 때 전체가 부분으로 나눠지는 것의 이해를 돕기 위해 90도 회전하는 것을 기억해야 한다.

02 창의활동

1) 활동명: 우리 집의 물건이에요(관찰력 발달을 위한 모방놀이)

학습활동

직육면체, 기둥, 받침을 이용하여 우리 집의 물건을 만들어 본다.

준 비 물

5가베, 6가베

학습내용

- '우리 집의 물건이에요'는 관찰력 발달을 위한 모방놀이이다.
- 6가베는 단순하지만, 각각의 도형이 넓고 충분한 공간을 확보할 수 있기 때문에 훨씬 구체물에 가깝게 우리 집의 물건을 만들 수 있다.

1) 우리 집 물건 만들기

- 4개의 기둥을 세우고 상자의 뚜껑을 올려 식탁을 만든다.
- 직육면체를 이용해 식탁의자를 만든다.
- 기둥과 받침을 이용하여 냉장고를 만들고, 식탁 위에 받침을 올려 음식으로 표현한다.

2) 공부방 만들기

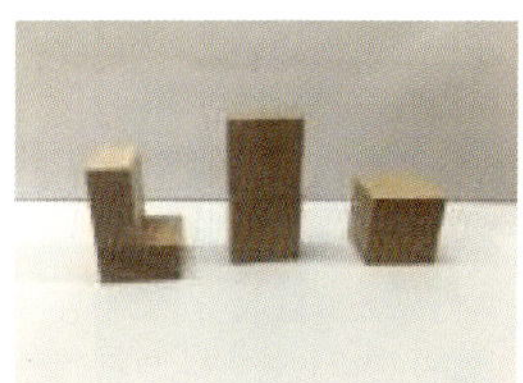

- 침대, 옷장, 스탠드, 책상

3) 거실 만들기

- 소파, 쿠션, 작은 의자, 티테이블, TV, 스피커

2) 활동명: 누가 누가 많이 먹나(수학, 공간이해력)

학습활동

직육면체, 기둥, 받침이 그려진 주사위와 숫자 주사위를 동시에 던져서 나온 수만큼 색종이 위에 조각을 채우는 놀이를 해 본다.

준 비 물

6가베, 주사위, 정육면체, 색종이, 가위, 테이프

학습내용

- '누가 누가 많이 먹나'는 수학, 공간이해력을 알아보는 놀이이다. 2개의 주사위를 굴려 수의 개념을 익히고, 색종이에 조각을 채움으로써 공간이해력을 키울 수 있다.
- 조각에 아이들이 좋아하는 과자의 이름을 붙여 흥미를 높여 주고, 아이들이 재미를 느낄 수 있게 놀이에 졌을 때는 간단한 벌칙을 주고 놀이를 반복한다.

❋ 누가 누가 많이 먹나

- 직육면체, 기둥, 받침에 아이들이 좋아하는 과자의 이름을 붙이고 색종이를 접시로 준비한다.
- 주사위를 준비하고 정육면체에 직육면체, 기둥, 받침이 그려진 전개도를 붙여 두 개의 주사위를 만든다.
- 2개의 주사위를 굴려 나온 숫자만큼 해당 그림의 조각을 가져온다.
- 가져온 조각을 색종이 위에 재빨리 채운다.

03 활동지

6가베

소개하기

관찰놀이

위에서 본 6가베 모양을 색칠해 보세요.

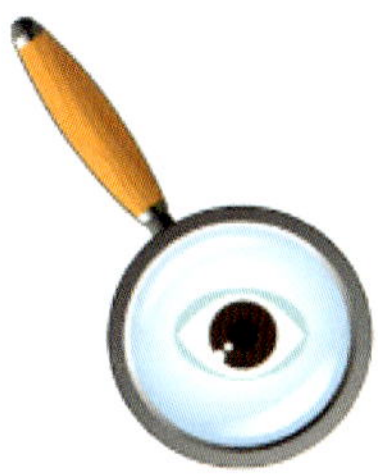

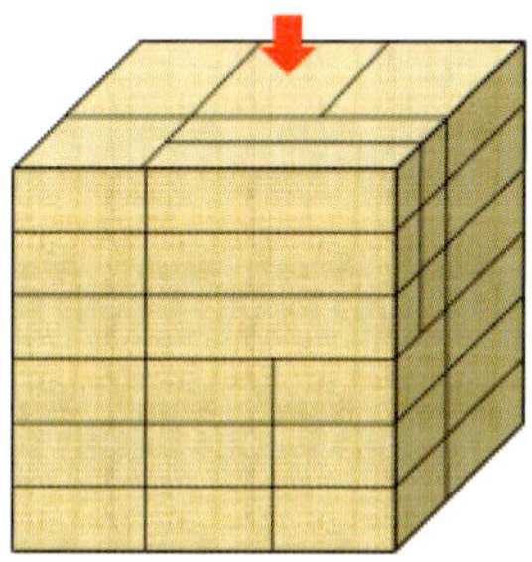

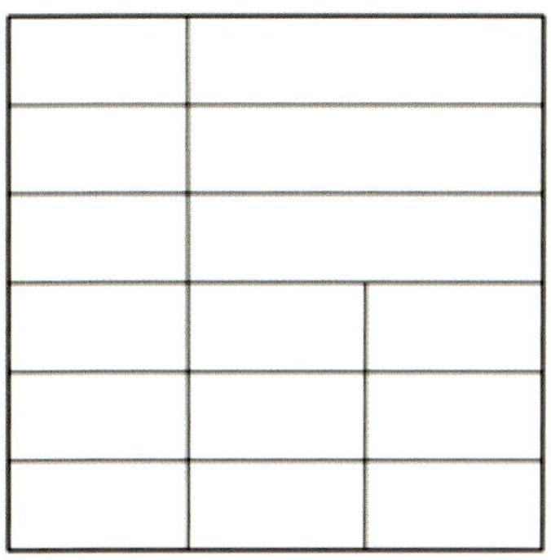

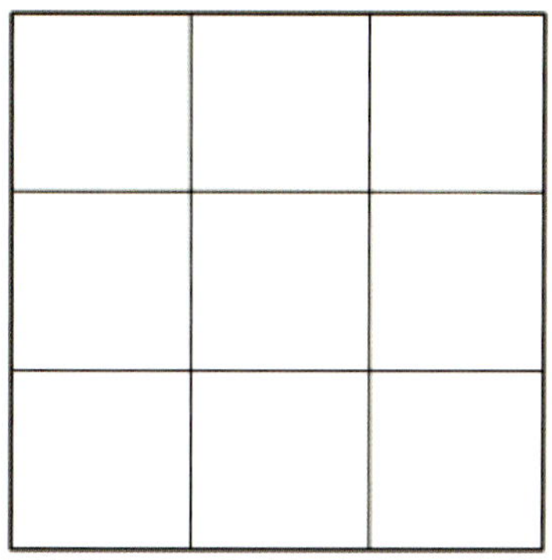

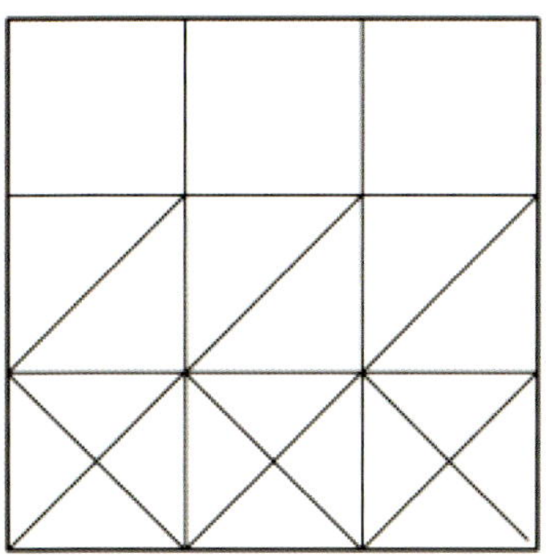

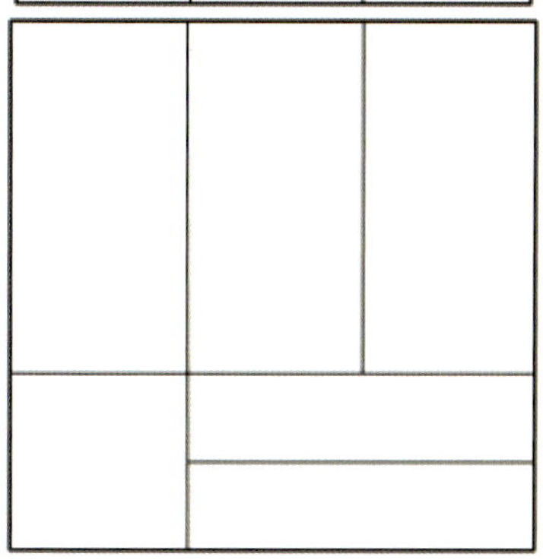

6가베

소개하기

각 도형 소개하기

직육면체, 받침, 기둥의 면에 따라 그림자를 찾아 조각을 올려본 후, 색종이로 붙여 보세요.

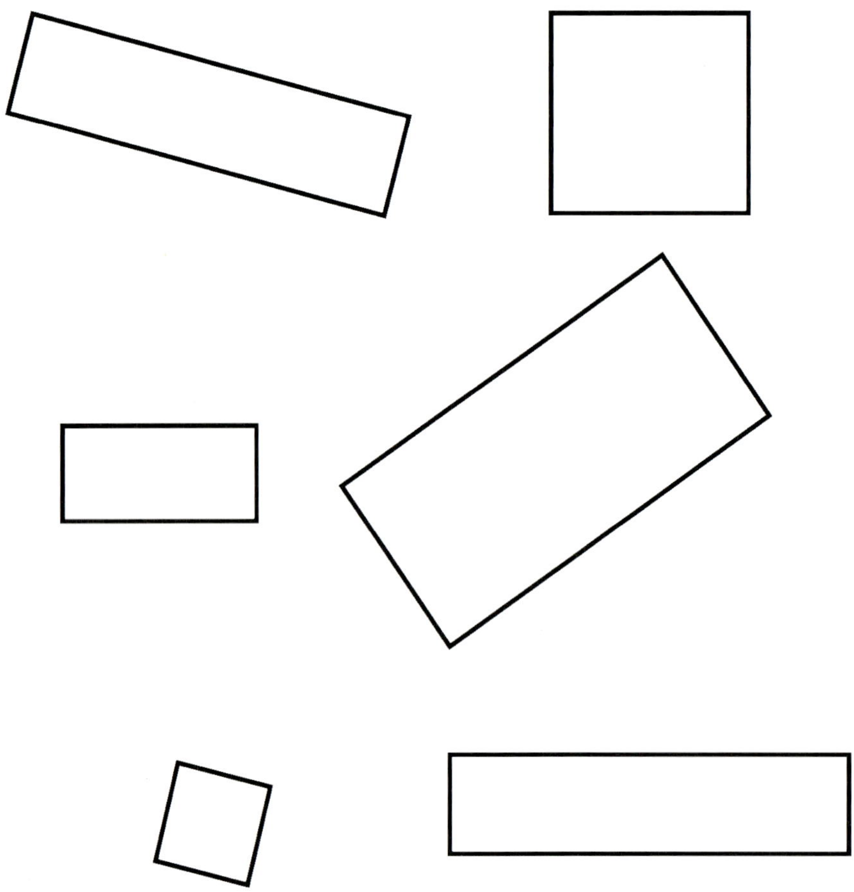

6가베

소개하기

조각의 비교

직육면체와 기둥의 면을 비교해 보세요.

직육면체 큰 면 위에 기둥의 큰 면이 몇 개 올라갈까요? 개수를 적어 주세요.

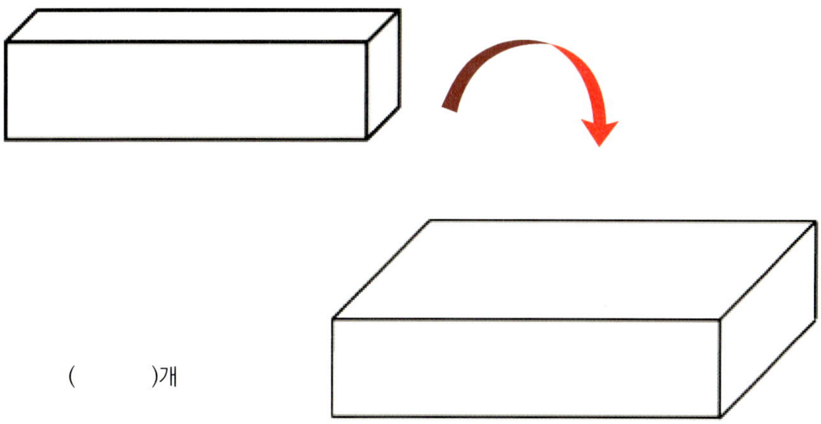

(   )개

직육면체 중간 면 위에 받침의 작은 면이 몇 개 올라갈까요?

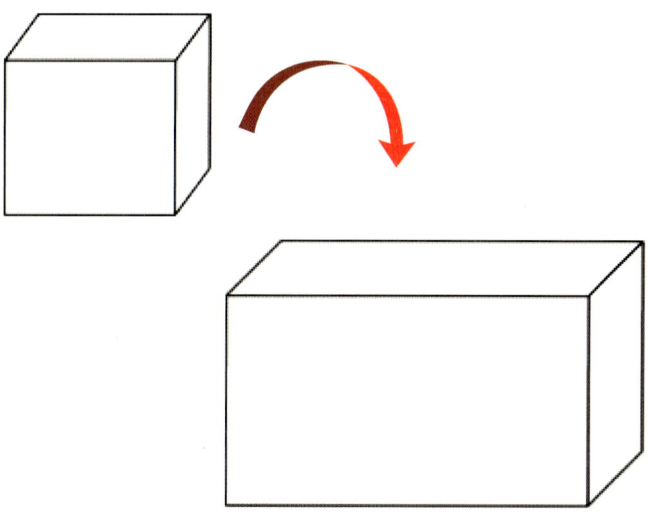

(   )개

6가베

평면놀이

평면놀이

6가베 기둥과 받침을 사용하여 글씨를 자유롭게 만들어 보세요.
색종이를 붙여 내 이름을 완성해 보세요.

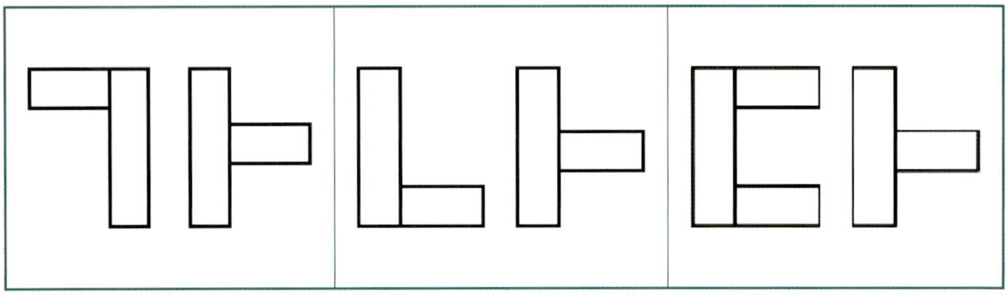

6가베

지혜놀이

삼각형 만들기

6가베 조각으로 그림과 같이 다양한 빈자리 세모를 만들어 본 후, 색종이를 붙여 표현해 보세요.

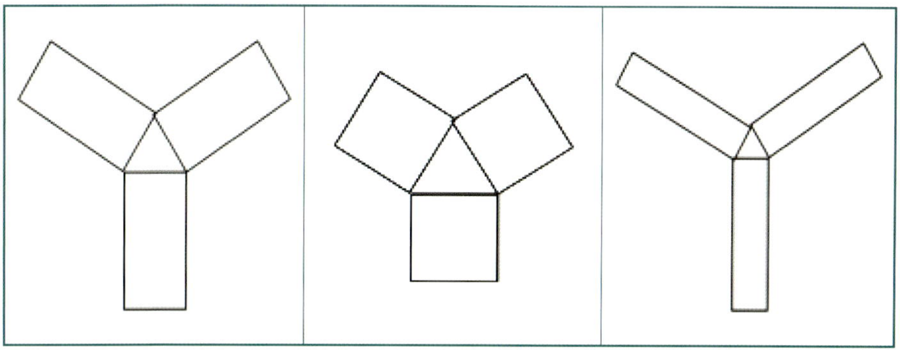

6가베

지혜놀이

빈 공간놀이

아래 그림을 보고 지시대로 6가베 조각을 놓아 보세요.

1. 직육면체 큰 면으로 채우면 몇 개가 들어가나요? (　　　)개
2. 받침의 큰 면으로 채우면 몇 개가 들어가나요? (　　　)개
3. 기둥의 큰 면으로 채우면 몇 개가 들어가나요? (　　　)개

04 교육계획안

6가베 교육계획안

단원	6가베	대상연령	만 4세
활동명	벽돌쌓기(건축놀이)		
교육목표	• 튼튼한 집을 만들기 위해서는 튼튼하게 벽돌을 쌓는 원리와 시간, 노력이 필요함을 안다.		

시간	활동명	교육내용	준비물
5분	도입	T: 선생님이 재미있는 동화를 들려줄 거예요. 잘 들어 보세요('돼지 삼형제' 동화를 들려준다). T: 첫째 돼지와 둘째 돼지는 왜 집이 무너졌을까요? T: 그럼 셋째 돼지의 집은 무엇으로 만들어졌을까요? T: 벽돌로 만든 집은 어떨까요? T: 그럼, 선생님과 함께 바람이 불어도 쓰러지지 않는 튼튼한 벽돌집을 만들어 볼까요?	동화책 (돼지 삼형제)
25분	전개	T: 어떤 방법으로 벽돌을 쌓으면 튼튼하게 만들 수 있을까요? T: 그럼 한 번 쌓아 볼까요? T: 선생님이 조금 도움을 줄까요? T: 직육면체와 받침을 붙여 나열하고, 그 위에 받침 직육면체를 교차하면서 쌓아 볼까요?  T: 정말 쌓은 벽돌이 튼튼한지, 무너지지 않는지 실험을 한 번 해 볼까요? T: 쌓은 벽돌에서 받침을 하나씩 빼 보도록 해요. ○○이가 하나, 선생님이 하나씩 빼 볼까요? 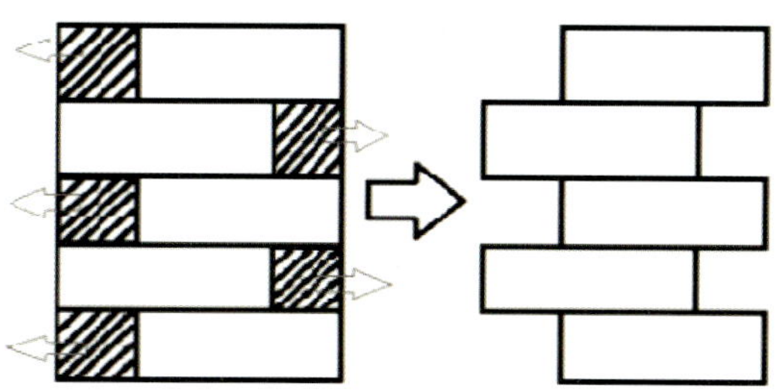	6가베

시간	활동명	교육내용	준비물
25분	전개	T: 이번에는 무너지지 않는 요술탑을 만들어 볼까요? T: 제일 밑부분에 받침을 5개 놓고, 그 위에 4개 또 그 위에 3개, 2개, 1개 순으로 올리고, 제일 위에 기둥을 세우면 멋진 탑이 완성돼요. T: 잘 보세요. 선생님이 주문을 걸면 무너지지 않는 요술탑이 될 거예요. 수리수리 마수리 얍! T: 선생님이 하나씩 받침을 빼 볼 테니까 어떻게 되는지 잘 보세요. 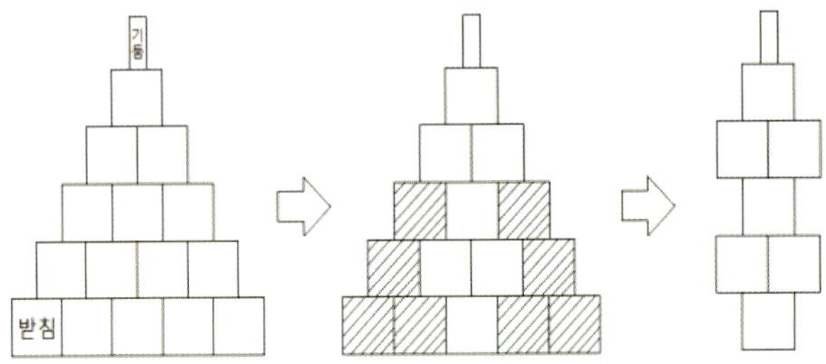 	
5분	마무리	T: 모두 셋째 돼지 집처럼 튼튼하게 만들어 보았나요? T: 다음 시간에는 기둥받침 직육면체 모두 사용해서 집짓기를 해 보도록 해요.	

6가베 부록-1

가베 배경지를 활용한 창의적 구성놀이 예시

다양한 주제의 배경지와 6가베를 사용하여 배경지 위에 창의적 구성놀이를 한 예시작품

6가베 부록-1

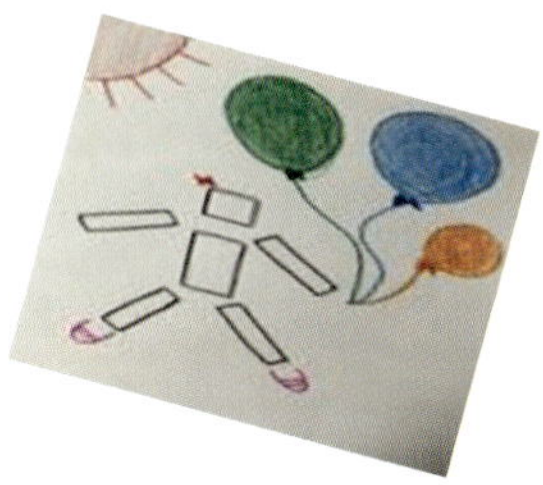

6가베 부록-2

나만의 배경지 만들어 보기

① 6가베로 만들 수 있는 작품을 다양하게 적어 본다. 예) 의자, 잠자리, 침대, 나비, 탑 등
② 그중에서 배경지로 만들어 보고 싶은 작품을 하나 고른다.
③ 색연필, 색종이, 사인펜, 크레파스, 매직 등 다양한 재료를 사용하여 작품과 어울리는 배경을 8절 도화지에 그린 후 색칠해 본다.
④ 배경지가 완성되면 만든 배경지 위에 6가베를 활용하여 꾸며 본다.

아이디어 스케치

어떤 배경지를 만들면 좋을지 다양한 아이디어를 여기에 끄적여 보세요. 그리고 가장 마음에 드는 아이디어 하나를 선택하여 준비한 8절 종이에 그려 보세요.

CHAPTER 11

7가베

01. 가베 소개 및 기본놀이

■ 구성 및 특징, 목적, 유의사항

1) 정사각형
2) 정삼각형
3) 직각부등변삼각형
4) 둔각이등변삼각형
5) 직각이등변삼각형
6) 원
7) 반원
8) 평행사변형

02. 창의활동

1) 활동명: 별나라 친구예요(모방을 통한 창의력 응용놀이)
2) 활동명: 지붕이 달라요(예각, 직각, 둔각을 통한 각의 이해놀이)

03. 활동지

04. 교육계획안

7가베 부록: 배경지를 활용한 창의적 구성놀이

01 가베 소개 및 기본놀이

구성 및 특징

7가베는 형태를 구성하는 최대의 요소인 면을 나타내는 가베이다. 6가베까지는 면이라는 개념을 입체를 구성하는 하나의 요소로서만 경험하였던 것을, 7가베에서는 독립된 면으로 다루게 되는 것이다. 만일 7가베에서도 입체적인 가베를 소개한다면 이전의 것보다 훨씬 복잡하고 진보된 것이어야 할 것이다. 그러나 유아가 실제로 놀이를 할 경우 유아의 사고수준에서 너무 복잡하고 어려우면 놀이에 대한 흥미를 잃어버릴 수 있다. 그래서 프뢰벨은 그가 고안한 가베의 분해적 요소를 더욱 발전시켜 지금까지 경험한 입체에서 면만을 따로 떼어놓아 7가베를 구상하였다. 분해된 형태의 면들은 정사각형, 원, 반원, 직각이등변삼각형, 정삼각형, 직각부등변삼각형, 둔각이등변삼각형, 마름모 등 여덟 가지로 구성되어 있다.

7가베는 수적인 제한이 없다. 왜냐하면 면은 한 조각이든 여러 조각을 이어 붙이든 한 자리를 차지하는 하나의 면이 되기 때문에, 8가지 면을 자유로이 사용하면서 평면적으로 실물이나 무늬를 다양하게 만들 수 있다. 그러나 유아의 사고수준에 따라 그 수를 늘려가는 것이 바람직하다. 7가베에서는 독립된 면을 다루기 때문에 구체적인 입체의 면으로부터 추상적인 면으로 상승하는 구조로 이루어져 있다. 이에 따라 이 놀이는 앞으로 다루게 될 더욱 추상화된 놀이로 향하는 한 단계로 작용하게 된다.

목적

- 면의 종류를 알게 하고 면을 구체화하여 알 수 있다.
- 삼각형의 종류와 특징을 알도록 한다.
- 직각, 예각, 둔각을 이해시킨다.
- 원, 반원, 마름모의 개념을 알게 한다.
- 평면에서 각과 변의 관계를 알도록 한다.

- 색채 관념과 미적 감각을 키운다.
- 수리적 능력을 키우고 탐구와 창작의 의욕을 자극한다.
- 중심 무늬와 평면 실물놀이를 통해 미적 감각을 기른다.
- 구체적인 것에서 추상적인 것으로 나아가는 한 단계를 경험한다.

유의사항

- 평면을 다루는 것이므로 세워서 사용하지 않는다.
- 공중에 들고 설명하지 않는다.
- 놀이를 할 때는 유아의 발달 단계에 맞추어 교구의 수를 늘려간다.
- 종이, 널빤지, 타일 등을 이용하여 재미있게 놀이하도록 이끈다.
- 중심무늬놀이 시에는 중심을 바르게 놓고 챙길 때는 바깥쪽부터 떼어 낸다.
- 삼각형의 명칭은 놀이 중에 익히는 것이 바람직하다.

1) 정사각형

네 각의 크기와 네 변의 길이가 모두 같은 사각형

(1) 소개하기

3가베, 5가베의 정육면체와 같은 모양이라고 소개하기
(정사각형 6개를 쌓은 것 = 정육면체 1개와 같다.)

(2) 실물놀이

[기차]	**[꽃]**	**[연]**
정사각형 모양의 가베를 이용하여 기차를 만들어 놀이한다.	정사각형 모양의 가베를 이용하여 꽃을 만들어 놀이한다.	정사각형 모양의 가베를 이용하여 연을 만들어 놀이한다.

(3) 무늬놀이

2) 정삼각형

세 각의 크기와 세 변의 길이가 모두 같은 삼각형

(1) 소개

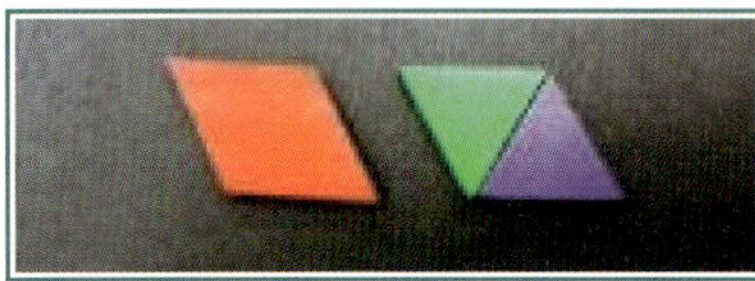	평행사변형을 자른 것과 같다고 소개하기

(2) 실물놀이

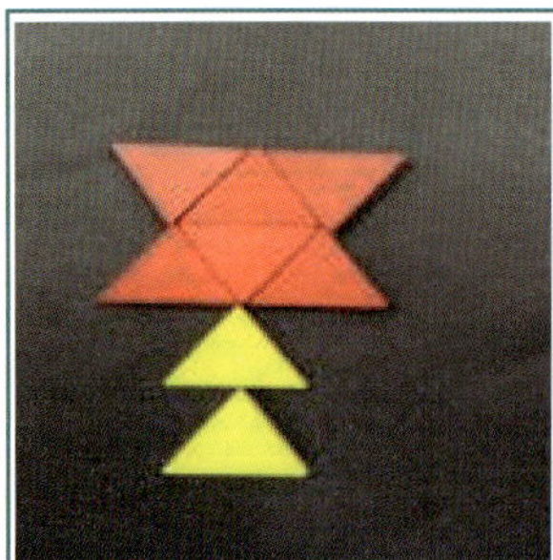		
[장미]	**[나무]**	**[도깨비]**
정삼각형 모양의 가베를 이용하여 장미를 만들어 놀이한다.	정삼각형 모양의 가베를 이용하여 나무를 만들어 놀이한다.	정삼각형 모양의 가베를 이용하여 도깨비를 만들어 놀이한다.

(3) 무늬놀이

3) 직각부등변삼각형

한 각의 크기가 직각이고 세 변의 길이가 다른 삼각형

(1) 소개

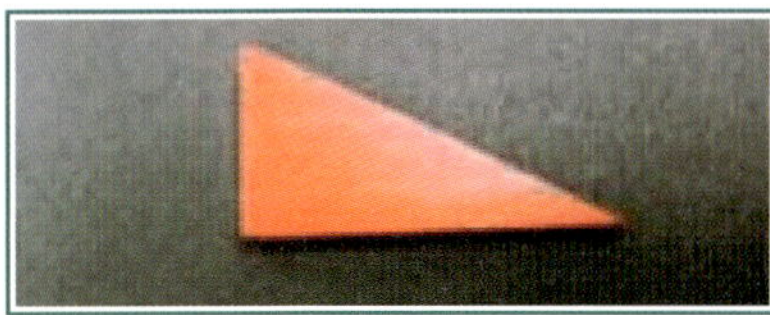	사람이 꼿꼿이 앉아 있는 모습과 같다고 소개하기

(2) 실물놀이

[돛단배]	**[로켓]**	**[토끼]**
직각부등변삼각형 모양의 가베를 이용하여 돛단배를 만들어 놀이한다.	직각부등변삼각형 모양의 가베를 이용하여 로켓을 만들어 놀이한다.	직각부등변삼각형 모양의 가베를 이용하여 토끼를 만들어 놀이한다.

(3) 무늬놀이

4) 둔각이등변삼각형

두 변의 길이가 같고 그 사이에 낀 각이 둔각인 삼각형

(1) 소개

<table>
<tr><td></td><td>사람이 아이고 배야 하면서 뒤로 누워 있는 모습이라고 소개하기
*예각의 경우에는 사람이 앉아서 앞으로 인사하는 모습이라고 소개하기</td></tr>
</table>

(2) 실물놀이

[로켓]	**[별]**	**[학]**
둔각이등변삼각형 모양의 가베를 이용하여 로켓을 만들어 놀이한다.	둔각이등변삼각형 모양의 가베를 이용하여 별을 만들어 놀이한다.	둔각이등변삼각형 모양의 가베를 이용하여 학을 만들어 놀이한다.

(3) 무늬놀이

5) 직각이등변삼각형

(1) 소개

- 두 변의 길이가 같은 삼각형
- 5가베의 큰 삼각기둥과 비교하여 소개(큰 삼각기둥 1개 = 이등변삼각형 6개)

(2) 실물놀이

[집]	**[가위]**	**[화물선]**
이등변삼각형 모양의 가베를 이용하여 집을 만들어 놀이한다.	이등변삼각형 모양의 가베를 이용하여 가위를 만들어 놀이한다.	이등변삼각형 모양의 가베를 이용하여 화물선을 만들어 놀이한다.

(3) 무늬놀이

6) 원

둥글게 그려진 모양이나 형태

(1) 소개

	5B가베의 반원기둥 2개를 모은 것과 같은 모양이라는 것을 비교하여 소개하기

(2) 실물놀이

[꽃]	[눈사람]	[잠자리]

(3) 무늬놀이

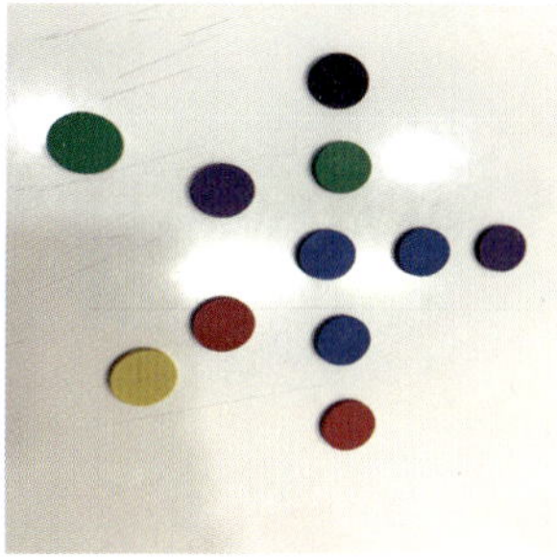

7) 반원

원을 지름으로 이등분하였을 때의 한쪽

(1) 소개

	5B가베의 반원기둥 1개와 반원 6개가 같은 것임을 소개하기

(2) 실물놀이

	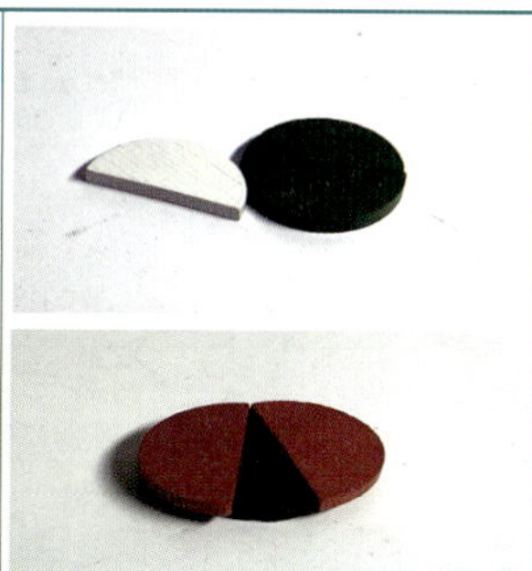	
[과일 실은 트럭]	**[달팽이와 무당이]**	**[장미꽃]**

(3) 무늬놀이

8) 평행사변형

서로 마주 대하는 두 쌍의 변이 각각 평행인 사각형

(1) 소개

	마주 보고 있는 변이 평행이고 마름모, 다이아몬드라고 소개하기

(2) 실물놀이

	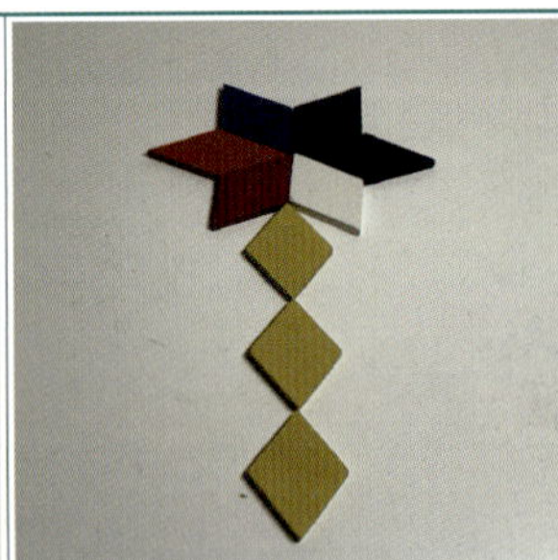	
[튤립]	**[요술봉]**	**[벌집]**

(3) 무늬놀이

* 7가베를 이용하여 만들 수 있는 것들

[칠교놀이(토끼)]	**[크리스마스이브]**	**[부엉이]**

7가베 TIP

- 7가베는 색이 있는 가베이다.
- 7가베는 꽃잎 색, 줄기 색을 잘 사용하면 작품의 완성도가 높아진다.
- 7가베는 되도록이면 세워서 놀이하는 것을 지양한다.
- 7가베는 주로 평면적인 모양이 나오지만 유아들이 입체적으로 놀이를 할 때에 안 된다고 할 필요는 없다.
- 7가베에 물감을 묻혀서 놀이를 할 수 있고, 놀이 후 물감은 물에 씻어서 제거할 수 있다.

02 창의활동

1) 활동명: 별나라 친구예요(모방을 통한 창의력 응용놀이)

학습활동

1) 색종이로 별을 만들어 본다.
2) 연산기억법을 통해 놀이를 해 본다.

준 비 물

7가베, 색종이, 가위, 테이프

학습내용

- '별나라 친구예요'는 모방을 통한 창의력 응용놀이이다. 7가베는 정리하는 방법이 따로 있지 않지만 아이들에게 도형분류를 통해 정리를 하게 하면 찾기도 쉽고 훨씬 더 재미있게 수업을 진행할 수 있다.
- '별나라 친구예요'는 구연을 통해 별의 모양을 변형시키고, 별의 모양이 변한 순서를 기억하는 연산기억법을 응용한 놀이이다.

❋ 별나라 친구예요.

- 색종이를 두 번 접어 가위로 4등분을 한다.
- 색종이 3장을 삼각접기 한다.
- 삼각형을 포개어 별모양을 만들고 테이프로 고정시킨다.
- 남은 색종이 조각을 막대접기 하여 별에 붙여 준다.
- 정삼각형 12개를 이용하여 별 모양을 만들어 준다.
- 윗면에만 테이프를 붙여 별 모양을 고정시켜 아랫면이 움직일 수 있게 한다.
- 간단한 구연을 통해 별의 모양을 변형시키며 놀이한다.

2) 활동명: 지붕이 달라요(예각, 직각, 둔각을 통한 각의 이해놀이)

학습활동

1) 각각의 도형을 이용해 지붕을 만들어 본다.
2) 지붕을 통해 직각, 예각, 둔각을 이해한다.

준 비 물

7가베

학습내용

- '지붕이 달라요'는 예각, 직각, 둔각을 통한 각의 이해놀이이다.
- 예쁜 집을 만들고, 각각의 지붕으로 각을 인지한다.

✻ 지붕이 달라요.

- 정사각형 6개를 붙여 사각형 3개를 만든다.
- 첫 번째 사각형에 정삼각형 9개로 예각지붕을 만든다.
- 두 번째 사각형에 직각이등변삼각형 9개로 직각지붕을 만든다.
- 세 번째 사각형에 둔각이등변삼각형 9개로 둔각지붕을 만든다.
- 각 지붕의 모양을 비교하며 예각, 직각, 둔각의 차이를 이해할 수 있게 한다.

03 활동지

7가베

인지놀이

관찰놀이

7가베 모양을 관찰하고 이름을 알아보세요.

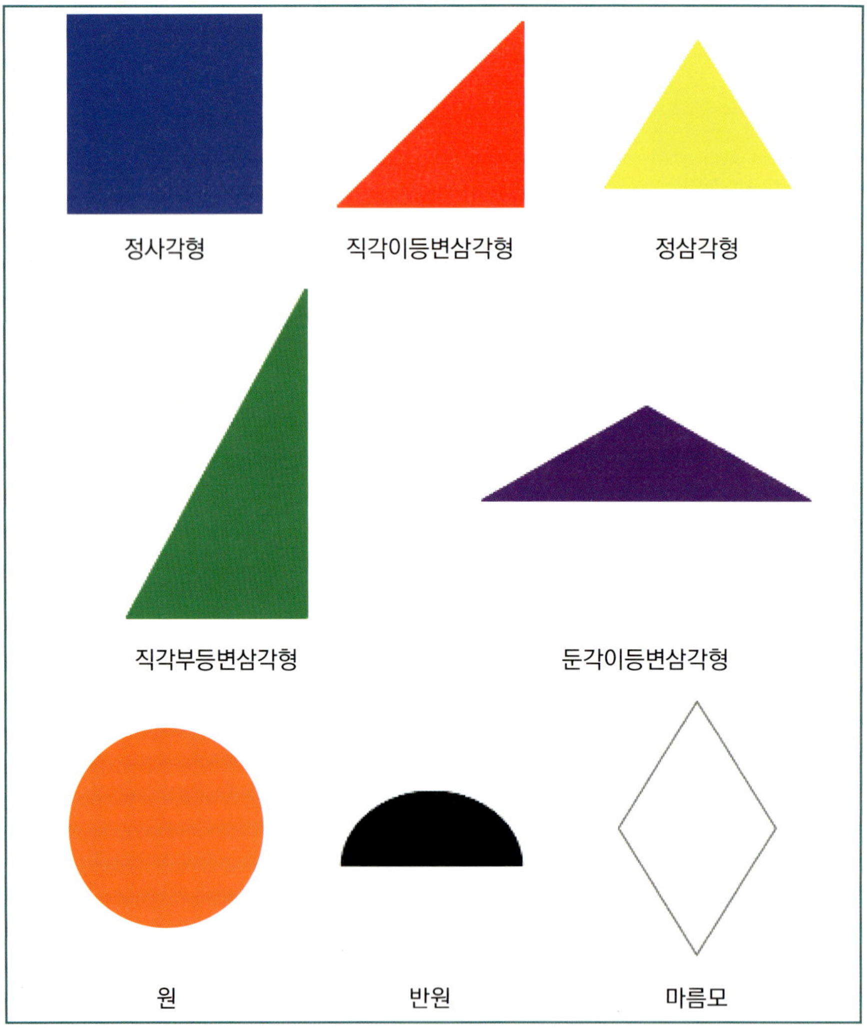

7가베

색깔놀이

도형놀이 & 색깔놀이

직각이등변삼각형을 이용하여 그림과 같이 만들어 보세요.
멋진 팽이를 만들어 돌리며 색을 관찰해 보세요.

▶ 팽이를 돌려 본 후 맞는 색에 ○표 하세요.

빨간색과 노란색으로 만들어 돌려 보세요. 무슨 색으로 보이나요? 주황색 초록색 보라색

파란색과 노란색으로 만들어 돌려 보세요. 무슨 색으로 보이나요? 주황색 초록색 보라색

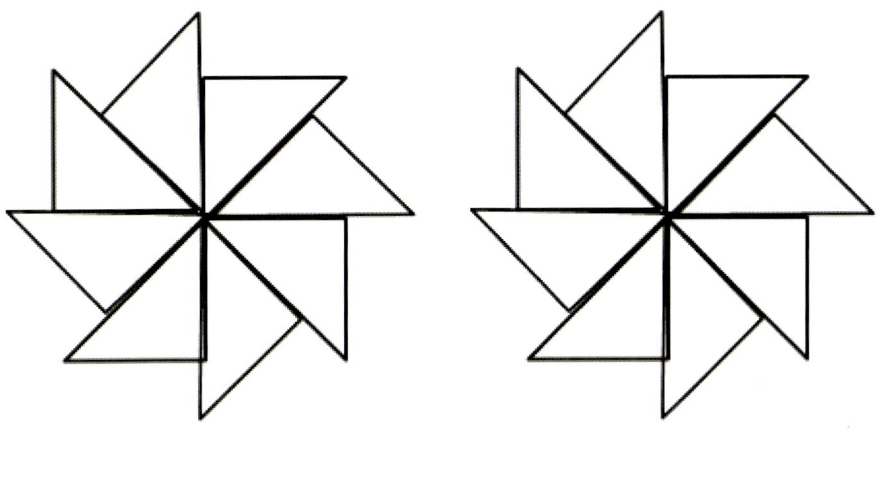

7가베

지혜놀이

삼각형의 활용

둔각이등변삼각형, 정삼각형, 직각부등변삼각형을 이용해서 그림과 같이 여러 가지 삼각형을 만들어 본 후, 색종이로 붙여 보세요. 또 다른 삼각형도 만들어 보세요.

7가베

도형놀이

도형놀이

그림과 같이 정사각형 위에 여러 가지 모양의 지붕을 올려서 언덕 위에 예쁜 집을 만들어 보세요.

7가베

실물놀이

실물놀이

정삼각형으로 그림과 같이 실물놀이를 해 보세요.
무엇과 닮았나요? 이름을 지어 주세요.

(　　　　　)

(　　　　　)

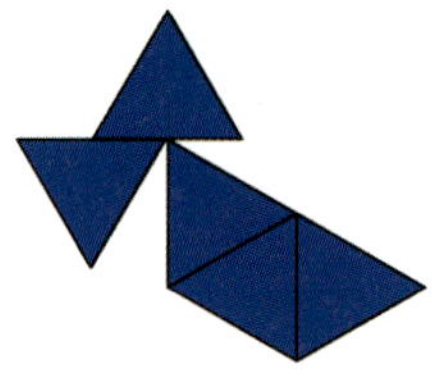

(　　　　　)

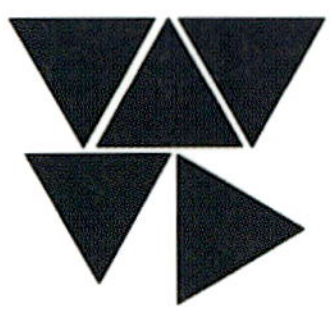

(　　　　　)

(　　　　　)

(　　　　　)

(　　　　　)

(　　　　　)

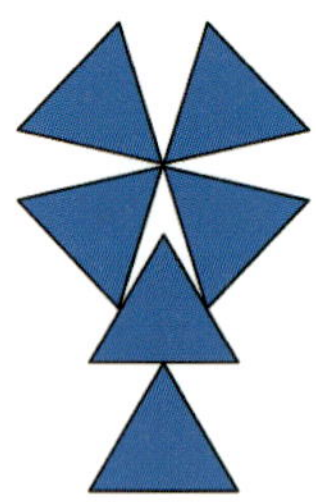

(　　　　　)

7가베

지혜놀이

대칭모양 알기

그림을 보고 대칭모양을 색종이로 붙여보세요.

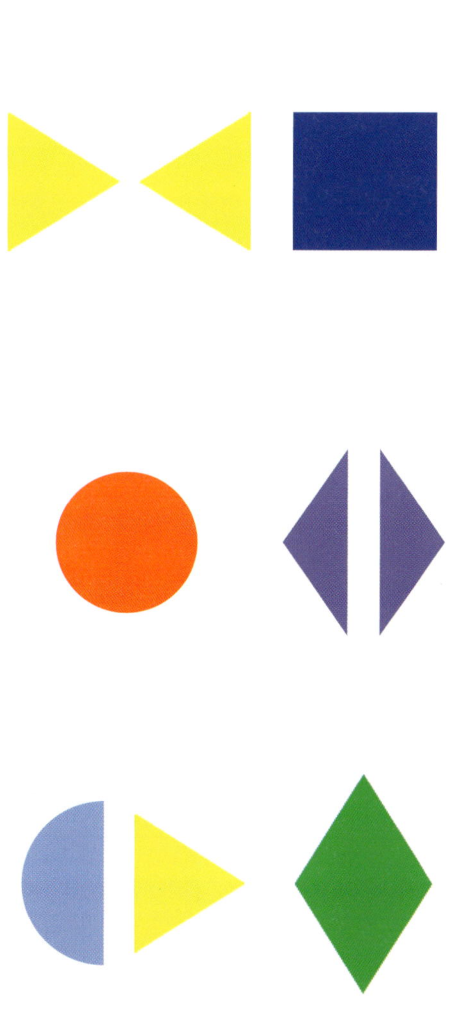

04 교육계획안

7가베 교육계획안

단원	7가베	대상연령	만 4세
활동명	친구들과 함께 하는 겨울		
교육목표	• 즐거운 크리스마스를 이야기하고, 가베를 사용하여 친구들에게 크리스마스 선물을 나누어 함께 즐길 수 있다.		
시간	**활동명**	**교육내용**	**준비물**
2분	도입	• 동시 '나누어요'를 함께 읽어 본다. - 친구들. 오늘 선생님이 친구들과 같이 읽어 보고 싶은 동시가 있어서 준비해왔어요. 우리 함께 읽어 볼까요? - 동시에서 무엇을 나누어 주었나요? - 우리는 친구들에게 무엇을 나눠 줄 수 있을까요?	
20분	전개	• 크리스마스에 대해서 이야기하기 - 우리가 친구들에게 특별한 날을 맞이하여 선물을 해 주려고 해요. 어떤 특별한 날에 선물을 해 줄까요? - 친구들에게 선물해 주고 싶은 특별한 날이 있지만, 12/25는 무슨 날일까요? - 크리스마스에는 무엇을 하나요? - 크리스마스에 무엇을 가장 하고 싶어요? - 크리스마스에 가장 기억에 남는 것을 이야기해 줄 친구 있나요? - 크리스마스에 하고 싶거나 받고 싶은 선물이 있나요? • 활동 소개하기 - 크리스마스에 우리가 자고 있는 동안 누가 왔다 가나요? - 우리 그럼 내가 받고 싶은 것보다 친구들에게 주고 싶은 선물을 나누어 주는 산타클로스가 되어 보는 것은 어떨까요? - 친구들에게 주고 싶은 선물을 가베를 사용하여 만들어 볼 거예요. - 종이/자석판 위에 7가베를 사용하여 다양한 선물을 만들어 보아요. • 선물해 주기 - 우리가 만든 선물을 선물해 주고 싶은 친구에게 선물해 주기로 해요. - ○○이는 어떤 선물을 친구들에게 선물해 주고 싶어요? - 왜 이 선물을 친구들에게 해 주고 싶었어요?	자석 7가베, (자석판/자석이 안 붙을 경우 테이프를 사용해 고정시켜 준다) 7가베
3분	마무리	• 선물 나누기 한 것에 대해서 이야기 나누기 - 친구들에게 선물을 나누어 주니까 어떤 것 같아요? - 우리 친구들과 이웃들과 서로 나누면서 크리스마스를 보내기로 해요. • 가베 정리하기 - 사용한 가베는 차곡차곡 정리해서 친구들이 집에서 쉴 수 있도록 해 주어요.	7가베

7가베 부록-1

가베 배경지를 활용한 창의적 구성놀이 예시

다양한 주제의 배경지와 7가베를 사용하여 배경지 위에 창의적 구성놀이를 한 예시작품

7가베 부록-1

7가베 부록-2

나만의 배경지 만들어 보기

① 7가베로 만들 수 있는 작품을 다양하게 적어 본다. 예) 소방차, 우주선, 트럭, 복어, 세계국기 등
② 그중에서 배경지로 만들어 보고 싶은 작품을 하나 고른다.
③ 색연필, 색종이, 사인펜, 크레파스, 매직 등 다양한 재료를 사용하여 작품과 어울리는 배경을 8절 도화지에 그린 후 색칠해 본다.
④ 배경지가 완성되면 만든 배경지 위에 7가베를 활용하여 꾸며 본다.

아이디어 스케치

어떤 배경지를 만들면 좋을지 다양한 아이디어를 여기에 끄적여 보세요. 그리고 가장 마음에 드는 아이디어 하나를 선택하여 준비한 8절 종이에 그려 보세요.

CHAPTER 12

8가베

01. 가베 소개 및 기본놀이

- **구성 및 특징, 목적, 유의사항**
  - 1) 소개하기
  - 2) 실물놀이
  - 3) 무늬놀이
  - 4) 산가지놀이
  - 5) 연합놀이
  - 6) 그 외 놀이

02. 창의활동

1) 활동명: 탑을 만들어요(집중력을 위한 구성놀이)
2) 활동명: 봄, 여름, 가을, 겨울(관찰력 발달을 위한 모방놀이)

03. 활동지

04. 교육계획안

8가베 부록: 배경지를 활용한 창의적 구성놀이

01 가베 소개 및 기본놀이

구성 및 특징

지금까지 유아들은 선을 입체도형의 모서리나 평면도형의 변을 통해서 보아 왔다. 그러나 8가베에서는 그것과는 다른 독립된 선을 보여 주기 위해 여섯 가지 길이의 막대를 제시했다. 선은 입체가 가지고 있는 부피나 면이 가지고 있는 넓이라는 개념은 가지고 있지 않지만, 선은 무한의 길이를 갖고 있다. 그러나 이것을 표현하기는 어렵기 때문에 이 놀이에서는 한도를 정하고 길이가 다른 2.5cm, 5cm, 7.5cm, 10cm, 12.5cm, 15cm 등 여섯 종류의 막대를 준비하여 곧은 선을 경험하게 한다. 이들 서로 다른 선을 비교함으로써 길고 짧음과 거리를 알게 하고, 기수, 분수, 수학적인 지식을 명확하게 인식시킬 수 있다. 더불어 기하학상으로는 선분과 직선, 반직선 등에 대한 관념을 익히며, 두 개의 직선으로 이루어지는 각, 세 개 이상으로 둘러싸여 구성되는 다양한 면을 경험할 수 있다.

8가베를 통한 놀이를 진행하면서 유아는 물건의 길고 짧음과 거리의 관념을 터득하고, 물체의 정확한 형체에 대한 개념을 인식하면서 관찰력을 키우고, 윤곽만으로 물체를 나타내는 경험을 할 수 있다. 또 미술적으로는 무늬놀이를 통해 창의력을 발달시키고 아름다움에 대한 감정을 세련되게 표현할 수 있다.

목적

- 여섯 가지 다른 길이의 곧은 선을 구체화해서 경험시키고, 길이의 수적 관계를 알게 한다.
- 길다, 짧다의 개념을 명확히 한다.
- 두 직선이 만나 각이 생긴다는 것을 안다.
- 선으로 둘러싸이면 면이 된다는 것을 안다.
- 선을 이용하여 물체를 그릴 수 있다는 것을 안다.

- 수리적 능력을 기르고 미적 정서를 함양한다.
- 물체의 윤곽을 명확히 인식시킨다.
- 관찰력을 기르고 창의력을 왕성하게 한다.
- 선분, 직선, 반직선의 개념을 익힌다.
- 정다면체의 종류는 다섯 가지임을 안다.

유의사항

- 서로 다른 여섯 가지의 길이를 확실히 구별한 후 다음 놀이로 진행하도록 한다.
- 수의 제한은 없지만 유아의 수준에 맞게 개수를 조절한다.
- 교구를 소중히 다룬다.

1) 소개하기

8가베 막대들끼리 비교하며 소개하거나 주변에 있는 사물의 길이를 재면서 소개한다.

2.5cm	5cm	7.5cm

10cm	12.5cm	15cm
		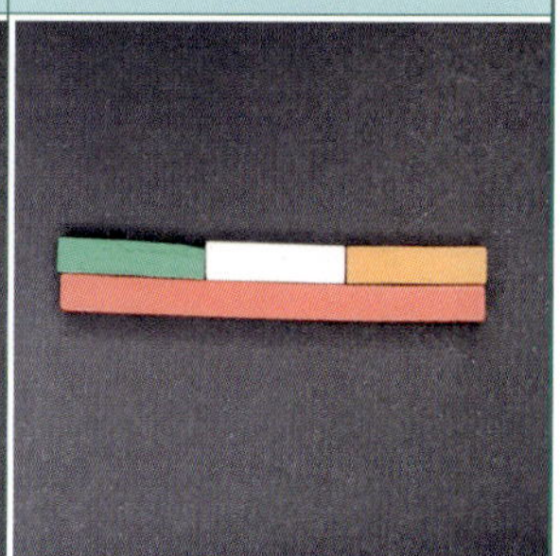
막대끼리 비교	2.5cm+2.5cm=5cm	2.5cm+2.5cm+2.5cm= 7.5cm

5가베와 비교	7가베와 비교

2) 실물놀이

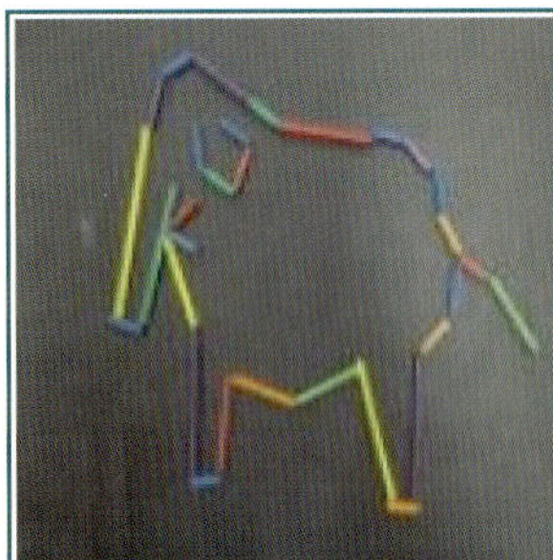		
[코끼리]	[루돌프와 굴뚝이 있는 집]	[기린]
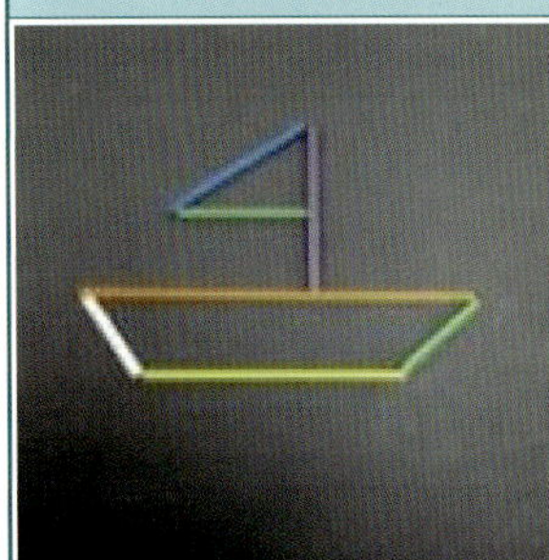	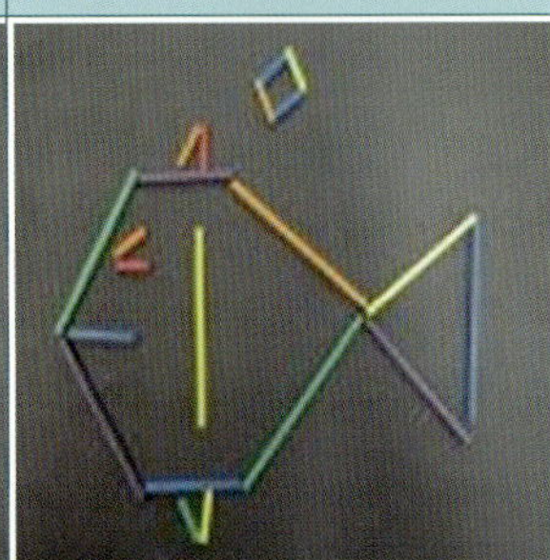	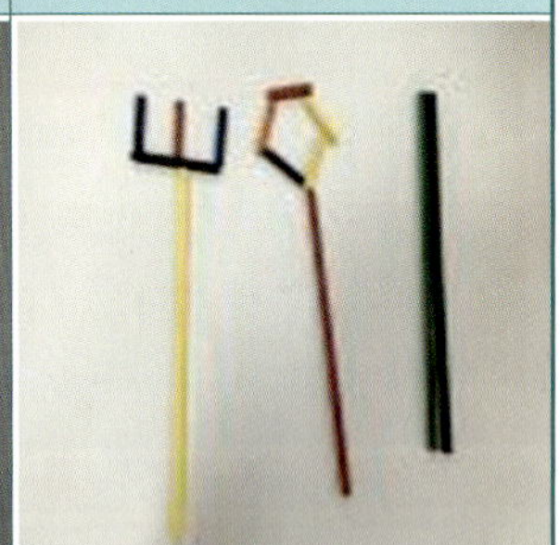
[배]	[금붕어]	[수저 세트]

3) 무늬놀이

	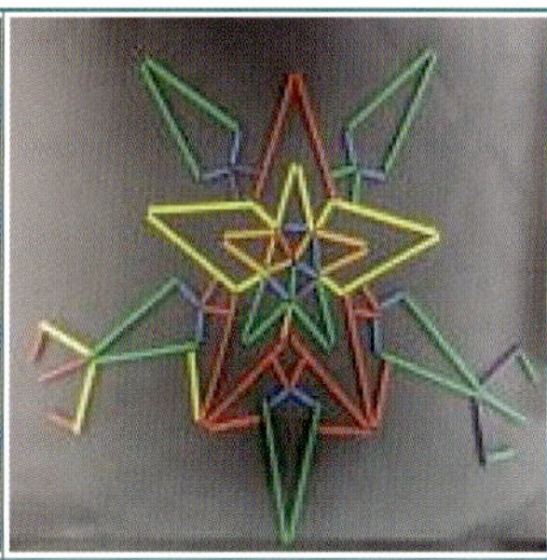	
[4개 중심]	[5개 중심]	[6개 중심]

[8개 중심]	[16개 중심]

4) 산가지놀이: 나뭇가지로 문제를 내고 푸는 놀이

[더하기 · 빼기놀이]

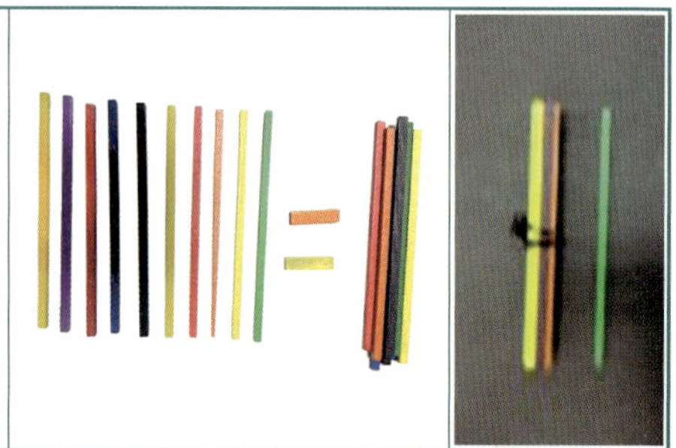

[막대 한 묶음 = 막대 10개]
막대 한 묶음 + 막대 1개 = 막대 11개

[산가지 쌓기놀이]

5) 연합놀이(7가베와 연합)

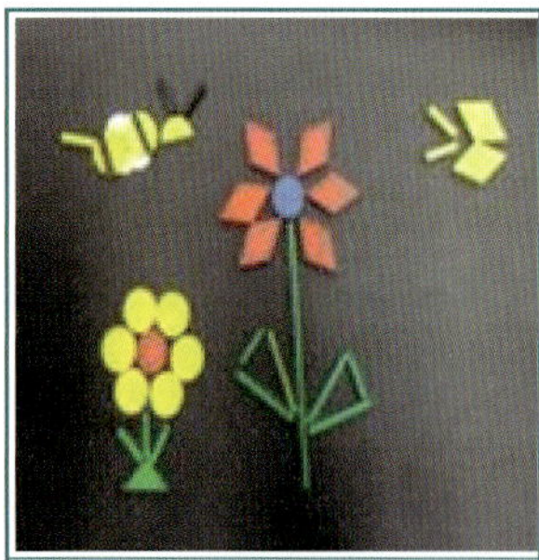

[꽃밭]

[맛있는 저녁]

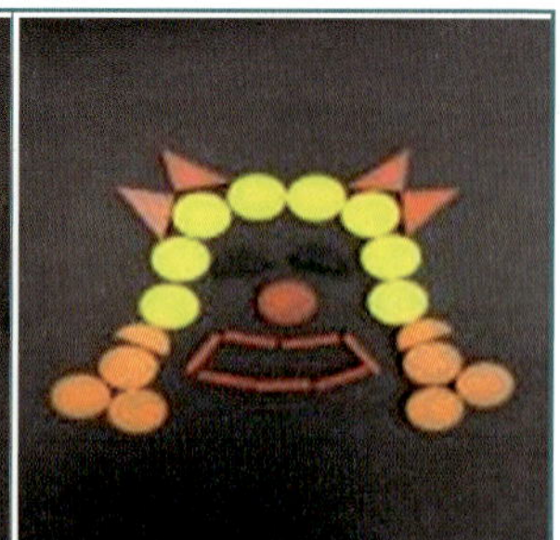

[내 얼굴]

6) 그 외 놀이

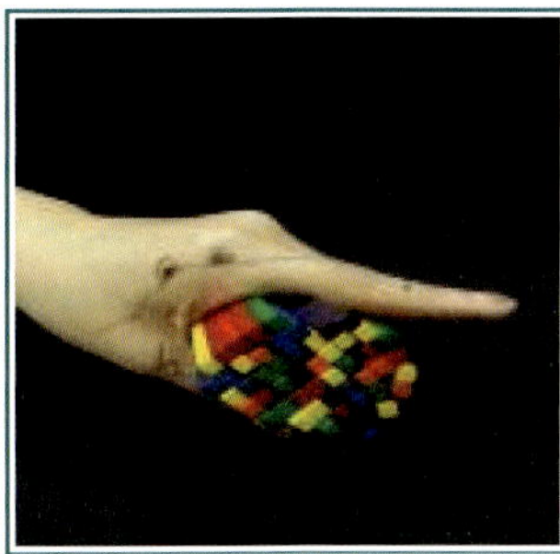	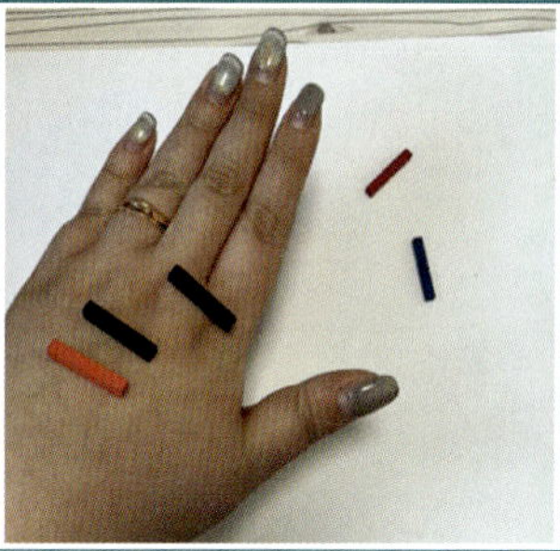	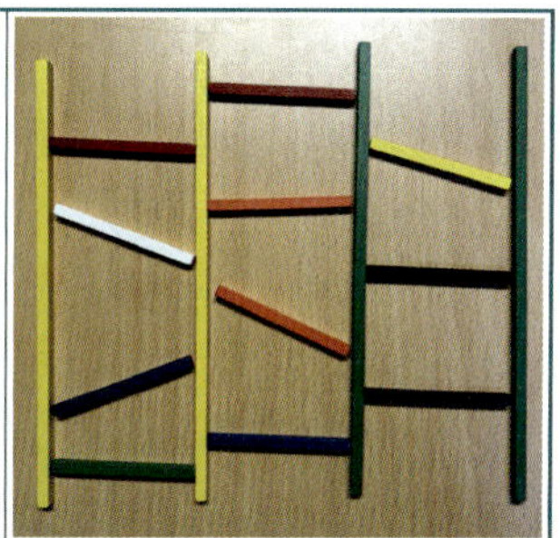
[악어밥]	[공기놀이]	[사다리타기]

8가베 TIP

- 8가베는 물체의 길이를 잴 수 있다.
- 8가베를 통해 선에 대한 원리를 이해할 수 있다.
- 8가베의 각 막대 길이는 규칙성이 있다.
- 8가베는 원래 1번 막대 ~ 6번 막대까지 섞지 않고 하나씩 순서대로 만들어 놀이한 다음, 다양하게 섞어서 놀이하도록 한다.
- 8가베는 점토나 찰흙 위에 꽂기 또는 세우기가 가능하다.

02 창의활동

1) 활동명: 탑을 만들어요(집중력을 위한 구성놀이)

학습활동

1) 막대를 쌓아 탑을 만들어 본다.
2) 탑의 모양을 다양하게 만들어 본다.

준 비 물

8가베

학습내용

- '탑을 만들어요'는 집중력을 위한 구성놀이이다. 막대를 하나씩 쌓아 가며 탑을 만드는 과정을 통해 집중력과 인내심을 기른다.

1) 탑 만들기 1

- 보라색 6번 막대 2개를 세로 방향으로 평행하게 놓는다.
- 그 위에 주황색 6번 막대를 가로 방향으로 평행하게 쌓는다.
- 보라색 6번 막대를 아래 보라색 막대와 수평이 되게 세로 방향으로 쌓는다.
- 주황색 6번 막대를 아래 주황색 막대보다 안쪽으로 위치하게 가로 방향으로 쌓는다.
- 보라색 막대는 너비의 변함없이 세로 방향으로 쌓고, 주황색 막대는 너비를 좁히며 가로 방향으로 쌓는다.
- 주황색이 맞닿을 때까지 탑을 쌓아 올린다.

2) 탑 만들기 2

- 6번 막대로 5번 막대를 올릴 수 있게 입구가 모아지게 3~4층의 탑을 쌓는다.
- 다른 색상의 5번 막대로 4번 막대를 올릴 수 있게 입구가 모아지게 3~4층의 탑을 쌓는다.
- 동일한 방법으로 4번 막대, 3번 막대, 2번 막대, 1번 막대를 입구가 모아지게 쌓아 삼각형의 탑을 만든다.

2) 활동명: 봄, 여름, 가을, 겨울(관찰력 발달을 위한 모방놀이)

학습활동

1) 선(막대)을 이용해서 면으로 나무를 만든다.
2) 봄, 여름, 가을, 겨울을 7가베를 통해서 표현해 본다.

준 비 물

8가베, 7가베

학습내용

- '봄, 여름, 가을, 겨울'은 관찰력 발달을 위한 모방놀이이다.
- 나무를 만들어 계절의 변화를 표현해 본다.

나무 만들기

- 5번 막대로 나무의 기둥을 만든다.
- 다양한 크기의 막대를 이용하여 나무의 가지를 만든다.
- 봄: 7가베 초록색 조각으로 새싹을 만들고, 노란색으로 나비를 만든다.

- 여름: 7가베 초록색 조각으로 풍성한 잎의 여름 나무를 만든다.
- 가을: 빨간색과 노란색 조각으로 단풍이 든 가을 나무를 만든다.
- 겨울: 하얀색 조각으로 눈이 내린 겨울 나무를 만든다

(*색종이나 솜 등 다양한 재료를 이용하여 꾸미기를 해도 된다).

03 활동지

8가베

소개하기

길이놀이

그림의 물건들을 준비하여 1번 막대로 재어 보세요.

1번 막대로 길이를 재어 본 후 몇 개가 필요했는지 개수를 적어 보세요.
어떤 물건이 가장 길이가 긴가요? 긴 것에 ○표 하세요.

(　　　)개

(　　　)개

(　　　)개

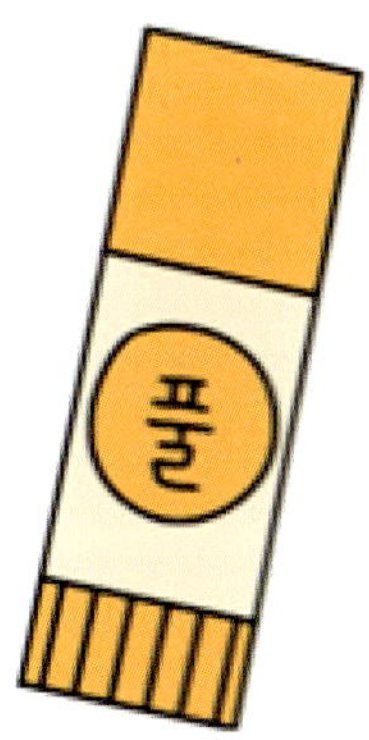

(　　　)개

8가베

소개하기

길이놀이

그림의 막대를 다른 막대를 사용하여 길이를 같게 만들어 보세요.

- 3번 막대는 1번 막대 (3)개와 길이가 같다.
- 3번 막대는 1번 막대 (1)개와 2번 막대 (1)개와 길이가 같다.

- 4번 막대는 2번 막대 (　　)개와 길이가 같다.
- 4번 막대는 1번 막대 (　　)개와 2번 막대 (　　)개와 길이가 같다.

- 5번 막대는 1번 막대 (　　)개와 길이가 같다.
- 5번 막대는 1번 막대 (　　)개와 2번 막대 (　　)개와 길이가 같다.

- 6번 막대는 3번 막대 (　　)개와 길이가 같다.
- 6번 막대는 1번 막대 (　　)개와 2번 막대 (　　)개와 길이가 같다.

8가베

소개하기 및 비교하기

비교놀이

8가베 막대와 7가베 조각과 비교해 보세요.

▶ 1번 막대로 삼각형을 만든 후 빈자리에 7가베 조각을 넣어 보세요.
어떤 삼각형이 들어가나요? 맞는 것에 ◯표 하세요.

정삼각형

직각부등변삼각형

둔각이등변삼각형

▶ 마름모는  1번 막대 몇 개로 모양을 만들 수 있나요? (　　)개

▶ 정사각형은  1번 막대 몇 개로 모양을 만들 수 있나요? (　　)개

8가베

실물놀이

도형 만들기

1번과 2번 막대로 다양한 도형을 만들어 본 후,
자른 색종이로 도형 만들기를 해 보세요.

8가베

실물놀이

실물놀이

사자의 갈기가 없어졌어요.
8가베 조각으로 꾸며 본 후 색종이로 붙여서 완성해 보세요.

8가베

무늬놀이

창의놀이

8가베 막대를 사용하여 거미줄을 다양하게 꾸며 본 후,
선으로 그려 보세요.

04 교육계획안

8가베 교육계획안

<table>
<tr><th colspan="2">단원</th><td>8가베</td><th>대상연령</th><td>만 4세</td></tr>
<tr><th colspan="2">활동명</th><td colspan="3">글자 만들기</td></tr>
<tr><th colspan="2">교육목표</th><td colspan="3">• 8가베 막대를 이용하여 다양한 글자를 만들 수 있다.
• 소근육 발달을 촉진시킨다.</td></tr>
<tr><th>시간</th><th>활동명</th><th colspan="2">교육내용</th><th>준비물</th></tr>
<tr><td>2분</td><td>도입</td><td colspan="2">• 노래 '한글 송'을 다 같이 부른다.
T: 친구들 세종대왕님께서 만드신 재미있는 한글 노래 우리 다 같이 불러 보아요.

백성을 가르치는 바른 소리, 훈민정음은 국보 70호죠.
조선의 제4대 왕 세종대왕님께서 만드셨죠.
독창적이고 과학적인 표기체계, 한글보다 뛰어난 문자는 없죠.
유네스코 세계기록유산에 등재 1997년
세상에 어쩜 이렇게 신비한 걸 만드셨을까요.
우리가 앞장서 지켜가야겠죠.
기역, 니은, 디귿, 리을, 미음, 비읍, 시옷, 이응, 지읒, 치읓,
키읔, 티읕, 피읖, 히읗
대단하죠, 정말 반하겠죠.
대한민국 훈민정음
기역, 니은, 디귿, 리을, 미음, 비읍, 시옷, 이응, 지읒, 치읓,
키읔, 티읕, 피읖, 히읗
한글의 소중함을 잊지 않기로 약속해 줘요.</td><td>'한글 송' 음원</td></tr>
<tr><td>15분</td><td>전개</td><td colspan="2">• 8가베 막대를 이용하여 다양한 글자 카드 위에 글자를 따라서 만들어 본다.
T: 친구들 우리 지난 시간에 8가베의 막대 길이를 측정해 보았죠?
이번 시간은 8가베 막대를 사용해서 글자를 만들어 볼 거예요.
T: (8가베 막대로 '가'를 만든다.) 친구들 이것 좀 보세요. 선생님은 글자 카드 위에 8가베 막대를 이용해서 글자 '가'를 만들어 보았어요.
T: 친구들도 글자 카드 위에 자신이 만들고 싶은 글자를 만들어 볼까요?

• 8가베 막대를 이용하여 자신의 이름을 만들어 본다.
T: (8가베 막대로 선생님 이름을 만든다.) 친구들 이것 좀 보세요.
이번에는 선생님 이름을 만들어 보았는데 어떤가요?
T: 친구들도 선생님처럼 자신의 이름을 한 번 만들어 볼까요?

• 8가베 막대를 이용하여 자신이 만들고 싶은 글자를 만들어 본다.
T: 친구들 이번에는 선생님이 친구들을 너무너무 사랑해서 '사랑해'라는 글자를 만들었어요. (8가베 막대로 '사랑해'를 만든다.) 친구들 사랑해요!
T: 그럼, 친구들도 선생님처럼 자신이 만들고 싶은 글자를 자유롭게 한 번 만들어 볼까요?</td><td>8가베,
글자 카드</td></tr>
</table>

시간	활동명	교육내용	준비물
3분	마무리	• 오늘 배운 활동에 대하여 이야기를 나눈다. T: 친구들, 오늘은 8가베를 사용해서 다양한 글자를 만들어 보았는데 어땠나요? T: 그럼 친구들은 글자를 만들면서 혹시 어려웠던 점이 있었나요? T: 친구들 다음 시간에는 8가베로 탑 쌓기놀이를 할 거예요. • 노래 '한글 송'을 부르며 가베를 정리한다. T: 친구들 다 같이 한글 노래를 부르면서 가베를 정리하도록 해요.	

8가베 부록-1

가베 배경지를 활용한 창의적 구성놀이 예시

다양한 주제의 배경지와 8가베를 사용하여 배경지 위에 창의적 구성놀이를 한 예시작품

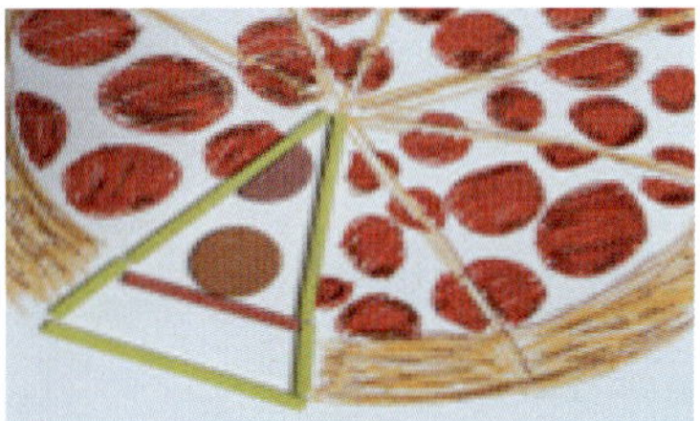

8가베 부록-1

8가베 부록-2

나만의 배경지 만들어 보기

① 8가베로 만들 수 있는 작품을 다양하게 적어 본다. 예) 그네, 거미줄, 기찻길, 새둥지, 눈 결정 등
② 그중에서 배경지로 만들어 보고 싶은 작품을 하나 고른다.
③ 색연필, 색종이, 사인펜, 크레파스, 매직 등 다양한 재료를 사용하여 작품과 어울리는 배경을 8절 도화지에 그린 후 색칠해 본다.
④ 배경지가 완성되면 만든 배경지 위에 8가베를 활용하여 꾸며 본다.

아이디어 스케치

어떤 배경지를 만들면 좋을지 다양한 아이디어를 여기에 끄적여 보세요. 그리고 가장 마음에 드는 아이디어 하나를 선택하여 준비한 8절 종이에 그려 보세요.

CHAPTER 13

9가베

01. 가베 소개 및 기본놀이

■ **구성 및 특징, 목적, 유의사항**

1) 고리
2) 반고리
3) 연합놀이

02. 창의활동

1) 활동명: 얼굴 표정을 만들어요(곡선을 이용한 표정구성)
2) 활동명: 거미가 줄을 타고 내려와요
(과학적 창의력을 위한 실물구성)

03. 활동지

04. 교육계획안

9가베 부록: 배경지를 활용한 창의적 구성놀이

01 가베 소개 및 기본놀이

구성 및 특징

9가베는 사물의 성질을 보다 구체적으로 나타내 주는 곡선으로 만들어져 있다. 곡선은 구부러진 선을 말한다. 곡선은 전혀 새로운 것이 아니라 이미 1가베의 공과 2가베의 구와 원기둥을 통해 간접적으로 경험해 왔던 것을 구체적인 고리의 형태로 만든 것이다. 곡선은 동적이고도 자유로운 선이므로 교구화된 것 이외에도 무수히 많은 종류가 있다. 프뢰벨의 교육적 방침에 따라 1, 2가베의 곡선을 기초로 해서 다른 가베에 연결되도록 설계한 것이고, 유아에게도 일정한 순서에 따라 상호 관련되는 선을 소개하는 것이 더 이해가 쉽다. 9가베를 사용하면 곡선 윤곽으로 되어 있는 여러 가지 실물 또는 곡선으로 표현되는 아름답고 추상적인 무늬를 다양하게 만들 수 있다.

8가베에서 보이는 선분은 두 점 사이의 최단거리이므로 곡선은 같은 점 사이를 이어 줄 경우 직선보다 길다. 또한 곡선을 사용하면 동물이나 나뭇잎, 사람의 얼굴 등 지금까지는 표현하기 어려웠던 것들을 사실적이고 아름답게 구성할 수 있다는 장점이 있다.

목적

- 곡선을 경험하고 곡선의 아름다움을 안다.
- 직선과 곡선의 관계를 안다.
- 원과 반원의 관계를 경험한다.
- 지름과 반지름의 관계를 안다.
- 미적 감각과 창의력을 기른다.
- 곡선의 아름다움과 물건의 모양을 구체적으로 안다.
- 이해하기 쉬운 곡선을 기본으로 해서 여러 가지 곡선을 경험한다.
- 수 관념과 주의력을 기른다.

유의사항

- 고리와 반고리의 대 · 중 · 소를 확실히 구별시킨다.
- 곡선의 종류는 교구화된 여섯 가지 이외에도 무수히 많음을 안다.
- 중심무늬놀이 시에는 여러 종류의 고리를 사용할 때 한 가지 종류에만 치우쳐서도 안 되고, 같은 종류의 고리가 한 군데만 몰려도 안 된다.
- 너무 복잡한 실물놀이는 피한다.

1) 고리

(1) 소개하기

① 큰 고리

큰 고리 = 큰 반고리 x 2

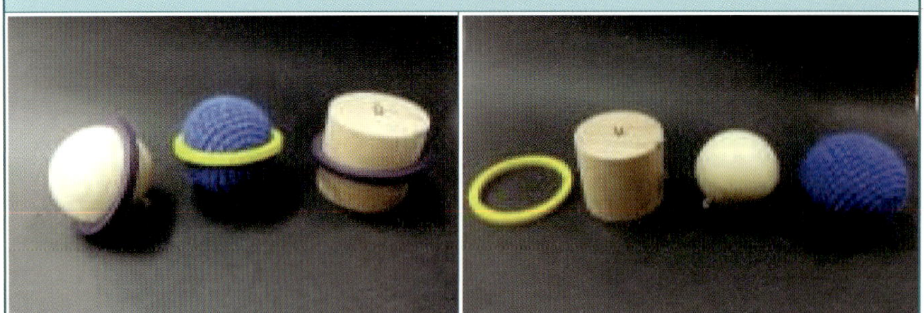

큰 고리 = 1가베 공, 2가베 원기둥, 구

② 작은 고리

		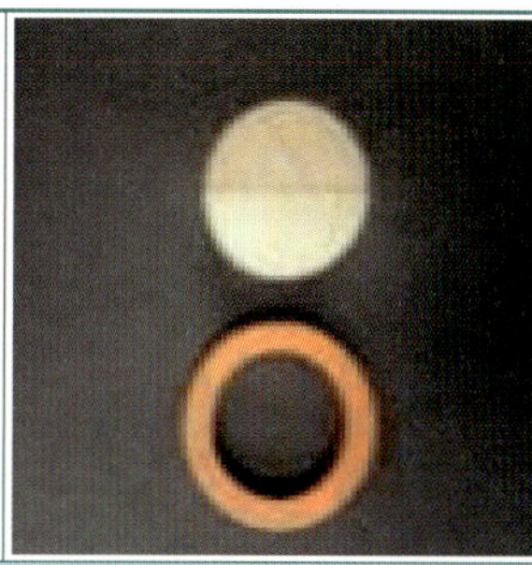
작은 고리 = 5B가베의 반원기둥 2개		
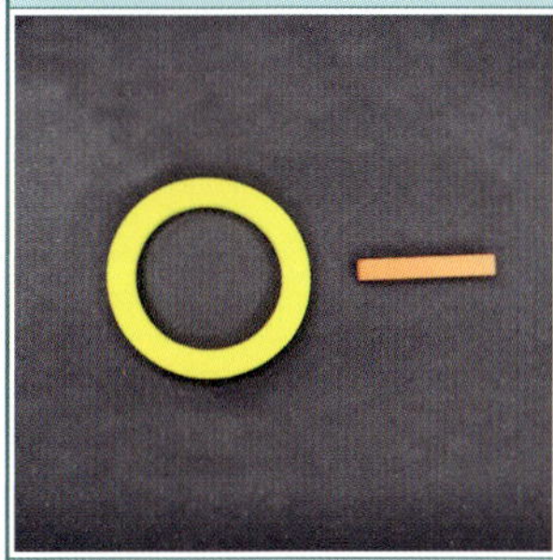		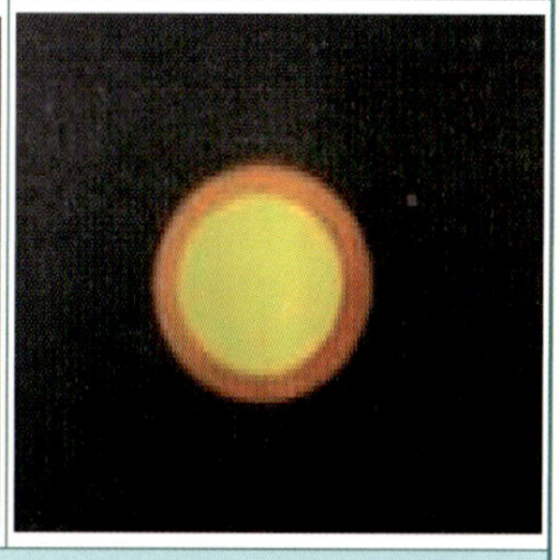
작은 고리 = 8가베 1번 막대	작은 고리 = 7가베 원, 반원 2개	

③ 중간 고리

	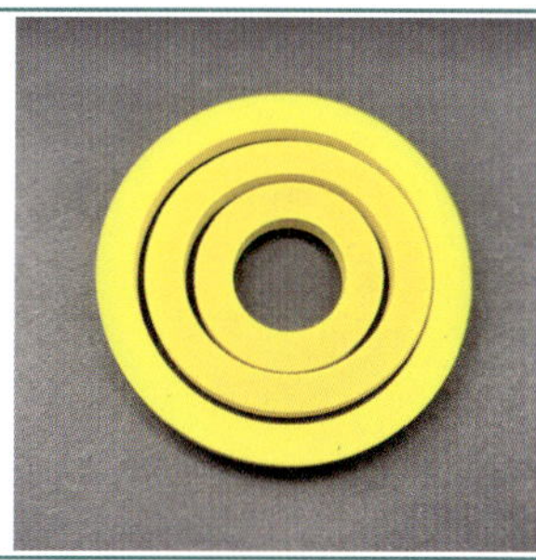

(2) 실물놀이

① 큰 고리

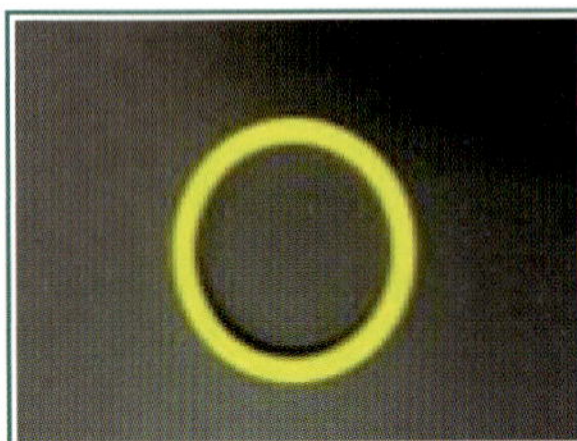		
[어떤 것처럼 보이나요?]	**[어떤 것처럼 보이나요?]**	**[오륜기]**
유아들이 어떤 것처럼 보이는지 자유롭게 이야기한다. 예: 동굴, 입, 터널	유아들이 어떤 것처럼 보이는지 자유롭게 이야기한다. 예: 망원경, 콧구멍	큰 고리 5개를 이용하여 오륜기를 만들어 놀이한다.

② 큰 고리, 작은 고리

[눈사람]	**[곰발바닥]**	**[미키마우스]**
큰 고리 1개와 작은 고리 1개를 이용하여 눈사람을 만들어 놀이한다.	큰 고리 1개와 작은 고리 3개를 이용하여 곰 발바닥을 만들어 놀이한다.	큰 고리 1개와 작은 고리 2개로 미키마우스를 만들어 놀이한다.

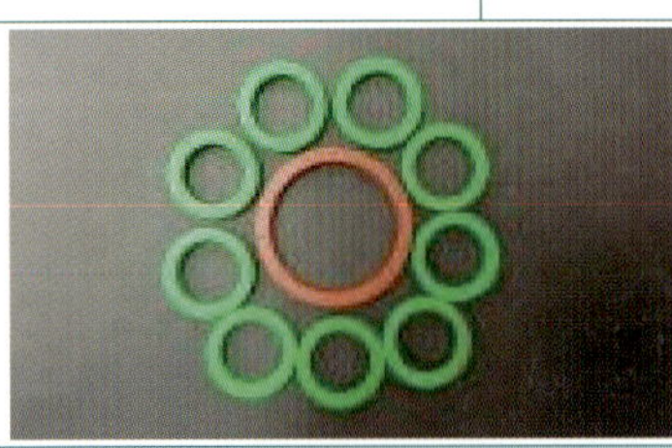	
[해님]	**[왕눈이 안경]**
큰 고리 1개와 작은 고리 9개로 해님을 만들어 놀이한다.	큰 고리 1개와 작은 고리 2개로 왕눈이 안경을 만들어 놀이한다.

③ 큰 고리, 작은 고리, 중간 고리

	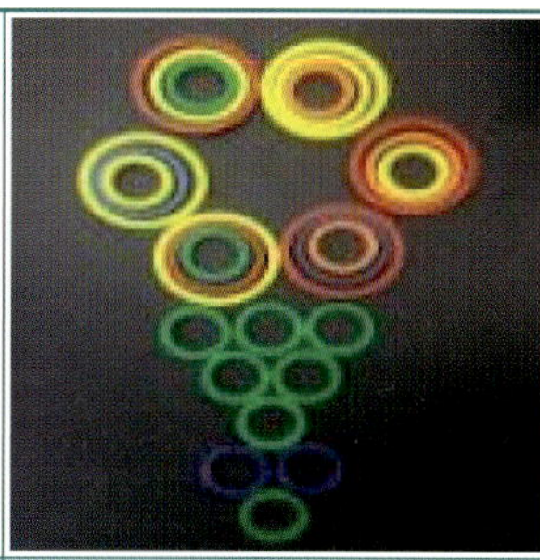	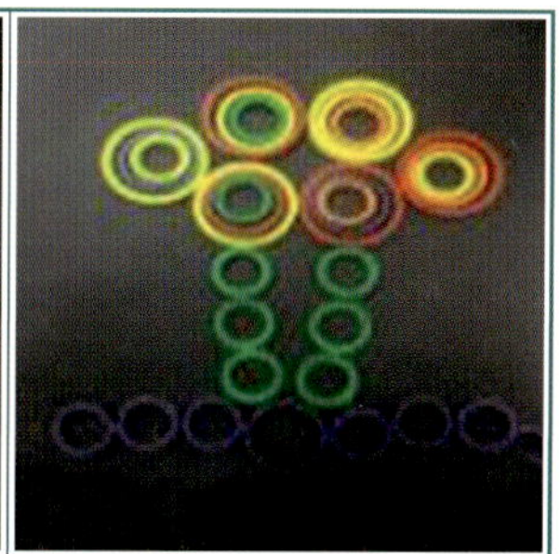
[부엉이]	**[꽃다발]**	**[알록달록 단풍나무]**
큰 고리 2개와 중간 고리 6개, 작은 고리 7개를 이용하여 부엉이를 만들어 놀이한다.	큰 고리 6개와 중간 고리 6개, 작은 고리 15개를 이용하여 꽃다발을 만들어 놀이한다.	큰 고리 6개와 중간 고리 7개, 작은 고리 18개를 이용하여 단풍나무를 만들어 놀이한다.

(3) 무늬놀이

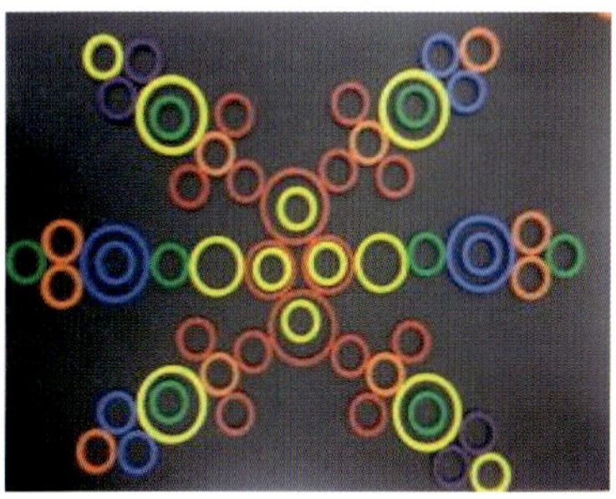

(4) 그 외 다른 놀이

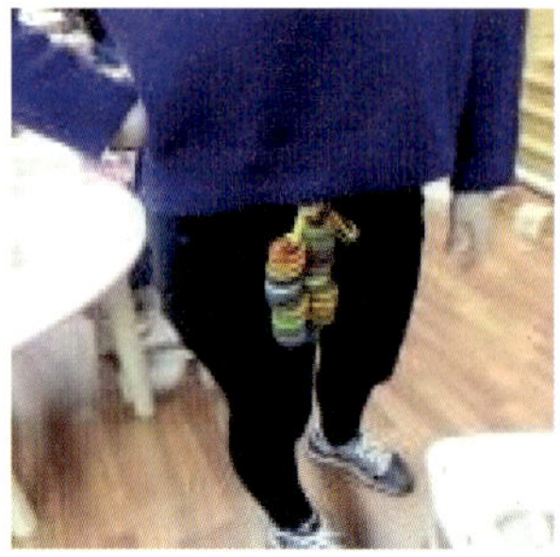

1가베 공과 줄을 분리한 다음, 줄에 고리를 넣어서 귀걸이, 엽전, 머리띠, 목걸이놀이를 한다.

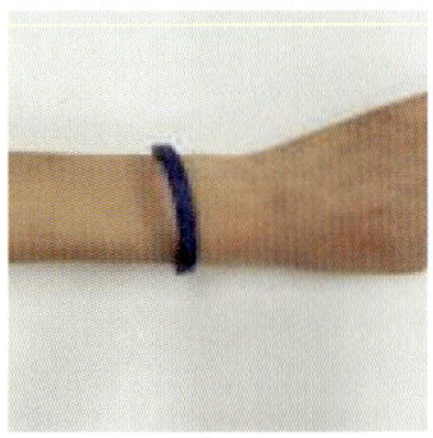

2) 반고리

(1) 소개하기

고리와 반고리를 비교하며 소개한다.

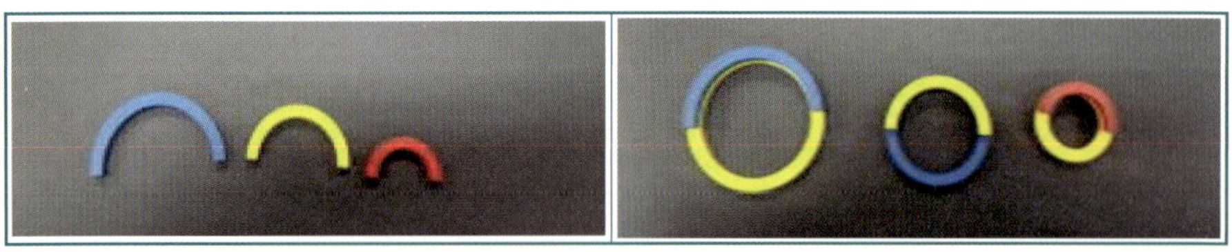

① 큰 반고리

큰 반고리 2개는 큰 고리와 크기가 같다.	큰 반고리는 1가베 공 둘레의 2분의 1이라고 소개한다.	큰 반고리는 2가베 구 둘레의 2분의 1이라고 소개한다.	큰 반고리는 2가베 원기둥 둘레의 2분의 1이라고 소개한다.

② 작은 반고리

	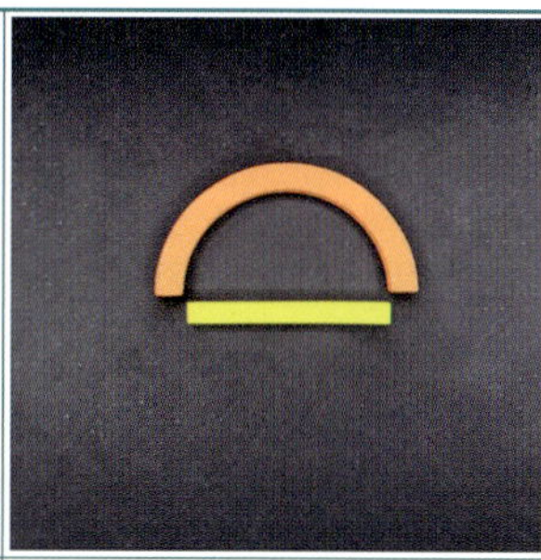	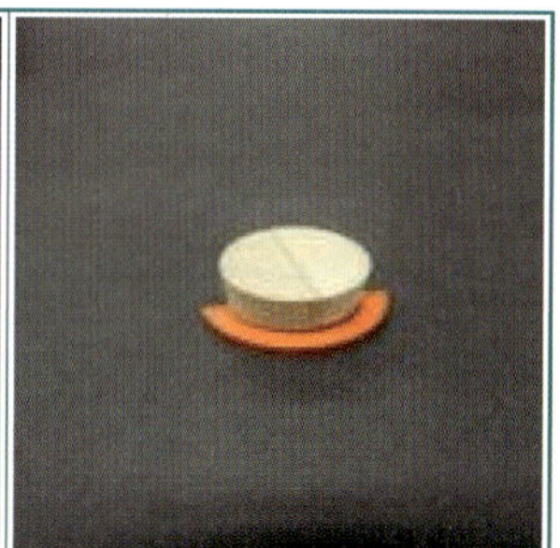
작은 반고리 2개는 작은 고리와 크기가 같다.	작은 반고리는 8가베 1번 막대 길이와 같다고 소개한다.	작은 반고리는 5B가베 원기둥 둘레의 2분의 1이라고 소개한다.

③ 중간 반고리

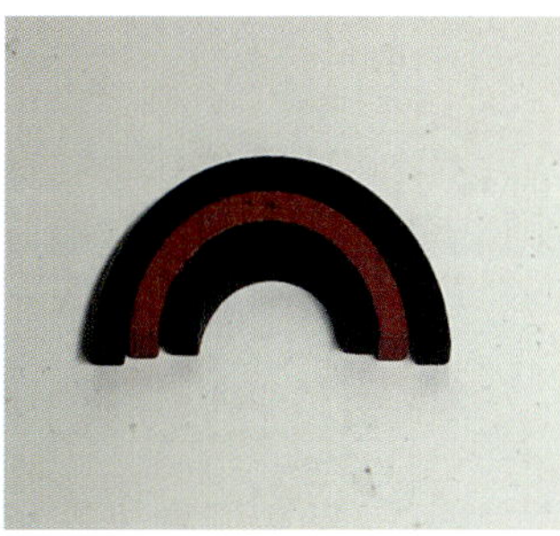

(2) 실물놀이

① 큰 반고리

	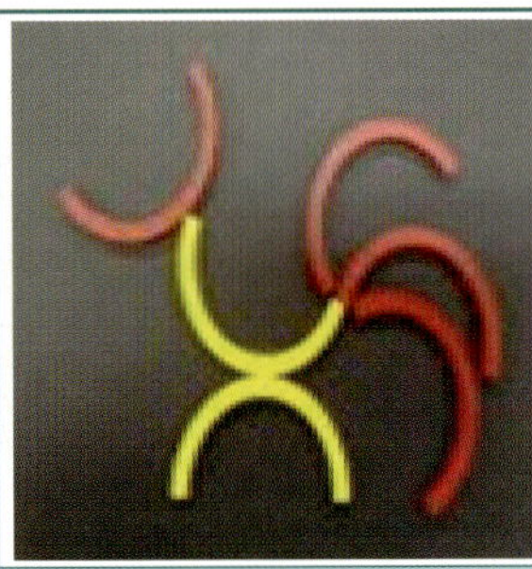	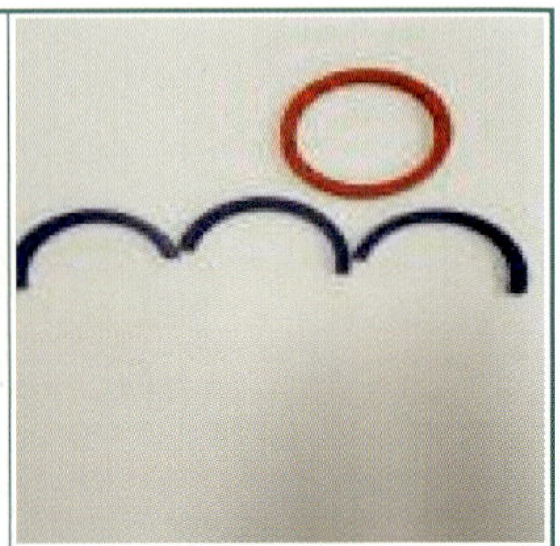
[전등]	**[수탉]**	**[일출]**
큰 반고리 6개를 이용하여 전등을 만들어 놀이한다.	큰 반고리 6개를 이용하여 닭을 만들어 놀이한다.	빨간색과 파란색 큰 반고리를 이용하여 일출을 표현해 놀이한다.

② 큰 반고리, 작은 반고리

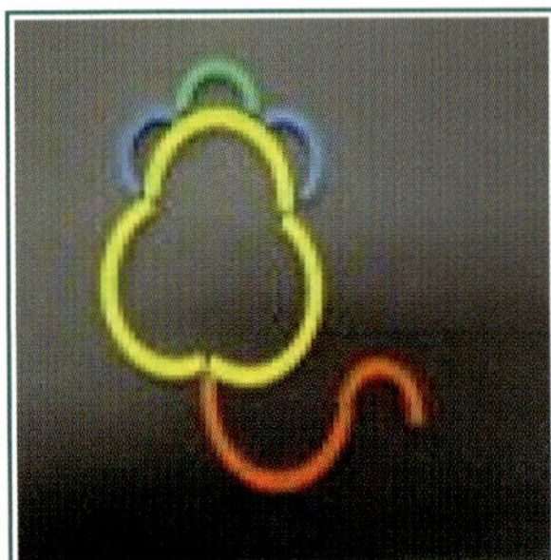	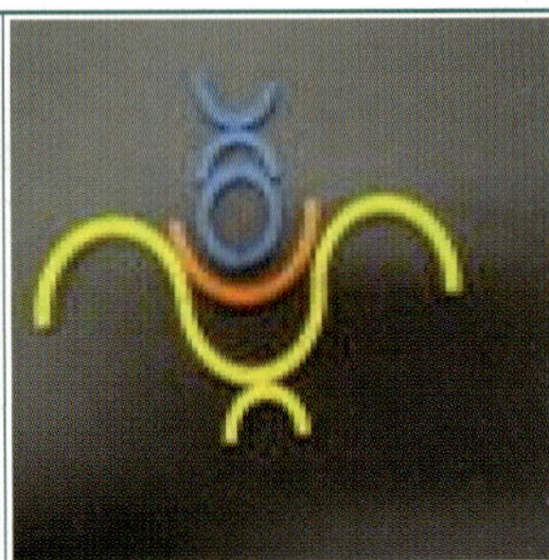	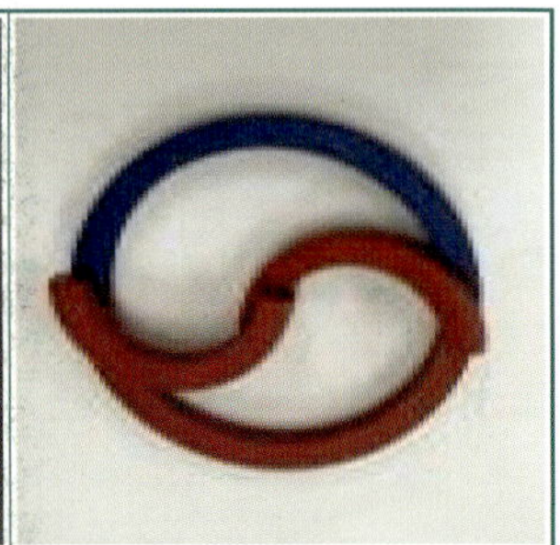
[생쥐의 뒷모습]	**[날고 있는 박쥐]**	**[태극무늬]**
큰 반고리 4개와 작은 반고리 4개를 이용하여 생쥐의 뒷모습을 만들어 놀이한다.	큰 반고리 4개와 작은 반고리 5개를 이용하여 날고 있는 박쥐의 모습을 만들어 놀이한다.	큰 반고리와 작은 반고리를 이용하여 태극무늬를 만들어 놀이한다.

③ 큰 반고리, 작은 반고리, 중간 반고리

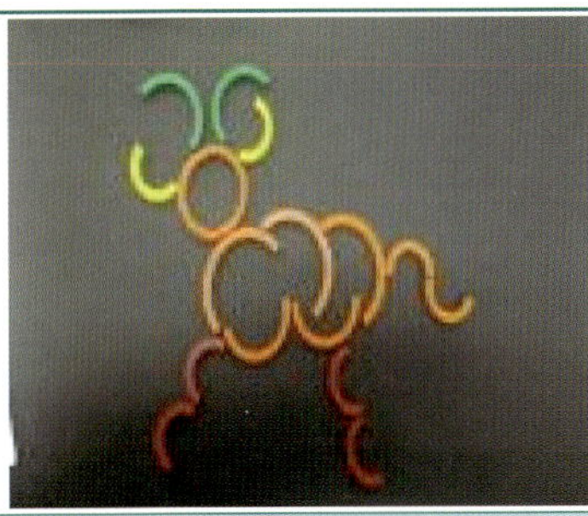	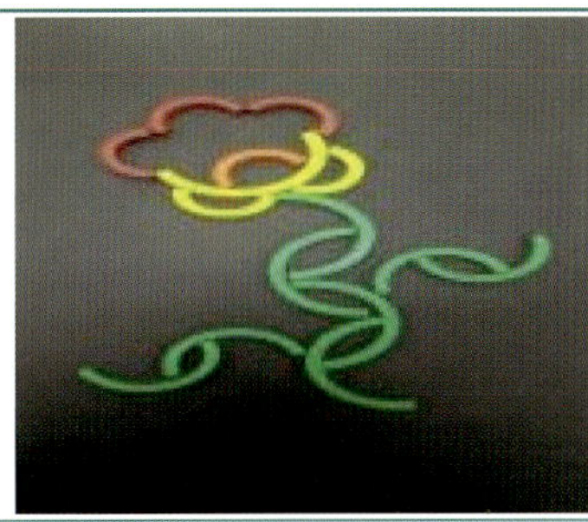
[톰슨가젤]	[장미]

(3) 무늬놀이

① 반고리를 활용한 무늬놀이

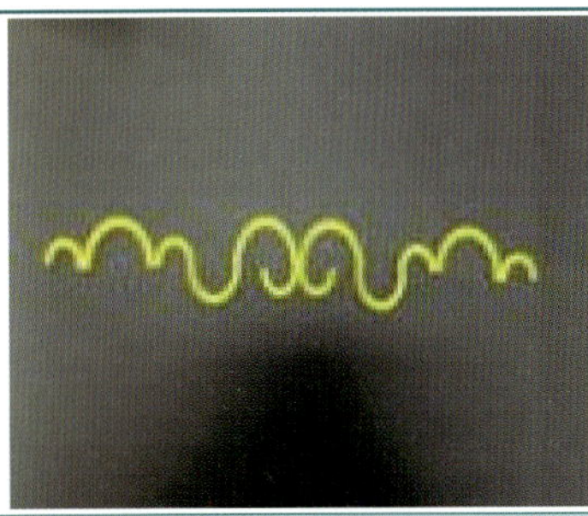	
[가로무늬]	[중심무늬]

② 고리와 반고리를 활용한 무늬놀이

	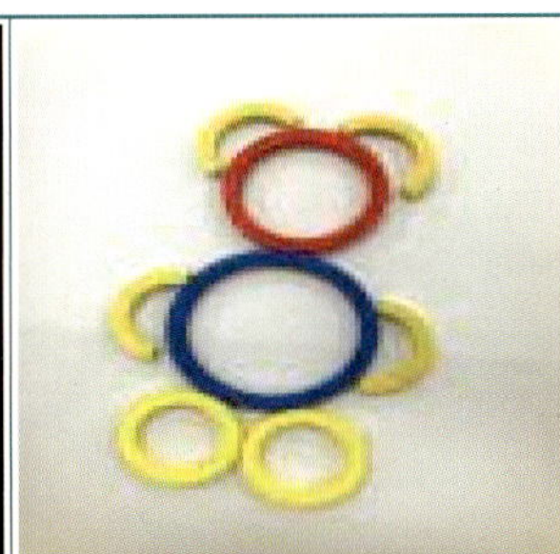	
[거미]	[곰돌이]	[개미]

3) 연합놀이

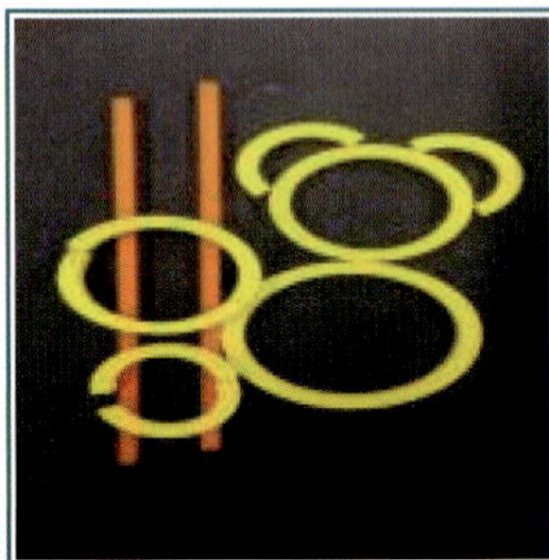	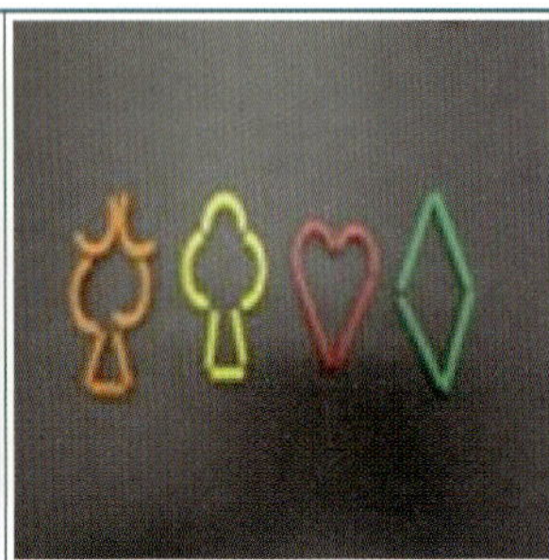	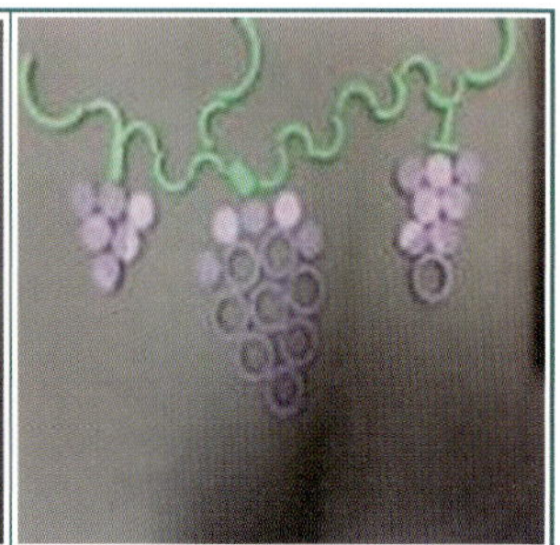
[나무 위의 코알라]	**[카드놀이 모양]**	**[포도가 열렸네]**
8가베와 연합하여 나무와 코알라를 만들어 놀이한다.	8가베와 연합하여 카드 모양(스페이스, 클로버, 하트, 다이아)을 만들어 놀이한다.	7가베, 8가베와 연합하여 포도 가지와 포도송이를 만들어 놀이한다.

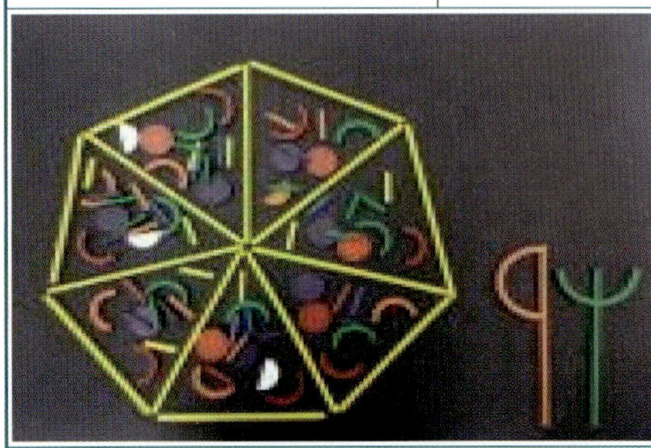	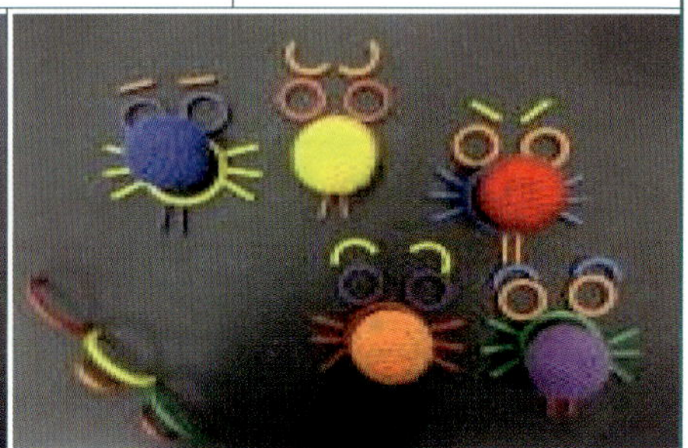
[맛있게 피자를 먹어요]	**[찍찍찍 생쥐 가족들]**
7가베, 8가베와 연합하여 피자를 만들어 놀이한다.	1가베, 8가베와 연합하여 생쥐를 만들어 놀이한다.

9가베 TIP

- 9가베는 세우기가 가능하다.
- 9가베는 연합놀이를 하면서 건축물에 포인트 정도의 입체적인 만들기가 가능하다.
- 9가베는 유아들로 하여금 이전에 학습했던 가베들에 대해 회상할 수 있는 기능을 한다.
  예) 9가베의 작은 고리와 길이가 같은 것을 찾아보자. → 8가베 1번 막대

02 창의활동

1) 활동명: 얼굴 표정을 만들어요(곡선을 이용한 표정구성)

학습활동

1) 색종이로 얼굴을 만들어 본다.
2) 9가베로 다양한 얼굴 표정을 만들어 본다.

준 비 물

9가베, 색종이, 가위

학습내용

- '얼굴 표정을 만들어요'는 곡선을 이용한 표정구성 놀이이다.

1) 여자 얼굴 만들기

- 색종이를 둥글게 오려 얼굴 모양을 만든다.
- 반고리로 웃는 눈과 입을 만든다.
- 고리로 귀걸이를 만든다.
- 큰 반고리로 파마머리를 표현하고 작은 고리로 머리핀을 만든다.

2) 안경 쓴 친구 만들기

- 색종이를 둥글게 오려 얼굴 모양을 만든다.
- 고리로 안경을 만들고 반고리로 눈과 입을 만든다.
- 반고리로 머리카락과 귀를 표현한다(*눈과 입의 고리를 뒤집어 얼굴 표정을 바꿔 본다).

2) 활동명: 거미가 줄을 타고 내려와요(과학적 창의력을 위한 실물구성)

학습활동

1) 색종이로 거미줄을 잘라 본다.
2) 9가베로 거미를 만들어 본다.

준 비 물

9가베, 8가베, 색종이, 가위, 테이프

학습내용

- '거미가 줄을 타고 내려와요'는 과학적 창의력을 위한 실물구성놀이이다. 색종이로 거미줄을 만들고 고리와 반고리로 다양한 크기의 거미를 만들어 본다.

✽ 거미가 줄을 타고 내려와요.

- 색종이를 2분의 1로 사각 접기하고 다시 반으로 접어 준다.
- 삼각모양으로 반으로 접은 후 사선으로 평행되게 가위집을 내준다.
- 만들어진 거미줄을 테이프로 고정시킨다.
- 고리로 거미의 몸을 만들고 반고리로 8개의 다리를 만든다.
- 8가베 막대로 거미줄을 표현한다.
- 다양한 크기의 거미를 만들어 본다.

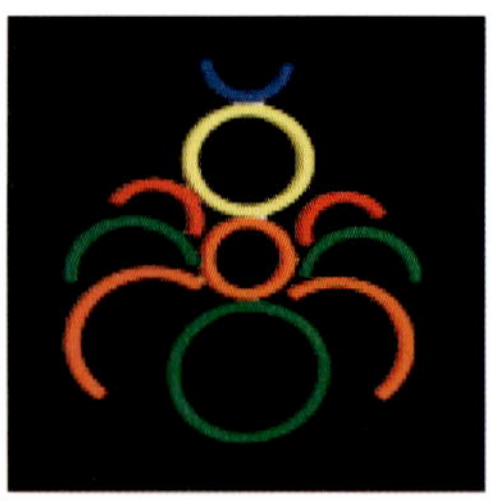

03 활동지

9가베

소개하기

큰 고리 소개 및 비교

큰 고리와 2가베를 비교해 보세요.

◎ 구에 고리를 끼워 보세요. 어떤 고리와 지름이 같나요?

① 큰 고리 ② 중간 고리 ③ 작은 고리

◎ 원기둥에 고리를 끼워 보세요. 어떤 고리와 지름이 같나요?

① 큰 고리 ② 중간 고리 ③ 작은 고리

◎ 정육면체에 고리를 올려 보세요. 어떤 고리와 지름이 같나요?

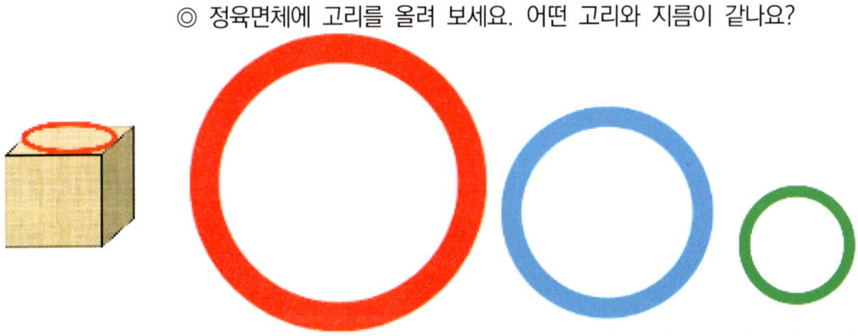

① 큰 고리 ② 중간 고리 ③ 작은 고리

9가베

인지놀이

비교하기

큰 반고리와 작은 반고리를 비교해 보세요.

◎ 큰 반고리 2개는 작은 반고리 몇 개와 지름이 같은가요?

① 2개 ② 3개 ③ 4개

◎ 중간 반고리 1개는 작은 반고리 1개와 지름이 같은가요?

① 같다 ② 다르다

◎ 중간 반고리 2개는 작은 반고리 몇 개와 지름이 같은가요?

① 2개 ② 3개 ③ 4개

9가베

소개하기

원 인지하기

종이 띠 중심을 고정한 후, 여러 위치에 구멍을 뚫어 다양한 크기의 고리를 그려 보세요.

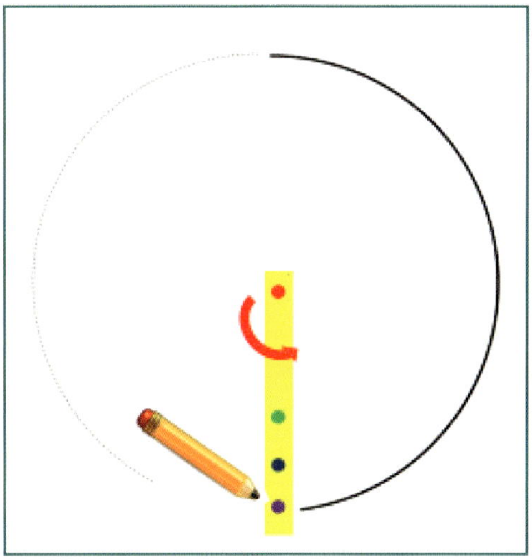

9가베

실물놀이

표현놀이

곡선을 그려 물고기 비늘을 완성해 보세요.

9가베

실물놀이

표현놀이

고리로 만든 모양 위에 연상되는 것을 그려 보세요.
무엇을 만들었나요?

(　　　　　　　)　　　(　　　　　　　)

9가베

실물놀이

표현놀이

고리와 반고리를 이용하여 도깨비 얼굴 표정을 재미있게 만들어 보세요.

04 교육계획안

9가베 교육계획안

단원	9가베	대상연령	만 4세
활동명	우리 반의 동물원을 만들어 보아요.		
교육목표	• 동물원에서 보았던 동물들의 종류를 9가베를 이용하여 만들어 볼 수 있다. • 친구들과 함께 동물원을 만들어 보며 협동심을 기를 수 있다.		

시간	활동명	교육내용	준비물
5분	도입	• 작은 동물원 동요를 부르며 주의 집중한다. 삐약 삐약 병아리, 음매 음매 송아지. 따당 따당 사냥꾼, 뒤뚱뒤뚱 물오리. 푸우 푸우 개구리, 집게 집게 집게 가재. 푸르르르르르 물풀 따단 따단 딴 소라! T: 우리 친구들 모두 모였나요? 우리 어제 어디로 견학을 다녀왔나요? T: 맞아요. 우리 어제 동물원에 견학을 다녀왔어요. 우리 동물원에서 어떤 동물들을 보았나요? T: 맞아요. 사자도 봤고, 코끼리도 봤고, 악어도 봤고, 기린도 보았어요. 또 어떤 동물을 보았나요? T: 맞아요. 사슴, 늑대, 다람쥐도 보았어요. 오늘은 9가베를 이용하여 전지에 우리 반의 작은 동물원을 만들어 볼 거예요.	
15분	전개	• 자신이 만들고 싶은 동물 한 가지씩 정한다. T: 만들고 싶은 동물 한 마리씩 정했나요? • 지난 가베 시간에 배웠던 9가베의 명칭을 다시 상기시켜 준다. T: 그전에 우리 지난 가베 시간에 배웠던 9가베에는 어떤 친구들이 있었는지 기억나나요? T: 어떤 친구들이 있었나요? (고리를 보여 준다.) T: 이 친구들의 이름은 무엇일까요? (반고리를 보여 준다.) T: 우리 친구들이 잘 기억해 주었어요. T: 그러면 우리 큰 고리, 작은 고리, 중간 고리, 큰 반고리, 작은 반고리, 중간 반고리를 이용하여 동물을 만들어요. 그리고 앞에 큰 전지에 붙이고 색종이를 이용하여 동물원을 우리 함께 꾸며 보도록 해요! • 큰 고리, 작은 고리, 중간 고리, 큰 반고리, 작은 반고리, 중간 반고리를 이용하여 동물을 만들어 본다. T: 우리 친구들 모두 동물을 만들었나요? T: 그러면 앞으로 나와서 우리 모두 함께 동물원을 꾸며 보도록 해요! • 자신이 만든 동물을 전지에 친구들과 함께 배치해 보고 주변을 색종이와 9가베를 이용하여 꾸며 본다.	9가베, 전지, 색종이, 테이프, 가위

시간	활동명	교육내용	준비물
5분	마무리	T: 우리 반 작은 동물원에는 어떤 동물들이 있는지 한 번 볼까요? T: 맞아요. 우리 반 작은 동물원에는 돼지도 있고, 토끼도 있고, 기린도 있고, 악어도 있고, 사슴도 있어요. T: 우리 모두 함께 동물원을 만들어 보았는데 어땠나요? T: 우리 친구들 모두 잘 해 주었어요. 정리하고 손 씻고 점심 먹을 준비하도록 해요!	

9가베 부록-1

가베 배경지를 활용한 창의적 구성놀이 예시

다양한 주제의 배경지와 9가베를 사용하여 배경지 위에 창의적 구성놀이를 한 예시작품

9가베 부록-1

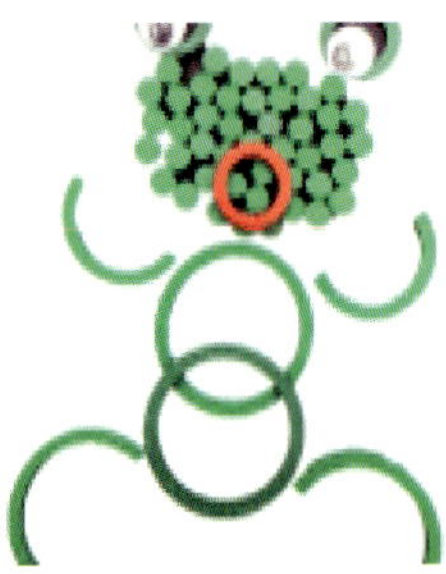

9가베 부록-2

나만의 배경지 만들어 보기

① 9가베로 만들 수 있는 작품을 다양하게 적어 본다. 예) 거미, 부엉이, 포도, 곰, 꽃, 불꽃놀이, 꽃게 등
② 그중에서 배경지로 만들어 보고 싶은 작품을 하나 고른다.
③ 색연필, 색종이, 사인펜, 크레파스, 매직 등 다양한 재료를 사용하여 작품과 어울리는 배경을 8절 도화지에 그린 후 색칠해 본다.
④ 배경지가 완성되면 만든 배경지 위에 9가베를 활용하여 꾸며 본다.

아이디어 스케치

어떤 배경지를 만들면 좋을지 다양한 아이디어를 여기에 끄적여 보세요. 그리고 가장 마음에 드는 아이디어 하나를 선택하여 준비한 8절 종이에 그려 보세요.

CHAPTER 14

10가베

01. 가베 소개 및 기본놀이

■ 구성 및 특징, 목적, 유의사항

1) 소개하기
2) 실물놀이
3) 연합놀이

02. 창의활동

1) 활동명: 안녕~도형친구!(창의력을 위한 도형 연상놀이)
2) 활동명: 동글동글 점(창의력을 위한 연상 미술놀이)

03. 활동지

04. 교육계획안

10가베 부록: 배경지를 활용한 창의적 구성놀이

01 가베 소개 및 기본놀이

구성 및 특징

10가베는 입체를 구성하는 최초의 요소이자 더 이상 분해할 수 없는 점을 나타낸다. 수학에서는 점이란 연필 끝으로 종이에 찍는 것과 같은 것으로서 위치만 있을 뿐 크기가 없다. 그러나 교구로서는 형체가 없는 것을 다룰 수 없기 때문에 10가베에서는 추상적인 점을 입자 개념으로 구체화했다.

점은 온갖 형태의 기본이다. 선은 두 점 사이를 이음으로써 생기고 면은 세 점 이상을 이음으로써 생기며, 입체는 네 점으로 고정된다. 점이 하나 있다는 것은 거기에 무언가 존재한다는 것을 뜻하며, 무와 유의 경계를 긋는 의미를 가진다. 이러한 점을 가베에서는 편의상 점을 나타내기 위해 지름 10mm의 나무를 잘라서 만든 교구를 사용하는데, 계절과 장소에 따라 쌀, 콩, 조개껍데기, 옥수수 낟알, 모래, 조약돌 등을 적당히 선택하여 사용할 수도 있다.

프뢰벨이 고안한 사물의 모양을 연구해 봄으로써 크기, 전체와 부분, 위치와 수량, 길이와 크기를 나타내기 위해 가베는 10가베 단계에서 완결된다. 1가베에서부터 10가베까지 일련의 구성은 사물의 본질을 알리고 유아의 창조성을 불러일으키면서 형태를 분해시키는 방법을 사용하였다. 이러한 과정을 통해 형태나 색의 인식, 창의력이 발달되는 효과를 기대할 수 있다.

목적

- 점에 대해서 안다.
- 점의 연결에 의해 직선과 곡선이 생기는 것을 안다.
- 모든 형태는 점으로부터 시작됨을 안다.
- 점, 선, 면, 입체의 밀접한 관계를 안다.
- 탐구와 창의력을 키우고 소근육의 발달을 향상시킨다.

유의사항

- 적당한 양을 주어 어린이가 다루기 쉽게 한다.
- 알갱이가 겹쳐지지 않도록 한다.
- 한 손만 사용하지 않도록 하고 가급적 양손을 모두 사용하도록 한다.
- 교구의 크기가 작기 때문에 안전사고에 주의한다.
- 두 점을 연결하면 선이 된다는 것을 이해시키기 위해서 선을 만들 때는 반드시 두 점을 먼저 놓게 한다.

1) 소개하기

2) 실물놀이

(1) 가로선 세로선

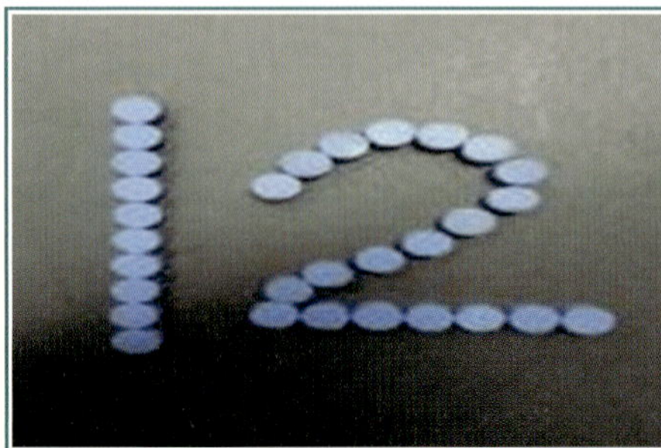

[숫자 12]

[크리스마스트리]

(2) 대각선

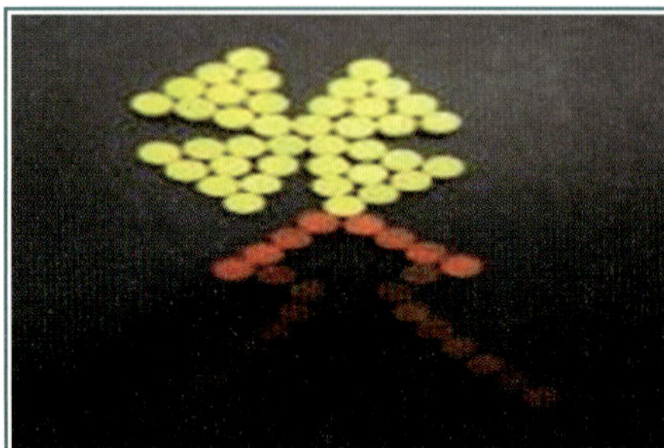

[풍차]

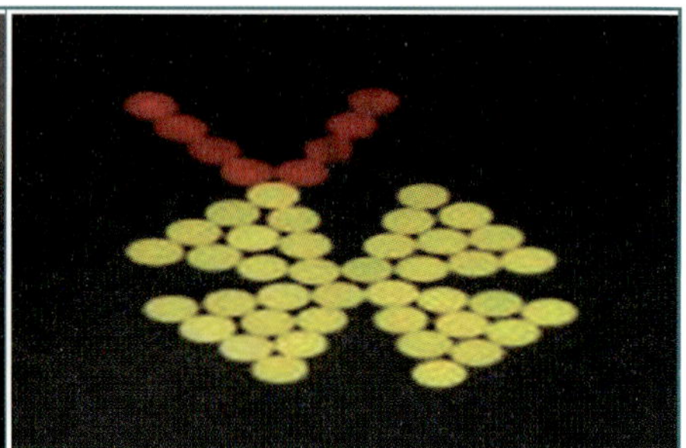

[나비야 나비야]

(3) 세로 및 가로 및 대각선

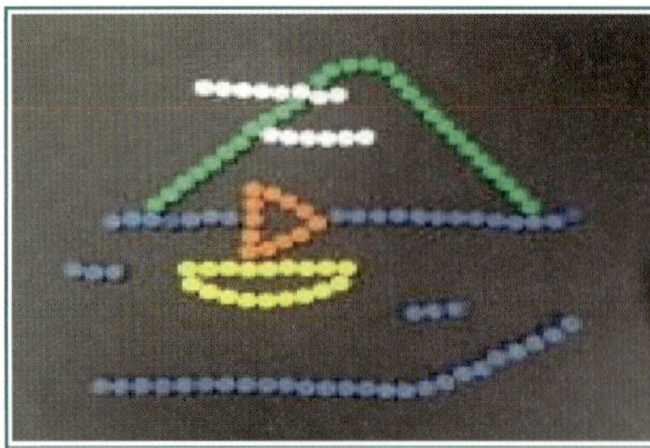

[요트]

(4) 곡선

[앵두]

(5) 속을 채운 것

• 개개의 생물

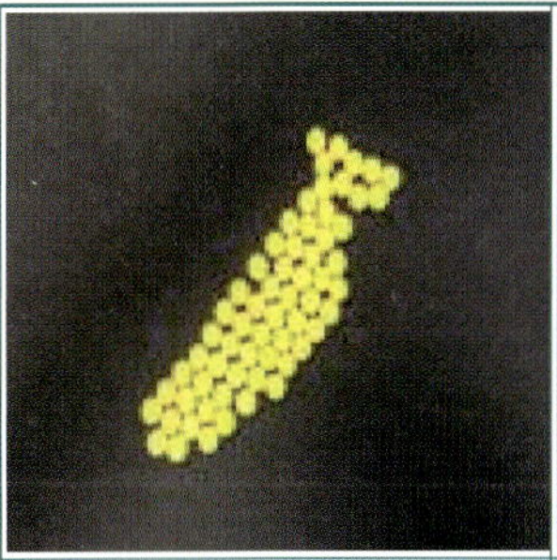
[바나나 한 송이]

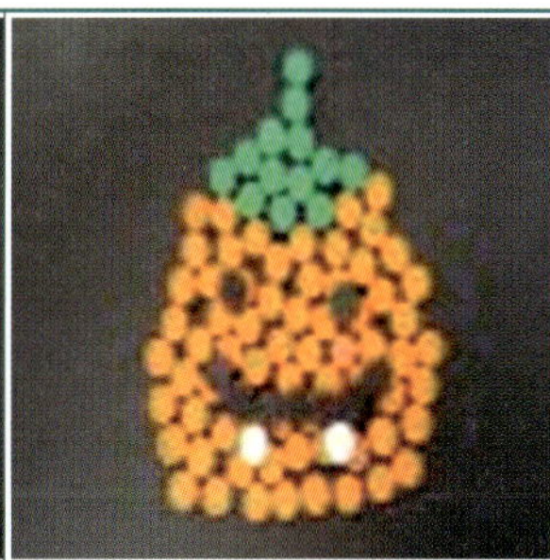
[할로윈데이 호박]

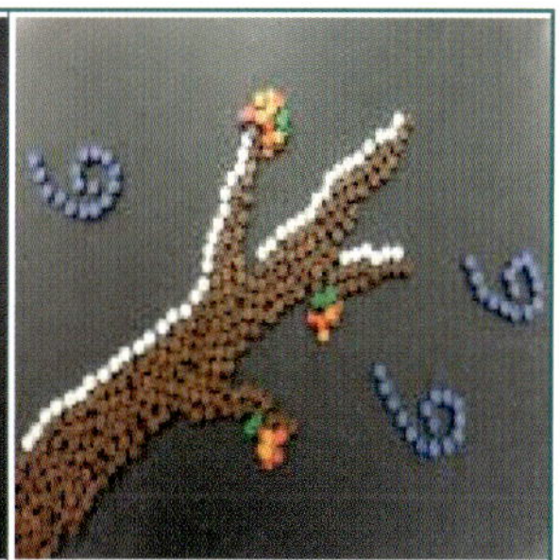
[겨울 홍시]

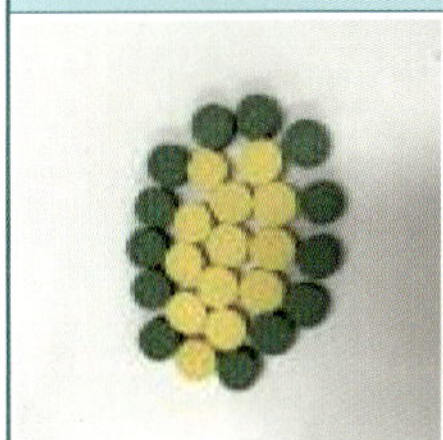
[옥수수]

[심슨]

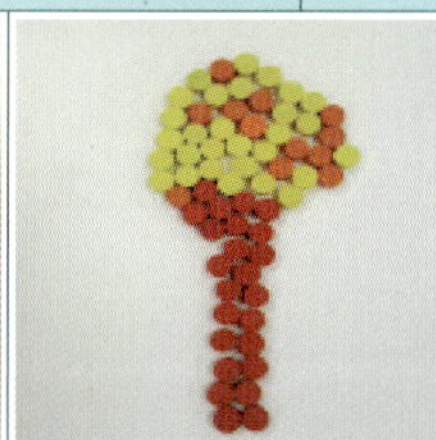
[귤나무]

[무지개]

(6) 자석놀이

[자전거]

[개구리 소년]

3) 연합놀이

[노을 지는 바닷가]	**[그렇게 기다리던 하얀 눈이 와]**
7가베, 8가베, 9가베와 연합하여 노을 지는 바다를 만들어 놀이한다.	4가베, 5가베, 7가베, 8가베, 9가베와 연합하여 눈, 눈사람, 나무, 케이크 등을 만들어 놀이한다.

10가베 TIP

- 10가베는 유아들과 꼭짓점 놀이를 할 수 있다.
- 10가베는 밑그림을 그리고 10가베로 채워 넣는 놀이를 할 수 있다.
- 수수깡에 물감을 찍어서 그림을 구성하는 활동과 10가베 교구를 놓아 보는 놀이로 확장할 수 있다.
- 10가베를 통해 유아들은 점이 선이 되고, 면이 되는 것을 배울 수 있다.
- 10가베에서 세로 선으로 실물 놀이를 할 때, 8가베 막대를 이용해서 만들거나 세로 선을 그려 놓고 만들면 더욱 쉽게 놀이를 이끌어 갈 수 있다.
- 10가베는 자석으로 된 가베도 있으므로, 이 경우 자석칠판을 이용하여 놀이가 가능하다.

02 창의활동

1) 활동명: 안녕~도형친구!(창의력을 위한 도형 연상놀이)

학습활동

1) 도형이 연상되는 실물구성을 해 본다.
2) 색종이로 도형을 만들어 실물구성을 해 본다.

준 비 물

10가베, 색종이, 가위

학습내용

- '안녕~ 도형친구'는 창의력을 위한 도형 연상놀이이다.
- 원, 삼각형, 사각형, 오각형의 도형을 이용하여 연상되는 것들을 만들어 보면서 도형의 정확한 명칭을 익혀 본다.

1) 원으로 연상되는 것

- 동그란 원을 중심으로 점을 선으로 표현하여 해를 만든다.
- 원의 중앙에 눈과 입을 표현해 준다.

2) 삼각형으로 연상되는 것

- 중심으로 고깔모자를 만든다.
- 고깔모자 아래에 얼굴을 만들어 준다.

3) 사각형으로 연상되는 것

- 사각형을 기준으로 'ㄴ' 모양의 면을 만든다.
- 면 아래에 둥글게 바퀴를 만들어 준다.

4) 오각형으로 연상되는 것

- 오각형의 두 점을 이어 큰 원을 만든다.
- 직선을 이용하여 반짝임을 표현해 준다.

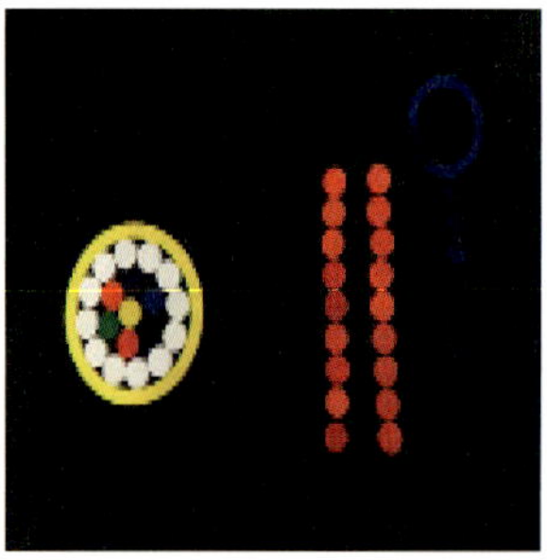
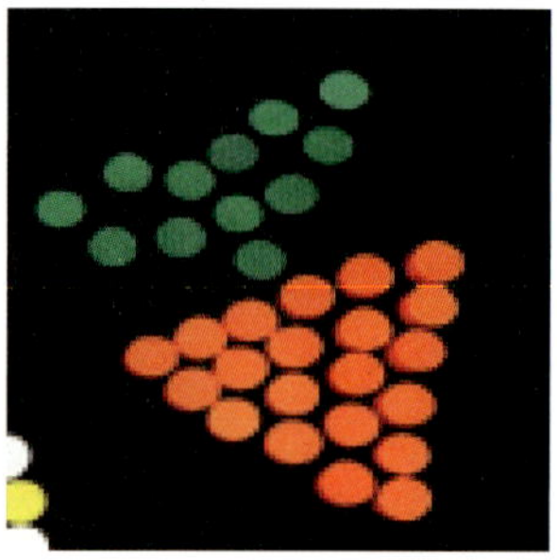

2) 활동명: 동글동글 점(창의력을 위한 연상 미술놀이)

학습활동

1) 점 하면 떠오르는 것을 생각해 본다.
2) 점이 포인트가 되는 것을 만들어 본다.

준 비 물

10가베, 색종이, 가위

학습내용

- '동글동글 점'은 창의력을 위한 연상 미술놀이이다. 점 하면 떠오르는 것을 함께 이야기해 본다. 사물을 만들기보다는 점이 포인트가 되는 사물을 만들어 본다.

1) 딸기

- 빨간 색종이와 녹색 색종이를 잘라 딸기를 만든다.
- 딸기씨를 10가베 점으로 표현해 본다.

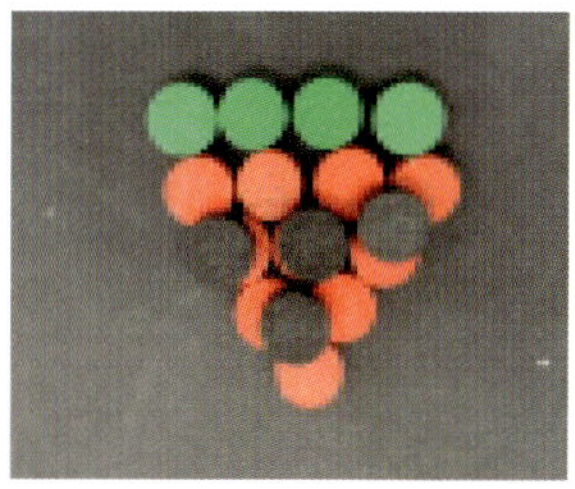

2) 해바라기

- 노란색 색종이를 잘라 해바라기를 만든다.
- 연두색 색종이를 잘라 줄기와 잎을 만든다.
- 10가베 점으로 해바라기 씨를 표현한다.

3) 수박 만들기

- 9가베 고리에 빨간색 가베로 채운다.
- 10가베 점으로 씨를 표현한다.

03 활동지

10가베

소개하기

점, 선, 이해하기

같은 색 조각(점)을 연결하여 선을 그어 보세요.

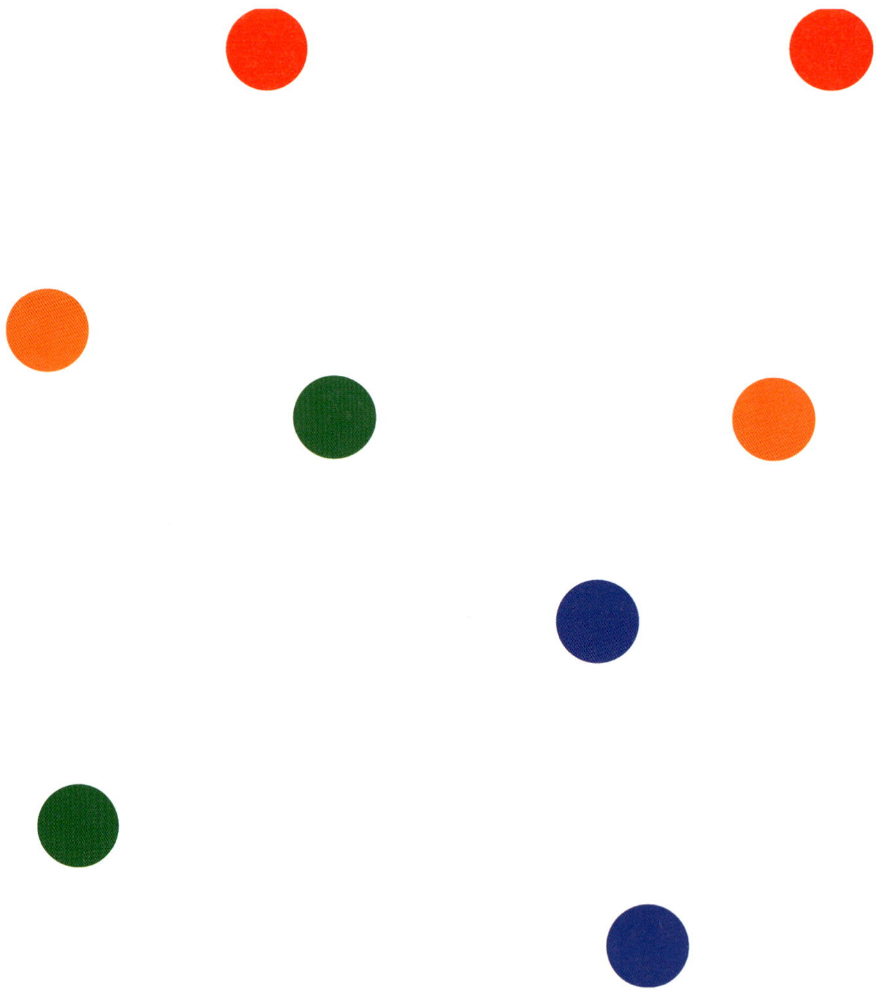

10가베

실물놀이

곡선놀이

가베 조각으로 만든 곡선을 따라 선을 긋고,
여러 가지 곡선을 예쁘게 색칠해 보세요.

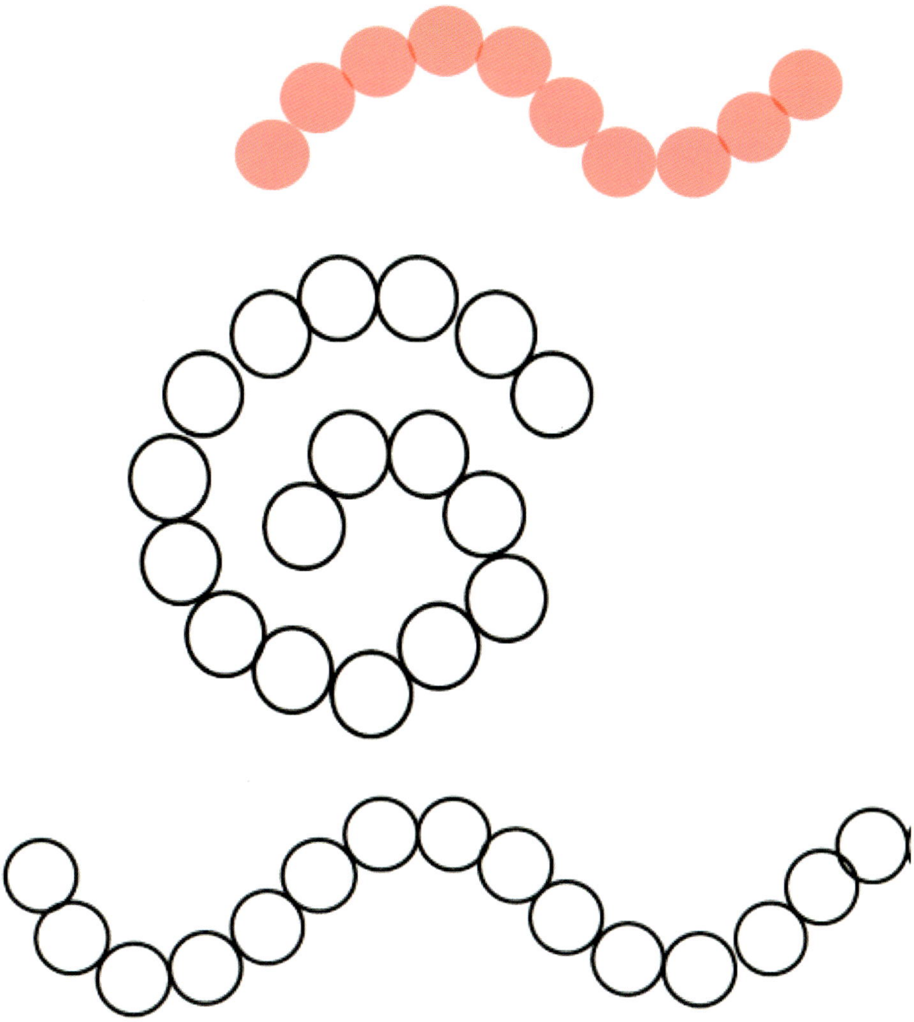

10가베

소개하기

면 이해하기

10가베 조각으로 7가베 도형(면)을 채워 보세요.

10가베

실물놀이

글자놀이

10가베로 내 이름을 만들어 보세요.

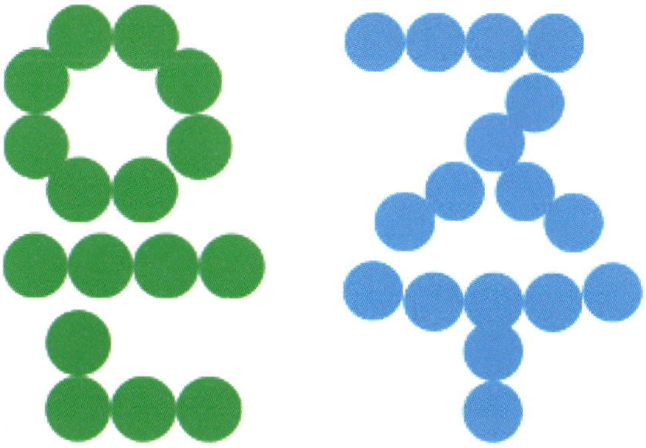

10가베

표현놀이

점놀이

펄펄 눈이 옵니다.
10가베를 올려서 눈과 눈사람을 표현해 보세요.

10가베

실물놀이

표현놀이

맛있는 딸기를 색칠한 후 딸기씨를 가베로 표현해 보세요.

04 교육계획안

10가베 교육계획안

단원	10가베	대상연령	만 4세
활동명	봄, 여름, 가을, 겨울		
교육목표	• 계절별 나무의 변화에 대해 안다. • 계절별 자신의 경험을 그림으로 나타낼 수 있다.		

시간	활동명	교육내용	준비물
5분	도입	• 편지를 읽어 주며 주의 집중을 한다. T: 사랑반 친구들에게 편지가 도착했어요. 무슨 편지인지 선생님이 읽어 줄게요. 안녕, 나는 겨울나무야~ 내가 요즘 너무 슬프고 쓸쓸해… 봄이 되면 나비와 벌이 찾아오고, 여름이 되면 열매도 달려서 사람들이 많이 찾아오고, 가을이 되면 알록달록 예뻐서 사람들이 많이 왔는데 지금의 나는 내 몸에 있던 친구들이 모두 없어지고 사람들도 나를 찾아오지 않아서 너무 슬퍼. 나의 예뻤던 지난 모습을 친구들은 기억하고 있니?	겨울 나무에게 온 편지
12분	전개	• 편지 내용을 회상한다. T: 잘 들었어요? 겨울나무가 뭐라고 했지요? T: 맞아요. 우리 겨울나무가 바람이 불어서 나뭇잎들이 다 떨어져서 쓸쓸한가 봐요. • 오늘의 활동을 이야기한다. T: 우리 사랑반 친구들이 겨울나무의 예뻤던 봄, 여름, 가을, 겨울나무를 10가베로 어떻게 만들 수 있을까요? T: 좋은 생각이에요. T: 우리 나무만 만들면 나무가 외로울 수도 있으니까 계절에 따른 자신의 경험도 크레파스로 그려 보도록 해요. • 활동을 시작한다. 	스케치북, 10가베, 크레파스, 사인펜
3분	마무리	• 자신의 작품을 친구들에게 이야기한다. T: 봄 나무를 꾸민 친구 중에 친구들에게 이야기해 주고 싶어요~하는 친구 손! T: 봄에 벚꽃축제를 다녀왔구나. 여름 나무를 꾸민 친구~ T: 나무가 그늘이 되어 주었구나. 가을 나무를 꾸민 친구~ T: 겨울나무를 꾸민 친구~ • 친구들의 작품을 감상한다. • 친구들의 작품을 카메라로 찍는다. • 10가베를 정리하며 마무리한다.	카메라

10가베 부록-1

가베 배경지를 활용한 창의적 구성놀이 예시

다양한 주제의 배경지와 10가베를 사용하여 배경지 위에 창의적 구성놀이를 한 예시작품

10가베 부록-1

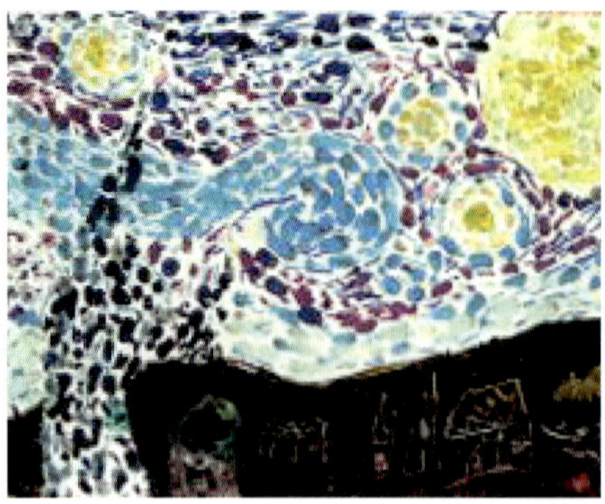

10가베 부록-2

나만의 배경지 만들어 보기

① 10가베로 만들 수 있는 작품을 다양하게 적어 본다. 예) 하트, 별, 여우, 달팽이, 꿀벌, 해바라기, 딸기 등
② 그중에서 배경지로 만들어 보고 싶은 작품을 하나 고른다.
③ 색연필, 색종이, 사인펜, 크레파스, 매직 등 다양한 재료를 사용하여 작품과 어울리는 배경을 8절 도화지에 그린 후 색칠해 본다.
④ 배경지가 완성되면 만든 배경지 위에 10가베를 활용하여 꾸며 본다.

아이디어 스케치

어떤 배경지를 만들면 좋을지 다양한 아이디어를 여기에 끄적여 보세요. 그리고 가장 마음에 드는 아이디어 하나를 선택하여 준비한 8절 종이에 그려 보세요.

부록

가베교구 단계별 형태와 특징 요약

<table>
<tr><td></td><td rowspan="2">1. 정신적으로 아름답고 원만한 인격을 형성한다.
2. 유아 스스로 자발적인 활동을 하도록 촉진시키고, 그 활동성에 만족하도록 하게 한다.
3. 움직인다(동기부여) → 이끌린다(흥미, 호기심) → 만진다(만족, 감동) → 다음 단계의 활동으로 옮긴다(새로운 의욕)
4. 활발한 움직임에 의해서 몸의 여러 기관의 기능 발달을 촉진시킨다.
5. 모방에 의하여 공의 특징이나 성질에 관심을 가지며 인식을 깊이 한다.
6. 물체의 모양을 정확히 인식하고 수, 방향, 색깔 등을 안다.
7. 미적인 감각을 기른다.
8. 결합/나눔, 있다/없다 등의 관념을 기른다.
9. 대상, 공간, 시간에 대한 개념을 발달시킨다.</td></tr>
<tr><td>1가베 털실에 싸인 끈 달린 공 6개, 끈 없는 공 6개(빨강, 노랑, 파랑, 주황, 초록, 보라)
이것은 갓난아기도 할 수 있는 첫 번째 놀잇감으로 형태의 기본인 구의 특징이나 성질을 몸으로 알게 하며, 색깔분별 능력을 길러 주며 수, 방향 개념을 알게 된다.</td></tr>
</table>

<table>
<tr>
<td>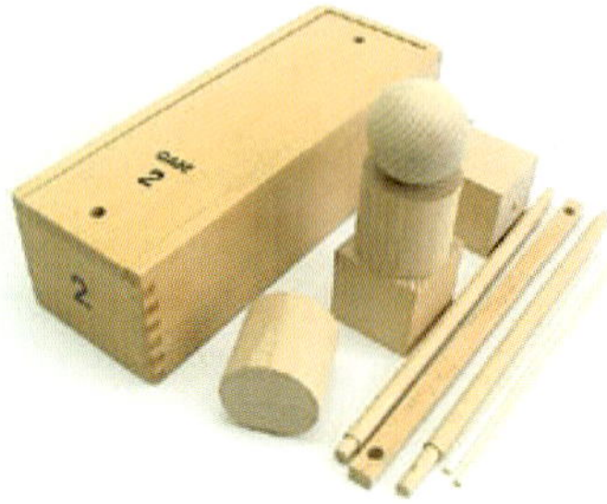</td>
<td rowspan="2">1. 구, 원기둥, 정육면체의 특징과 성질을 안다.
2. 세 가지 모양이 갖고 있는 공통점과 차이점을 분별하는 능력을 키운다.
3. 어린이에게 회전놀이에 의해 변화되는 물체 안에 잠재해 있는 힘을 느끼게 하고, 흥미를 만족시킨다.
4. 활동과 정지를 안다.
5. 자발적인 활동을 촉진시킨다.
6. 지능발달을 촉진시킨다.
7. 사물에 대한 인식력을 증진시킨다.</td>
</tr>
<tr>
<td>2가베 세 가지 입체(구, 원기둥, 정육면체, 고리 달린 정육면체, 원기둥), 기둥 2개, 들보, 긴 막대 1개, 끈 2개
구는 자연물의 형상을, 입방체는 인위적인 형상을, 원주는 자연물에서 만들어진 형상을 표현하고 있어 사물의 인식력, 자발활동, 지적 활동 등을 길러 준다.</td>
</tr>
<tr>
<td>
</td>
<td rowspan="2">1. 건축물을 만들어 본다.
2. 아름다운 모양을 창조해 본다.
3. 부분과 전체의 관계를 이해하게 된다.
4. 생각하는 힘과 지적, 정신적 발달을 도모하고 미적 감각을 발달시킨다.
5. 정육면체 속의 힘을 이해한다.
6. 수리적 능력을 증진시키고 자발적 활동을 촉진시킨다.
7. 놀이를 통해 사물을 경험하게 하며 정확한 이해력을 키운다.
8. 정리 정돈의 습관을 키우고 창의력을 키운다.</td>
</tr>
<tr>
<td>3가베 큰 정육면체를 8등분한 작은 정육면체 8개
사물의 내부까지도 알고자 하는 욕구로 가베의 분해를 생각하며 놀이를 통해 사고력, 상상력, 수 개념, 미적 감각을 양성하고 손놀림의 정교함과 구성력을 길러 준다.</td>
</tr>
</table>

4가베 큰 정육면체를 8등분한 작은 직육면체 8개
건축가베로 불리는 4가베의 전체 모양은 정육면체인데, 부분 모양은 직육면체로서 입방체를 새로운 각도에서 이해하는 것을 경험하고 차츰 복잡해지는 입방체 분해를 이해한다.

1. 왕성한 발달단계에 있는 유아의 지적 욕구를 만족시키도록 한다.
2. 자르는 법에 의해 정육면체의 새로운 내적 힘을 안다.
3. 직육면체를 안다.
4. 공간을 이용한 건축을 하게 된다.
5. 스스로의 힘에 의해 활동하게 하고 아름다움에 대한 정서를 기른다.
6. 수리적 능력과 사고력, 상상력을 기른다.
7. 창의력을 왕성하게 하고 지적 활동을 이끌어 낸다.
8. 정신적 발달과 정확한 인식력을 기른다.

5가베 정육면체를 39개로 나눈 블록(작은 정육면체 21개, 큰 삼각기둥 6개, 작은 삼각형 12개)
예술적 미적 감각에 주안점을 둔 5가베는 홀수와 짝수가 섞여 있는 수적인 가베로 유아의 미적 감각을 형성하고 자유 창작, 지적 · 정신적 발달을 도모한다.

1. 예술적인 건축물을 만들어 본다.
2. 삼각형의 성질과 삼각기둥의 성질을 안다.
3. 홀수를 알고, 홀수와 짝수의 관계를 안다.
4. 아름다운 중심무늬를 만들어 본다.
5. 복잡한 모양을 만들어 경험한다.
6. 미적 감각과 창의적 능력을 기른다.
7. 마름모꼴, 사다리꼴 등의 기본형에 잠재한 새로운 기하 형태를 경험한다.
8. 공간 개념을 인지하게 되고 순서의 개념을 발달시킨다.
9. 논리적이고 수학적이며 계획적인 사고의 능력을 기른다.

 **5B가베 한쪽 모서리가 없는 한쪽 모서리가 둥근 정육면체 8개, 반원기둥 12개, 정육면체 12개, 작은 삼각기둥 12개** 두 쌍의 모서리를 잘라내어 4개의 반원기둥을 만들고, 지름 3cm의 반원기둥 8개를 추가하여 모두 12개의 반원기둥이 있다. 또한 5가베에서처럼 작은 삼각기둥 12개를 추가하여 실제에 가까운 정교하고 웅장한 건축물을 만들기에 충분하다.	1. 5가베의 변형이다. 2. 프뢰벨 시대 이후 건축양식이 다양해지면서 어린이의 성장과 함께 점점 커가는 새롭고 복잡한 것에 대한 욕구를 충족시키고, 폭넓은 경험의 기회를 제공하기 위해 고안된 교구이다.
 **6가베 정사각형을 36개로 나눈 블록(직육면체 18개, 기둥 6개, 받침 12개)** 기둥과 받침이라는 새로운 재료를 써서 공간이 충분히 미적이며, 실제 건축에 가까운 작품으로 만들 수 있다. 아이들을 미적으로, 창의적으로 진보시키는 건축놀이이다.	1. 이상적이고 균형 잡힌 건축을 만들게 한다. 2. 건축의 주요소인 기둥과 받침의 서로 다른 성질을 이해시키고 그 중요성을 안다. 3. 홀수 3이라는 숫자를 다시 한번 인식시킨다. 4. 단순한 재료에 의해 복잡한 것을 만들 수 있다는 것을 안다. 5. 건축과정에서 생기는 공간의 미를 안다. 6. 수적 관념을 익힘과 동시에 지적활동을 활발히 한다. 7. 풍부한 상상력과 창의력을 기른다. 8. 논리적이고 계획적인 사고와 행동을 기른다. 9. 활동을 통해서 집중력을 향상시킨다.

7가베 일곱 종류의 도형(정사각형, 직각이등변삼각형, 정삼각형, 직각삼각형, 둔각이등변삼각형, 원, 반원)
유아의 미적 감각을 양성하는 미술적 가베이고, 여러 가지 모양과 수에 대한 지식의 발달과 창조력을 키우는 단계이다.

1. 면의 종류를 알게 하고, 면을 구체화하여 알 수 있다.
2. 4종류의 삼각형과 그 특징을 알도록 한다.
3. 직각, 예각, 둔각을 이해시킨다.
4. 원, 반원, 마름모 개념을 알도록 한다.
5. 평면에서의 각과 변의 관계를 알도록 한다.
6. 색채 관념과 미적 감정을 키운다.
7. 수리적 능력을 키우고 탐구와 창의력을 자극한다.
8. 중심무늬와 물건을 평면적으로 만들게 한다.
9. 모양, 수, 색의 배합을 통해 미를 경험시킨다.
10. 구체적인 것부터 추상적인 것으로 나아가는 한 단계를 경험한다.

8가베 여러 가지 색깔을 가진 다섯 가지 길이의 막대
물체의 정확한 형태를 알게 하고 관찰력을 키워 주고, 물체의 윤곽만을 나타내는 경험과 창의력 및 미적 감각을 향상시킬 수 있다.

1. 여섯 가지 다른 길이의 직선을 구체화해서 경험시키고, 길이의 수적 관계를 알도록 한다.
2. 물건의 긴 것과 짧은 것의 차이를 명확하게 안다.
3. 두 직선이 만날 때 각이 생긴다는 것을 안다.
4. 선으로 둘러싸면 면이 된다는 것을 안다.
5. 선을 이용하여 물체를 그릴 수 있다는 것을 안다.
6. 수리적 능력을 키우고 미적 정서를 함양한다.
7. 물체의 윤곽을 명확히 인식시킨다.
8. 관찰력을 키우고, 창의력을 왕성하게 한다.
9. 선분, 직선, 반직선의 개념을 안다.
10. 정다면체가 만들어지는 다섯 가지 이유를 설명한다.

<table>
<tr><td>
9가베 다양한 색깔을 가진 세 종류의 둥근 고리, 반고리
곡선 윤곽으로 되어 있는 여러 가지 물건, 곡선으로 만들어지는 아름다운 무늬를 만들면서 곡선의 미와 창의력을 양성시키는 단계이다.</td><td>1. 곡선을 경험하고, 곡선의 미를 안다.
2. 직선과 곡선의 관계를 안다.
3. 구의 한 성질을 구체화해서 경험시킨다.
4. 원과 반원의 관계를 경험시킨다.
5. 지름과 반지름의 관계를 보여 준다.
6. 미적 감각과 창의력을 기른다.
7. 곡선의 미와 물건의 모양을 안다.
8. 이해하기 쉬운 곡선을 기본으로 해서 여러 가지 곡선을 이해시킨다.
9. 수 관념과 주의력을 기른다.</td></tr>
<tr><td>
10가베 점으로 구성
물체의 극인 점을 나타내며 가베 중 맨 마지막 분해의 극(분해해서 얻어지는 마지막 형태) 또는 모든 형태의 기본이라 할 수 있는 점을 다루는 것이다.</td><td>1. 점에 대해서 안다.
2. 점의 연결에 의해 직선과 곡선이 생긴다는 것을 안다.
3. 모든 형태는 점으로부터 시작된다는 것을 알도록 한다.
4. 점으로 여러 가지 선과 면이 만들어진다는 것을 알도록 한다.
5. 점, 선, 면, 입체의 밀접한 관계를 알게 된다.
6. 탐구와 창의적 능력을 키우고, 손가락 근육을 발달시킨다.</td></tr>
</table>

참고문헌

김홍연(2005). 프뢰벨(F.Fröbel)의 유아교육사상과 실제. 장신논단, 24, pp. 523-551.

박현이(2014). 창의 가베놀이 바이블. 서울: 황금부엉이.

서석남(2004). 프뢰벨 생명교육. 경기: 국민서관.

이윤정(2014). 신나는 가베놀이. 서울: 경향비피.

조성자, 정동희(2011). 프뢰벨 가베 교육의 이론과 실제. 서울: 창지사.

정혜진(2010). 칸트철학과 프뢰벨의 교과이론. 경기: 교육과학사.

최지현(2017). 장애영유아 통합교육을 위한 아동놀이지도. 서울: 배영출판사.

헬무트 하이란트, 곽노의(2007). 프뢰벨: 모든 어린이들의 아버지. 서울: 북섬.

저자소개

최지현

계명대학교 대학원 교육학과 교육심리 및 교육공학 졸업
계명대학교 대학원 유아교육학과 박사수료
현 정부대구지방합동청사 행복한 어린이집 책임교수
현 인구보건복지협회 대구경북지회 여성과아동 건강센터 자문위원
현 한국상담심리교육복지학회 회원
현 대구과학대학교 유아교육과 조교수
전 한솔어린이집 원장
전 대구과학대학교 평생직업교육 혁신사업단 부단장

정은주

경북대학교 교육대학원 교육과정 및 교육공학 졸업
현 꼼지락 창의놀이터 원장
현 영진전문대학 유아교육과 외래교수
전 샛별유치원 교사
전 영진전문대학교 아동창의성계발연구소 연구원
전 영진전문대학교 부설유치원 창의성 담당 교사

유아교육현장에 적용할 수 있는

놀이중심 가베교수법

초판 1쇄 인쇄 / 2022년 5월 25일
초판 1쇄 발행 / 2022년 5월 31일

•

공저자 / 최지현 · 정은주
발행인 / 이　중　수
발행처 / **동　문　사**

•

서울특별시 서대문구 홍제원 1길 12
(홍제동 137-8)
Tel: 02)736-3718(대), 736-3710, 3720
Fax: 02)736-3719
등록번호: 1974.04.27. 제9-17호
가격: 23,000원

•

ISBN: 979-11-6328-375-1(93370)
E-mail: dong736@naver.com
www.dongmunsa.com